太平洋岛国教育政策
与语言教育研究

Education Policies and Language Education
in Pacific Island Countries

吴　平　岳晶晶　李永杰◎主编

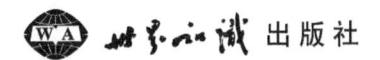

世界知识出版社

图书在版编目（CIP）数据

太平洋岛国教育政策与语言教育研究 / 吴平, 岳晶晶, 李永杰主编. -- 北京：世界知识出版社, 2024.3
ISBN 978-7-5012-6640-1

Ⅰ.①太… Ⅱ.①吴… ②岳… ③李… Ⅲ.①太平洋岛屿—国家—教育政策—研究②太平洋岛屿—国家—语言教学—研究 Ⅳ.①G560.0②H09

中国国家版本馆CIP数据核字（2023）第068116号

书　　名	**太平洋岛国教育政策与语言教育研究** Taipingyang Daoguo Jiaoyu Zhengce Yu Yuyan Jiaoyu YanJiu
主　　编	吴　平 岳晶晶 李永杰
责任编辑	谢　晴
责任出版	赵　玥
责任校对	张　琨
出版发行	世界知识出版社
地址邮编	北京市东城区干面胡同51号（100010）
网　　址	www.ishizhi.cn
电　　话	010-65233645（市场部）
经　　销	新华书店
印　　刷	北京虎彩文化传播有限公司
开本印张	710毫米×1000毫米　1/16　17 ⅝印张
字　　数	270千字
版次印次	2024年3月第一版　2024年3月第一次印刷
标准书号	ISBN 978-7-5012-6640-1
定　　价	68.00元

版权所有　侵权必究

本书受北京高校高精尖学科建设项目资助

序

北京语言大学太平洋岛国研究中心（教育部备案中心）是教育部设立在北京语言大学国别和区域研究秘书处下的研究机构。现有专职研究员十余人，主要致力于巴布亚新几内亚、斐济、汤加、萨摩亚、瓦努阿图、密克罗尼西亚、库克群岛、纽埃、所罗门群岛和基里巴斯等十个与中国已建交的太平洋岛国的国别与相关区域问题的研究。

本书主要围绕太平洋岛国教育政策和语言教育展开，内容包含两个部分。

第一部分为综述，分析太平洋岛国地区整体的教育现状。其中，《教育惠民，语言连心——"一带一路"框架下，太平洋岛国教育援助策略分析》由北京语言大学太平洋岛国研究中心主任吴平教授和《经济日报》记者陈丹菁撰写，该文章对太平洋岛国教育概况做出综述，并指出了我国与岛国地区"一带一路"上的教育合作发展之路。《太平洋岛国的中文教育现状与思考》由大连大学外国语学院（区域国别学院）副教授、大连大学环印度洋岛国研究中心执行主任、聊城大学太平洋岛国研究中心特约高级研究员梁国杰博士，北卡罗来纳大学教堂山分校杨慧博士和中国传媒大学舒笑梅教授撰写，文中对太平洋岛国地区中文教学发展历程、中文教育机构设置及中文教学现状进行梳理并做出总结。《新西兰、澳大利亚两国与太平洋岛国的教育交流》由新西兰奥克兰市政府社会发展和民族问题研究专家问题研究专家李永杰撰写，文章概括了太平洋岛国的教育现状，探讨了新西兰和澳大利亚与太平洋岛国在教育上的联系。

第二部分为国别，按照太平洋岛国与中国建交国国别划分，主要探讨各个建交国的教育政策和语言教育。《语言生态学视域下的巴布亚新几内亚语言教育政策研究》一文由北京语言大学太平洋岛国研究中心研究员李志刚老师撰写，主要介绍了巴布亚新几内亚的语言生态、语言教育政策的阶段发展，同时呈现了对该国语言教育领域政策的思考。《斐济现代教育的发展历程及近期的优先发展目标》由北京语言大学太平洋岛国研究中心研究员岳晶晶撰写，文章对斐济教育制度和语言教育的特点、教育发展历程、非正式教育动因及斐济发展教育优先计划进行了深入研究。《基里巴斯教育政策研究》由贵州中医药大学龙芸教授和贵州商学院汪阳教授撰写，针对基里巴斯的教育体制、教育现状、师资和生源情况进行系统介绍。《库克群岛教育政策研究》则由北京语言大学在读博士生王雷宏撰写，对库克群岛的教育历史、教育概况、现行教育政策及其存在的问题和后续走向进行分析。《密克罗尼西亚教育情况研究》一文由菏泽学院孙洪波教授和孔小菡老师负责撰写，文章对密克罗尼西亚的教育体系、教育发展历程、著名学校、测试政策、职业发展与技能培训政策和教师资格认证规定进行概述。《纽埃教育政策研究》由铜仁学院教授、北京语言大学在读博士研究生陈颖撰写，该文介绍了纽埃教育现状和教育政策，分析了其现存的问题，并对纽埃教育未来的发展做出展望。《萨摩亚教育状况概览》由北京语言大学太平洋岛国研究中心研究员张旭副教授撰写，文章对萨摩亚做了简要的介绍、呈现了基本教育数据，并对国家教育政策和教育部门结构进行分类总结。《所罗门群岛教育政策研究》一文由贵州医科大学程婷老师撰写，该文归纳总结了所罗门群岛的教育发展历史，并对其教育制度、政策、现状进行特点分析。《从语言认同到民族认同——全球化背景下汤加语言政策的历史演变》一文由菏泽学院李长慧老师和孙梦阳老师撰写，文章介绍了汤加的语言政策背景、语言生态、20世纪语言政策发展、语言政策现状及其价值取向。《瓦努阿图的语言使用和语言教育》由北京语言大学太平洋岛国研究中心研究员温倩副教授撰写，该文对瓦努阿图的语言面貌、通用语、官方语、外语使用情况等方面的特点进行了全面总结。

北京语言大学太平洋岛国研究中心秉承其研究宗旨，凝聚对太平洋岛国研究项目有着浓厚兴趣的多方力量，携手京内外多位专家和杰出高校师资，就研究专题核心内容，共同努力产出了丰富的研究成果。

致知力行，继往开来，北京语言大学太平洋岛国研究中心将继续致力于太平洋岛国教育相关问题的研究，争取再创学术佳绩！

最后需要说明的是，本书得到了北京高校高精尖建设项目资助，特此致谢！

北京语言大学太平洋岛国研究中心

2023 年 12 月 12 日

目录 CONTENTS

第一部分 综 述

教育惠民，语言连心
——"一带一路"框架下，太平洋岛国教育援助策略分析 ...吴平 陈丹菁　　3

太平洋岛国的中文教育现状与思考 .... 梁国杰 杨慧 舒笑梅　　18

新西兰、澳大利亚两国与太平洋岛国的教育交流 .... 李永杰　　42

第二部分 国 别

语言生态学视域下的巴布亚新几内亚语言教育政策研究 .... 李志刚　　86

斐济现代教育的发展历程及近期的优先发展目标 .... 岳晶晶　　106

基里巴斯教育政策研究 .... 龙芸 汪阳　　121

库克群岛教育政策研究 .... 王雷宏　　140

密克罗尼西亚教育情况研究 .... 孙洪波 孔小菡　　165

纽埃教育政策研究 .... 陈颖　　187

萨摩亚教育状况概览 .... 张旭　　202

所罗门群岛教育政策研究 .... 程婷　　223

从语言认同到民族认同
——全球化背景下汤加语言政策的历史演变 .... 李长慧 孙梦阳　　240

瓦努阿图的语言使用和语言教育 .... 温倩　　254

第一部分 综 述

教育惠民，语言连心

——"一带一路"框架下，太平洋岛国教育援助策略分析

吴平　陈丹菁[*]

　　太平洋岛国地区是 21 世纪海上丝绸之路南向延伸区域，目前与中国建交的十个太平洋岛国都已签署共建"一带一路"合作协议，包括库克群岛、密克罗尼西亚联邦、斐济、纽埃、巴布亚新几内亚、萨摩亚、汤加、瓦努阿图、所罗门群岛和基里巴斯。双方合作本着政策沟通、设施联通、贸易畅通、资金融通和民心相通的宗旨，前景广阔。从基础设施建设到经济贸易，从文化旅游到教育交流，在各个层次上的合作与交流，都会让彼此更加相互了解，携手并进。

　　教育是联系民心的事业，教育合作是经济发展以人为本的重要体现。在推动"一带一路"沿线国家协同发展的道路上，教育自然是不可或缺的一部分。太平洋岛国独立前后深受欧美国家殖民文化影响，并由于整体国力较弱，教育水平并不发达，国与国之间发展水平也并不均衡，无论是学校的基础设施还是教师的业务水平和学生的学习效果，都还有很大的提升空间。语言是文化的载体，在"一带一路"框架下进行的教育合作不仅是硬件上的相互扶持和促进，更是民心上的沟通和往来。我国在对太平洋岛

---

[*] 吴平，北京语言大学英语学院教授，太平洋岛国研究中心主任。
　　陈丹菁，文学博士，英语一级笔译，目前在《经济日报》从事国际传播工作。

国进行教育援助时，可将汉语和中华文化的传播作为重要组成部分，增进太平洋岛国人民对中国文化和中国整体发展的理解和认同。

在这样的基础条件下，我国与太平洋岛国在教育方面的合作，可以考虑从以下几方面进行：提升相关基础设施，加强应对自然灾害的能力，增强交通和互联网的互联互通为教学带来便捷和新的视野；派驻志愿者赴当地教授中国语言及文化，提高当地学生对中国的全面认识；培养我国熟悉太平洋岛国当地语言和文化知识的人才，为双边交流提供人才储备；邀请对方教师和教育管理人员来华进行交流和培训，提升当地的教学和管理方面的业务水平；提供奖学金邀请对方学生来华留学及参加各种学术和文化交流活动。基础设施建设合作和人文交流并重将是双方教育合作的方向。

一、太平洋岛国教育概况

太平洋岛国的教育经历了从殖民地时代的欧美式教育到独立自主阶段的自治教育，但自治之后，教育体系和考试仍然深受欧美国家的影响，这些国家在太平洋岛国也开展了多种形式的教育援助。虽然已经得到了国际社会多个国家和经济、社会组织的援助和支持，但现阶段太平洋岛国的教育仍显薄弱，问题主要呈现在基础设施薄弱和教学效率低等方面。

（一）太平洋岛国教育历史

太平洋岛国的教育具有殖民历史，早年太平洋岛国大多是英美法德等国家的殖民地时，学校是由基督教使团建立的教会学校。教会学校将《圣经》翻译成当地语言传播福音，课程侧重以当地语言教授读写和基本计算能力，以及农业、房屋建筑和基本卫生等实用技能。教会学校的兴起和识字率的提高，对这些国家而言是引入了新的、在欧美国家观念里更加"文明的"生活方式，这些国家和地区开始逐渐具有基督教社会的雏形。随着教育水平的发展，太平洋岛国的教学场所也从一开始的教堂演变为单独的教学楼和学校，教师从传教士变成了派来的专职教师和教学志愿者。

太平洋岛国政府开办的公立学校发展分为两个阶段。第一阶段：殖民时期，公立学校主要关注公职人员的培训，以提高公职人员的素质和管理水平为目的；太平洋岛国逐步走向独立的过渡时期，教育系统的建立则开始服务于更好地实现国家的自治和发展。公立学校多使用英语、法语和德语等大国语言作为教学语言，也采用外国课程和考试，在一些太平洋岛国独立后，有的国家依旧保留这种形式。当地的外教主要来自有殖民利益的国家，如新西兰、英国、法国和澳大利亚，美国的和平队也派驻志愿教师。一些太平洋岛国获得独立后，教会学校逐渐被公立学校取代，或者两者处于相互补充的关系，学校教育也开始强调本国的国家意识，本地语言也越来越多地被运用到教学中。20世纪70年代，学校也开始关注职业能力的训练，如农业和技术等，而不是单单在学术研究方面。不过职业技能训练和就业需求之间并没有完全匹配，比如一些技术学校出来的学生并不愿意从事体力工作，这与经济结构上缺乏适合的激励机制有关。

第二阶段：后殖民时代，英国、法国、澳大利亚、新西兰等国家在太平洋岛国教育领域的影响力依旧明显，各太平洋岛国在经济、国防、教育等多方面都与欧美国家有着依赖和联系。此外，各国际组织在给予太平洋岛国发展项目的同时也注意到了教育方面的投入。一些岛国至今仍采用新西兰学校证书和大学入学考试的模式，其民众能够方便地使用这些学历在当地和其他岛国升学和就业。新西兰政府还为太平洋岛国提供地方政府技术援助基金，为太平洋岛国的发展提供解决方案，涉及城市规划、基础设施规划和管理等，主要向太平洋岛国提供短期的技术支持。澳大利亚实施太平洋岛国区域教育计划[1]，用以增强太平洋岛国教育、技能开发和劳动力市场需求的一致性，主要实施的项目有南太平洋大学伙伴关系、澳大利亚太平洋培训联盟（APTC）、教育质量和评估项目、太平洋研究项目。

---

[1] "Pacific Regional-Education," Department of Foreign Affairs and Trade of Australian Government, accessed January 29, 2024, https://www.dfat.gov.au/geo/pacific/development-assistance/education.

美国对太平洋岛国在教育方面的援助[①]主要体现在人力资源的培养上，通过举办太平洋青年领袖会议为太平洋岛国未来领导人的培养提供资金，美国-南太平洋奖学金计划为太平洋岛国的学生提供在美国攻读本科和研究生学历的机会和资金，美国还为密克罗尼西亚、马绍尔群岛和帕劳这三个与美国签订《自由联系条约》的岛国提供未来领导力发展计划。此外，美国还设立了"美国教育"和"富布莱特计划"等奖学金计划，为太平洋岛国学生和学者提供科研资助。亚洲开发银行通过支持太平洋岛国教育信息与通信技术计划为当地教育提供互联网技术支持，用于共享信息和支持合作，加强教育部门的管理、开发和使用教育材料。太平洋岛国之间在教育方面的合作也越来越多，南太平洋大学的建立就是太平洋岛国国家间合作的结果，除了在斐济的校区外，该校在十多个太平洋岛国都建有校区，分布着各个学院；其他合作形式还包括学生交换、医学等专业科目的联合培养等。

（二）太平洋岛国教育发展现状

现阶段太平洋岛国的教育现状仍呈现出总体发展水平低、国家间发展不均衡的特点，再加上太平洋岛国本身极易受到气候变化和自然灾害的影响，教育活动的持续性和有效性不佳。

联合国儿童基金会2017年年底发布太平洋岛国儿童状况的情况分析，其中在教育方面总结有如下几项问题：太平洋岛国分布零散，大多是面积狭小的岛屿，使得这些国家的教育水平要取得一致非常困难；交通不便也使师生之间的对外交流和学习充满困难；外界要获取当地全面的教育概况也并非易事。一些国家在教育方面的资金大量依赖外国援助和技术支持，使得一些教育政策和教育活动的持续性无法得到保障；由于教育经费缺乏，资金无法全面覆盖到需要的地区；自然灾害和气候变化的风险十分巨大，校舍容易受灾害毁坏，学生入学率也受到影响，远程教育也会因为网络问题

[①] Office of the Spokesperson, "U.S. Engagement in the Pacific Islands: 2022 Pacific Islands Conference of Leaders," U.S. Department of State, September 13, 2022, accessed December 25, 2022, https://www.state.gov/u-s-engagement-in-the-pacific/.

而无法进行。这些对于学生的身心发展都有着深切的影响。根据可持续发展目标，到2030年，太平洋岛国所有男性和女性都应获得能负担得起的优质技术、职业和高等教育费用，包括大学教育。面对这个目标，大部分太平洋岛国都存在困难，需要加大高等教育及技术与职业教育和培训的投资及升级。同时，受传统文化和性别观念的影响，男女无法拥有同等机会获得教育与培训。针对太平洋岛国独特的自然地理环境，联合国减少灾害风险办公室（UNISDR）及全球减少灾害风险和复原力教育联盟（GADRRRES）就针对全面的学校安全框架列出了三大支柱：安全的学习设施、学校灾难管理，以及降低风险和适应力教育。①

从太平洋岛国学校基础教育的教学效果看，参加2015年太平洋岛屿识字与算术评估（PILNA）的四年级和六年级学生中，只有46%的学生达到或超过预期的识字能力水平。② 关于学前教育的普及率，另一项联合国儿童基金会的报告显示，太平洋岛国每10个孩子中就有大约4个没有机会获得学前教育。参加过学前教育的儿童在早期掌握识字和算数技能方面的效果是没有接受学前教育儿童的两倍以上。家庭财富、母亲的受教育程度和地理位置是关系到参加学前教育的关键因素，但是贫困是决定性因素。③ 在初级和中等教育的普及率方面，部分国家40%的儿童没有完成初级教育，只

---

① UNISDR and GADRRRES, "A Global Framework in Support of the Global Alliance for Disaster Risk Reduction and Resilience in the Education Sector and the Worldwide Initiative for Safe Schools," January 2017, accessed March 11, 2021, http://gadrrres.net/uploads/images/pages/CSS_Booklet_2017-updated.pdf.

② Simon J. Molendijk, Steven J. Coombs and Madhumita Bhattacharya, "Bridging the Gap between Education Policy, Planning and Practice: Establishing and Effecting National Minimum Quality Service Standards for Effective Schools in Pacific Island Countries," UNICEF, December 19, 2017, accessed March 11, 2022, https://www.unicef.org/pacificislands/media/606/file/Bridging-the-Gap-2017.pdf.

③ "Four out of Every 10 Children in the Pacific Islands Are Not Enrolled in Pre-primary Education—UNICEF," UNICEF, April 10, 2019, accessed March 21, 2022, https://www.unicef.org/pacificislands/press-releases/four-out-every-10-children-pacific-islands-are-not-enrolled-pre-primary-education.

有20%的学生完成了中等教育。[1] 太平洋岛国的总体教育现状呈现出如下特点：政府的腐败和低效使教育成果大打折扣，入学率低，辍学率高，文盲率高，教育质量低于标准。

从以上这些研究报告中不难看出，太平洋岛国的教育现状总体上并不令人满意，主要原因是气候灾害的频发和经济脆弱导致的教育投入的欠缺，学生学习效果整体偏弱，岛国政府在教育方面资金利用的有效性也并不高。在部分国家里社会尚未形成教育为本的观念，使得在基础教育之外，学前教育、高等教育和职业教育的发展并不完善。教育水平是经济发展水平的体现，两者互为前提，相互促进。受限于经济体量较小和抗风险能力的不足，发展太平洋岛国的教育并非易事。

具体到与我国共建"一带一路"的太平洋岛国的教育状况[2]，这些国家的教育水平由于人口数量和经济状况的差异呈现水平不一的状态。在澳大利亚执政时期，巴布亚新几内亚采用了该国的教育制度。自1975年独立以来，该体系经历了重大改革，现已发展到超过1.1万个中小学教学机构，约190万名学生（PNG National Education Plan 2015–2019）。巴布亚新几内亚实行初级、中等和高等的三级教育体制，现有包括莫尔兹比港的巴布亚新几内亚大学、莱城的巴布亚新几内亚理工大学和科技大学在内的七所大学，另有99所技校和九所教师培训学校（PNG 2008 Education Statistics）。斐济的文教事业比其他太平洋岛国发达，实行小学免费教育，学龄儿童入学率达98%，每年教育经费约占政府总预算支出的15%，由南太地区各国合办的南太平洋大学主校区位于斐济的首都苏瓦市。2013年教育预算为2.68亿斐元，同比增加1200万斐元。基里巴斯的小学和初中实行免费教育，儿童入学率为93%，有公办小学约90所，中学约20所（包括私立学校），技校六所，中等专业学校两所（基里巴斯师范学院和

---

[1] A Young, "Horror Pacific Island Education Stats," *New Zealand Herald* (Auckland), September 5, 2011.

[2] "国家（地区）- 大洋洲"，中国外交部，https://www.fmprc.gov.cn/web/gjhdq_676201/gj_676203/dyz_681240/，访问日期：2022年10月21日。

塔拉瓦技术学院),另有一所与德国人合办的海员培训学校,基里巴斯每年向国外派留学生和进修生约 170 人。密克罗尼西亚政府对 6—14 岁儿童实行强制性义务教育,政府每年在教育上投入经费占年度预算的 20% 左右,2017 年在教育上投入经费占年度预算的 39%。该国有一所联邦专科学院密克罗尼西亚学院(College of Micronesia),除了校本部校区外,在其他四个州还各有一个校区。在校学生 2927 多名,教师 140 余名,其中部分教师是外籍教师。有公立学校 218 所,私立学校 25 所,在校学生约 3 万人,文盲率 11%。纽埃对 5—14 岁儿童实行义务教育,教育体制分为学前教育、小学教育、中学教育、高等教育和特殊教育。目前,纽埃共有三所正式的教育机构,其中包括学前教育和纽埃小学(Early Childhood Education/Niue Primary School)、纽埃高中(Niue High School)两所公立学校,另一所为南太平洋大学纽埃分校,通过当地教师面授和互联网课程、网络公开课程等形式开展高等教育。萨摩亚实行中小学义务教育,入学率 85.7%。文盲率 4.3%。萨摩亚有 168 所小学、42 所中学,大专院校有萨摩亚国立大学和阿拉富阿农学院(南太平洋大学分校)。所罗门群岛保持美拉尼西亚的传统文化,15 岁及以上成年人口文盲率约为 23.4%,全国有小学 740 所,中学 259 所,技术学院和师范学院各一所,中小学生占适龄儿童和少年的 1/2 左右。汤加公办学校对 6—14 岁儿童实行免费义务教育,正式的小学教育体系包括 118 所学校(107 所政府学校和 11 所教会学校);中学教育包括四年初中和三年高中,主要是私立学校,约 75% 由教会创办。汤加有两所主要中学,即图普中学(由教会主办)和汤加中学(由政府主办)。大部分中学毕业生选择去国外接受高等教育,因此汤加的高等教育入学率较低,2014 年入学率为 6%,国内大约有 20 所大学或学院。瓦努阿图教育制度规定,小学 6 年,初中 4 年,高中 3—4 年。小学入学率达到 95%,中学入学率很低,只有大约 20% 的小学生可以进入初中。中等职业学校有国立技术学院、师范学院、护士学校、警察学校等,南太平洋大学法律分校设在维拉港。库克群岛对 3—4 岁儿童进行学龄前教育,对 5—16 岁儿童实行义务教育,有 39 所学校,学生 4133 人,教师258人，有一所师范学院，南太平洋大学拉罗汤加分校提供成人高等教育和函授教学，全国受过高等教育的有400人。

这些国家近年来都十分注重基础教育，对适龄儿童实行义务教育或者免费教育，总体教育发展水平尚处于起步阶段。教育是需要长期和全方位坚持并投入的事业，目前有些国家国民教育水平相对薄弱，如巴布亚新几内亚和所罗门群岛的文盲率接近一半，瓦努阿图的中学入学率非常低，大部分岛国的学前教育和高等教育的普及率和教学质量还相对较低，教育规模小，学科建设并不完善，无法匹配日益增长的经济文化发展的需要，这些都是需要侧重发展的地方。

二、"一带一路"倡议下教育合作发展之路

"一带一路"已逐渐成为更多国家参与全球开放合作、改善全球经济治理体系、促进全球共同发展繁荣、推动构建人类命运共同体的全球共识。教育关系着未来，与少年儿童的成长和成年人的发展进步息息相关。教育的发展能够更好地为经济建设提供人才，而经济的增长又能为教育提供更加优越的条件，两者相互促进。与太平洋岛国在共建"一带一路"的框架内开启教育合作，符合双方共同发展利益。这些合作可以本着设施联通和民心相通的导向，在加强太平洋岛国的教育基础设施建设的同时，促进双方人文交流。

（一）教育基础设施建设

从各机构的调查报告中不难看出，太平洋岛国的教育面临诸多方面的问题：长期受到气候变化和自然灾害影响导致国家经济脆弱，教育资金投入不稳定，基础设施容易受到毁坏，修复和重建又会消耗人力物力；师资力量薄弱，由于财力不支加上交通不便，大部分教师接受深造和培训的机会有限；目前小学教育入学率尚可，中学、学前教育入学率不高，高等教育和职业教育的普及率不够，学习效果欠佳，高等教育和职业教育缺乏持

续资金和交流项目；由于传统文化等限制，男女之间的教育有较强的性别化差异。这些亟待改善的方面都需要太平洋岛国自身和国际社会长期的投入与努力。

在"一带一路"框架下，双方可以加强在教育基础设施建设方面的合作，包括三方面的措施。一是现有对教学设施进行防御灾害方面的加固，新修建的教育设施将符合更高级别的防灾需要，开展培训，提高学校面对灾害的应急反应和恢复教学的能力；二是提高学生的灾害意识，增强生命安全防范教育，面对那些因灾害而无法上学、抗拒上学的学生，通过建立健全扶持机制和心理疏导机制，让学生的身心保持健康，并且不会因为自然灾害而受到影响，进而影响学业；三是完善教学设施中的软硬件配备，为当地学校图书馆提供图书，为中小学、学前教育机构和高等学校、职业学校提供高科技的教学设备、科研设备等。高质量的教学设施、高科技的教学设备、完善的防灾抗灾防御手段和心理素质建设能为太平洋岛国各级学校开展高质量的教学提供必要的保障。无论是学前教育、基础教育还是高等教育、职业教育，完备的教学软硬件都是给学生和教师带来良好教学体验的前提。

建设符合太平洋岛国天然地理条件的教育基础设施是提高太平洋岛国教育水平的基本保障。除此之外，其他方面的基本保障也必须有所提高，这也是共建"一带一路"可以着手的角度。一方面，由于交通不便，岛屿分布分散，地区之间的沟通交往十分受限，效率也较低，影响了教师日常的业务进修和学术交流，也使学生没有广泛的社会活动空间和实践机会。以"一带一路"倡议为契机，太平洋岛国内部及太平洋各岛国之间的交通网络可以得到基础设施方面的升级，丰富的海路和空中交通网络能够增加岛国内部和岛国之间的人员往来及物资的流动，使曾经彼此之间孤立的岛屿能够融入更加一体化的网格中，不仅方便物流和旅游等经济产业，也是人员之间扩大交往的保证。交通是有形的联通网络。而另一方面，互联网的升级建设则是为更加快捷的网络提供无形保障。我国的5G通信技术日趋成熟，目前正受到越来越多国家的认可，虽然太平洋岛国的网络基础相对较弱，一次性升级到5G并非易事，但尽快推动该地区互联网的升级建设、逐步提升网络的速度和覆盖面，既能保障民生，也能提升教育质量和效果。

与教育相关的基础设施项目是切实提升当地民众生活质量的民生工程，因此在项目资金的提供方面，适合以优惠贷款为主，直接提供援助资金为辅。基础设施项目的建设离不开长期的、大量劳动力的参与，从促进当地就业、维护国家形象的角度，我国在与太平洋岛国合作建设教育相关的基础设施时，可以多雇佣当地工人，我国工作人员以技术指导和监督为主，直接促进当地的就业，使当地员工能够尽快地参与到高质量的工程建设中，当地民众也能够从"一带一路"共建项目感受到设施联通和民心相通的理念。同时也要加强与当地政府部门的合作，对政府使用资金和项目运营进行合作监督，为项目的高质量完成提供保障。

（二）人文交流

由于长期的殖民历史与欧美国家在该地区的持续影响力，太平洋岛国的语言文化大多呈现后殖民特点，通用语言和官方语言里既有本地语言，又有英语等原殖民国家语言；宗教方面也是融合了殖民文化与本地土著文化，这与早年教会学校在太平洋岛国长期的文化传播和文化教育有着重要联系。

加入共建"一带一路"合作协议的十个太平洋岛国从语言文化方面而言，也体现了上述特征。巴布亚新几内亚官方语言为英语，地方语言有850余种，皮金语在全国大部分地区通行，南部的巴布亚地区多讲莫土语；居民中93%为基督教徒，传统拜物教也有一定影响。斐济官方语言为英语、斐济语和印地语，通用英语。密克罗尼西亚联邦官方语言为英语，天主教徒占50%，新教徒占47%，其他教派和不信教者占3%。纽埃通用纽埃语和英语，75%的居民信奉埃克利西亚纽埃教，10%信奉摩门教，5%信奉罗马天主教。萨摩亚官方语言为萨摩亚语，通用英语，多数居民信奉基督教。所罗门群岛官方语言为英语，通用皮金语，居民多信奉基督教新教和天主教。汤加通用汤加语和英语，居民多信奉基督教。瓦努阿图官方语言为英语、法语和比斯拉马语，通用比斯拉马语，84%的人信奉基督教。基里巴斯官方语言为英语，通用基里巴斯语和英语，居民多信奉罗马天主教和基里巴斯新教。库克群岛通用库克群岛毛利语和英语，居民69%信奉基督教新教，15%信奉罗马天主教。

漫长的殖民历史和英语的普及使英国、美国、澳大利亚和新西兰等国在与太平洋岛国开展教育合作方面有着天然的优势，也是当地教育合作的主流。对我国而言，加入太平洋岛国教育合作的队伍并不是要在当地推行文化霸权或是要与欧美国家比赛文化影响力，而是希望给予岛国人民多一份文化上的交流，使其体会多元文化带来的丰富文明成果，让多种文化通过交流互鉴得以互相理解。太平洋岛国民众可以了解我国这个远在北半球的国家，希望通过共建"一带一路"能够让这些生活在海岛、常年受到自然灾害威胁的人民分享到合作红利。同为发展中国家，发展将长期是我国和太平洋岛国的主要任务，国家间的携手发展能够使人民共享人类命运共同体的成果。

一方面，民心的相通离不开文化方面的沟通与交流，只有彼此了解，才能使国与国之间架起相互理解和支持的桥梁。随着双方之间合作和交流的深入，英语已不再能足够反映各个国家的文化内涵和历史，所以我们有必要学习这些太平洋岛国的通用本地语言以更加深入地了解这些国家。以此为契机，北京外国语大学开始在本科阶段招收学习七种太平洋岛国通用语言的学生，包括瓦努阿图的比斯拉马语、库克群岛毛利语、斐济语、纽埃语、萨摩亚语、巴布亚新几内亚皮金语。聊城大学推出萨摩亚语选修课程，聘请萨摩亚当地教师到校授课，面对面传授当地文化。相信随着与太平洋岛国之间的经济合作的多元化和逐渐深入，我国将有更多的学生和相关人士学习太平洋岛国的本地语言和文化。经过这些课程和项目培养出的了解太平洋岛国当地语言和文化的人才可以在双方越来越多的经济和人文交流中发挥作用，为双方求同存异、互利共赢奠定基础。

另一方面，在"一带一路"沿线国家和地区开展汉语国际教育也是使当地民众了解中华文化的重要途径。汉语国际教育的目的旨在沟通民心，赢得民意，让沿线国家和地区人民在深入理解中华文化的基础上，认同合作共赢的发展理念。目前，我国在太平洋岛国建立了三所孔子学院[①]：由南太平洋大学与北京邮电大学合作共建的孔子学院于 2011 年设立，位于斐济首都苏瓦，由于南太平洋大学是由 12 个太平洋岛国合作办学，各个学院分布在各太平洋岛国，因此这个孔子学院的孔子课堂也分布在太平洋岛国的 14 个校区；由萨摩亚国立大学和聊城大学合作共建的孔子学院于 2017 年设立，位于萨摩亚阿皮亚；由巴布亚新几内亚科技大学和重庆师范大学合作建设的孔子学院于 2021 年在巴布亚新几内亚的莱城成立。除了孔子学院之外，海外中国文化中心也是传播中国文化和艺术的重要阵地，目前我国在太平洋岛国设有一家中国文化中心，位于苏瓦，于 2015 年设立。

  在太平洋岛国设立孔子学院和海外中国文化中心是当地民众了解中国语言和文化的窗口，也是中国国家形象在当地最直观的展示。当地学生通过学习汉语，可以了解与中国人沟通最基本的表达方式和行为习惯；他们也可亲身体验中国传统书法、绘画、茶道、音乐和文学等丰富的中国文化形式，感受中国文化的博大精深；从阅读和课程学习中可以对中国历史有基本的梳理，构建起关于中国古往今来的比较完整的印象，成为在当地传播中国文化和发展理念的友好使者。除了提供系统性的学习项目，孔子学院和海外中国文化中心也可以为当地对中国感兴趣的民众提供短期的了解中国的活动，如展览、电影放映和文艺表演等，在当地营造一个多元文化和谐相处、共同繁荣的氛围。由于目前太平洋岛国的教育水平有限，汉语教学和中国文化的传授主要在大学课堂、文化活动层面，主要针对当地文化水平较高的国民。随着当地教育水平的深入发展及我国与太平洋岛国合作交流的深入，未来汉语和中国文化教学可以向中小学和职业教育学校普及，为当地多个年龄层的学生提供多一个接触世界多元文化的机会。在学校学历教育和文化普及之外，对于那些在当地有意投身于与中国开展经济合作的人员，孔子学院和海外中国文化中心也将为他们提供必要的语言培训和文化讲解，

---

① "大洋洲"，孔子学院，https://www.ci.cn/qqwl?labelId=C-Oceania，访问日期：2023 年 1 月 10 日。

有助于双方开展更加顺畅的经济往来。

　　教育的发展离不开国与国之间人员的多层次的交流，交流是直接而有效的互相借鉴和学习的途径，也是增进了解的重要手段。教师层面，除了派汉语教师赴太平洋岛国教授汉语之外，我们也可以邀请太平洋岛国的教师来华培训，不仅培训语言，还可以请这些教师就教学理念、各学科和各年级的教学内容与国内的教师开展交流，为双方教师扩展视野、联结友谊提供帮助。学生层面，通过来华留学生奖学金吸引更多的太平洋岛国的留学生来华进行深造或是短期的交换学习，也可派我国的学生前往太平洋岛国的高校进行交换学习或学位学习，让学生在不同的人文和自然环境中体验不同的文化和教学风格，对于青年人了解不同发展水平的国家、全面认识当代世界有着重要作用。官方层面，我们也可以邀请太平洋岛国政府内负责教育方面管理的官员及各学校和机构的管理人员来华进行交流和培训。基于我国多年来在经济欠发达地区开展基础教育、学前教育和高等教育、职业教育的经验，双方可以在教育政策制定、教育资金规划使用、各级学校统筹发展、学生全方位培养等方面进行深入交流，也可以邀请这些教育官员到我国部分地区的学校进行实地考察，与当地教育管理人员面对面交流经验。

　　中国与太平洋岛国有很深渊源，波利尼西亚人和中国人是有 DNA 联系的，因为他们中的一部分人当年是从中国南部迁徙而来的。[1] 中国与太平洋岛国的友谊历史悠久，在文化方面也有相似之处。最近几年，举办旅游年、孔子课堂、文化交流等活动，增进了中国与太平洋岛国人民的相互了解和友谊。比起教育基础设施建设的合作，人文交流需要更加长期的规划和支持。其效果虽然不像盖一所学校、修建一个图书馆那样立竿见影，但人与人之间潜移默化的相互影响和深入了解会在多年的经济和文化交往中有所显现。我们希望太平洋岛国人民能够更加深入而全面地了解中国的发展、历史和

---

[1] 陶社兰：《库克群岛上的中国乐章》，中国新闻网，2019 年 10 月 28 日，https://www.chinanews.com.cn/gj/2019/10-28/8991436.shtml，访问日期：2022 年 10 月 28 日。

文化，我们也愿意对这些国家的人文历史有更加多方位的认识。语言的学习是起步，文化上的了解是基础，多层面的人与人的交流则是维系民心相通的纽带。

三、结 语

所谓"十年树木，百年树人"，与太平洋岛国开展"一带一路"框架下的教育合作是功在当代、利在千秋的事。人才的培养是每个国家经济持续发展的重要储备，也是构建美好国家未来的基础。

良好的教学环境离不开完善的教学硬件，具有开阔视野并及时更新知识储备的教师，以及多角度的社会实践和交流活动。当前太平洋岛国的教育面临教学设施的抗灾能力差，国家间文化水平差异明显，教师深造和学习机会少，学前教育、高等教育和职业教育投入不够等问题，这些都是我们在双方合作时需要加以关注并且通过逐步投入资金和人力进行解决的问题。

通过修建更多符合抗灾防灾标准的教学基础设施，逐步完善岛国之间、岛国与外界的交通渠道，稳步升级通信设施等手段，太平洋岛国的教育硬件水平将会有明显的改善，各个年龄层的学生入学率将有所保障。人文交流是在基础设施建设的基础上促进民心沟通的升华，通过我国学生开始学习岛国本土语言和文化，在太平洋岛国开展汉语教学和中国文化传播，我国和太平洋岛国都将会培养出一批对对方国家的文化有深入理解、能够做到在语言上能基本沟通的人才，为双方持续而长期的经济合作和文化交流提供支持。同时，双方教师层面和学生层面扩大往来，能够在语言文化之外为我国与太平洋岛国的多学科发展和交流带来新的动能。此外，教育管理人员层面的交流也会对改善岛国教育管理和规划有着积极的意义。

教育合作为双方增进了解开启了大门。在经济交流日益频繁，国与国之间经济依赖日益增加的当下，如何克服文化之间的隔膜，增进相互理解，营造出互利共赢、求同存异的交流环境，更好地为民众营造丰富的生活，是需要通过双方教育合作来改善的。通过互相学习对方国家的语言和文化，全面深入地了解当地的风土人情和历史，能够为双方从单纯经济上的依赖铺垫出更加丰润的土壤，这是基于人文交流的、更加具有温度和情感共鸣的理解，能够为双方在长期多变的国际局势中，长期葆有互利合作、互相支持的精神提供切实的基础。

共建"一带一路"本着人类命运共同体的理念，以人为本，协同发展，所追求的便是国与国之间深切的理解与相互支持，和平的、可持续的环境，人的生命安全的保障，以及获取知识与追寻理想的自由。这是我们与太平洋岛国需要一道努力共同建设的未来。

太平洋岛国的中文教育现状与思考[*]

梁国杰　杨慧　舒笑梅[**]

一、国际中文教育发展简述

中华人民共和国成立以来，对外国人的汉语教学历史基本可以分为三个阶段（张新生，李明芳，2018）：教学起步阶段（20世纪50年代至80年代）、学科形成阶段（20世纪80年代至2004年）、海外发展阶段（2004年全球首所孔子学院成立至今）。也有以2005年世界汉语大会为海外发展阶段起点的（赵金铭，2006）。从教学对象来看，前两个阶段主要是面向

---

[*] 参与本文调研访谈的太平洋岛国中文教师和志愿者（含离任和现任的）主要包括：崔艳嫣（汤加）、赵治桥（巴布亚新几内亚）、任琳琳（汤加）、董兵（巴布亚新几内亚）、蔡高红（萨摩亚）、刘秀莲（萨摩亚）、贺沄轩（萨摩亚）、续丽伟（所罗门群岛）、郑仰旭（所罗门群岛）、王桂秋（密克罗尼西亚联邦）、王艳鸽（所罗门群岛）、王佳（库克群岛）等，特此致谢；

基金项目：本文为教育部语合中心2020年度国际中文教育重点项目"'后疫情时代'孔子学院国际中文教育本土化策略研究"、山东省社会科学规划研究一般项目（编号：22CYYJ04）和山东省外事研究与发展智库课题（编号：202257）的阶段性成果。

[**] 梁国杰，博士，大连大学外国语学院（区域国别学院）副教授、大连大学环印度洋岛国研究中心执行主任、聊城大学太平洋岛国研究中心特约高级研究员，曾任萨摩亚国立大学孔子学院首任中方院长。

杨慧，北卡罗来纳大学教堂山分校副教授，曾任南太平洋大学孔子学院中方院长。

舒笑梅，中国传媒大学教授。

来华汉语学习者进行的汉语教学，而现阶段则是面向身在世界各地的汉语学习者。2007年，国务院学位委员会设立"汉语国际教育硕士专业学位"（Master of Teaching Chinese to Speakers of Other Languages），最早正式使用"汉语国际教育"一词。有学者认为，汉语国际教育标志着改革开放后迅速发展并跻身为一门学科的对外汉语教学开始真正走出中国，走向世界，从而进入了国际汉语教学的新阶段（张新生，李明芳，2018:22）。

2019年12月9—10日，在孔子学院创办15年并连续举办13届全球孔子学院大会基础上，首届国际中文教育大会在中国长沙召开。中央政治局委员、国务院副总理孙春兰出席国际中文教育大会时强调，深化国际中文教育，让世界更加了解中国。来自160多个国家和地区的1000多名孔子学院和中文教育机构代表参加大会。这次大会标志着"国际中文教育"这一名称在海内外获得广泛接受。从2004年在海外设立首家孔子学院起至2019年12月，全世界有3万多所中小学开设了中文课程，4000多所大学设立了中文院系或课程，还有4.5万所华文学校和培训机构开展了中文教育，全球学习中文的人数超过2500万，162个国家和地区建立了550所孔子学院和1172个孔子课堂（中国新闻网，2019）。据不完全统计，截至2019年11月，共有69个国家和地区通过颁布法令、政令、教学大纲、课程大纲等形式，将汉语教学纳入国民教育体系（柴如瑾，龙军，禹爱华，2019）。从对外汉语教学到国际中文教育，从中文"走出去"到"走进去"，从中文教育"热起来"到"实起来"，展现了中文的价值在世界范围内快速提升（梁宇，2020）。据新华社报道，截至2022年12月，全球已有180多个国家和地区开展中文教学，共81个国家将中文纳入国民教育体系，开设中文课程的各类学校及培训机构达8万多所，正在学习中文的人超过3000万。

二、太平洋岛国的国际中文教育发展历程回顾

太平洋岛国地区位于太平洋深处，主要指大洋洲除澳大利亚和新西兰之外的20多个国家和地区，关于太平洋岛国的界定及其数量，学界还存在争议（汪诗明，王艳芬，2014）。从1962年萨摩亚独立至今，该地区已有

14个国家获得独立，分别是萨摩亚、库克群岛、瑙鲁、汤加、斐济、纽埃、巴布亚新几内亚、所罗门群岛、图瓦卢、基里巴斯、瓦努阿图、马绍尔群岛、密克罗尼西亚联邦和帕劳。太平洋岛国具有重要的地缘战略地位，该区域连接着太平洋和印度洋，扼守美洲至亚洲的太平洋运输线，是世界东西、南北两大战略通道的交会处（于洪君，2015:1）。虽然其陆地面积仅55万平方公里，但拥有3000万平方公里的海洋，海洋资源、矿产资源及旅游资源都十分丰富，是非常典型的陆地小国、海洋大国，也是21世纪海上丝绸之路南线的重要组成部分（陈德正，2018）。截至目前，除了图瓦卢、马绍尔群岛和帕劳三国尚未建交（瑙鲁已于2024年1月同中国恢复外交关系），其余11个独立的太平洋岛国均已同中国建交，另外，除瑙鲁之外的十个已建交太平洋岛国于2018年以来先后同中国签订了共建"一带一路"合作文件（中国一带一路网，2022）。

早在20世纪初，不少太平洋岛国的华人华侨社团、教会组织等就开始创办华文学校或中文班，但办学规模不大，除了极少数学校，大多缺少稳定性和延续性。例如，巴布亚新几内亚天主教会于1920年创办阿昆学校（1924年改称圣特瑞莎养正学校），以英语为教学语言，也开设中文课。1922年，拉包尔市的基督教福音教会创办华侨学校，用中文教学。20世纪50年代，巴布亚新几内亚政府开设华侨公立学校，天主教复办圣心学校，均设有中文课。后公立华侨学校取消中文课，另开办中文学校，每周授课四小时（林蒲田，1995:59-60）。斐济华人于1936年6月在苏瓦国民党总部开办"飞枝华侨小学"（"飞枝"即斐济）。后侨胞组织"建校委员会"（即华校主管部门——华人教育协会的前身）筹得数千英镑款项，并向英国教会购买了哥顿街物业，华侨小学于1938年从苏瓦国民党总部迁往此地，1952年再次迁至新校园，1976年改名为"逸仙学校"（闽江，2007）。20世纪50年代，所罗门群岛经商华人成立中华总会，又以总会名义合力创办了霍尼亚拉中华学校，为华裔子弟提供中华教育（佚名，1997:55）。萨摩亚没有华文学校，但曾有一家华侨饭店设立中文班，初以餐厅为教室，后因场地窄小，迁至中华公会礼堂上课（李天锡，1999:36）。

早期华文学校的出现，主要是为了适应华侨华人子女补习中文的需要，只能利用业余（课余）时间上课，因而也就形成了业余补习性质的办学模式（李天锡，1999:36–37）。近年来，华文教育除了作为华侨华人维系与祖籍国的纽带，同时还使用中文作为一种语言工具，在拓展华侨华人的生存空间、发展空间和提高竞争力等方面发挥重要的作用（郭又新，2014:89）。

进入 21 世纪，早期太平洋岛国的国际中文教育并无中方常设机构，主要依靠中国国家汉办（孔子学院总部）、国务院侨办选派中文教师赴当地学校任教，并捐赠一定数量的中文教材、图书和文化用品。据不完全统计，国家汉办已向斐济、萨摩亚、瓦努阿图、库克群岛、汤加、密克罗尼西亚联邦等太平洋岛国派遣过中文教师和志愿者，其中，派往斐济、萨摩亚的教师数量较多。从 2014 年开始，国务院侨办每两年选派 2—3 名华文教师到所罗门群岛任教。从 2019 年开始，教育部国际合作与交流司委托聊城大学向汤加派遣中文教师，2019 年选派两名，2020 年至 2022 年选派一名。

近年来，大洋洲各国的中文学习者数量快速增长，在七个国家共建立了 20 余所孔子学院和 100 余个孔子课堂，其中大部分位于澳大利亚和新西兰，分布在太平洋岛国地区的孔子学院只有三所，孔子课堂（非独立）有三个。根据原孔子学院总部（国家汉办）官网 2020 年年初的统计数据，大洋洲的孔子学院（课堂）数量同欧洲、美洲、亚洲、非洲相比，还有很大差距。其主要原因在于，大部分太平洋岛国都是名副其实的袖珍国，面积小、人口少，岛国文化呈现出显著的多样性，经济发展水平落后，国际交通不便，大部分太平洋岛国与中国的经济文化交流有限（丁鹏，2014:92）。因此，从总体上看，太平洋岛国的国际中文教育发展较为缓慢，在现有孔子学院（课堂）的建设过程中也还存在诸多困难和挑战（梁国杰，2020）。

三、太平洋岛国中文教育机构概览

在太平洋岛国地区，斐济的中文教育历史最为悠久、资源最为丰富，其中文教学规模、办学水平、相关配套设施等在太平洋岛国地区处于领先地位（丁鹏，2014:92），斐济建有太平洋岛国第一所孔子学院和规模最大的全日制华文学校逸仙学校。南太平洋大学孔子学院始建于 2012 年 9 月，本部位于斐济首都苏瓦，由北京邮电大学与南太平洋大学合作承办，并已在瓦努阿图艾玛芦校区、库克群岛校区和斐济西部劳托卡校区下设孔子课堂。萨摩亚国立大学孔子学院正式成立于 2018 年 9 月，位于萨摩亚首都阿皮亚，由聊城大学与萨摩亚国立大学合作承办。巴布亚新几内亚科技大学孔子学院于 2021 年 2 月正式揭牌运营，由重庆师范大学和巴布亚新几内亚科技大学合作承办（梁国杰，杨茜，2021）。

除了在斐济、萨摩亚、巴布亚新几内亚已建成并运营的 3 所孔子学院（及下设课堂）和斐济的逸仙学校、所罗门群岛的中华学校，目前在太平洋岛国还有其他一些高校和中小学校、华文学校、国际学校、幼儿园开设有中文课程，但规模都比较有限，大多只有 1—2 名中文教师或志愿者授课，见表 1。表 1 是以杨慧（2020）和梁国杰、杨茜（2021）的统计为基础，根据笔者的调查和访谈进行了补充和更新之后重新编制而成。虽然囿于资料来源，仍可能有所疏漏，但基本上可以反映出太平洋岛国中文教育机构的概貌。

表 1　太平洋岛国中文教育机构一览表

国别	教育层次	学校名称
斐济	高等教育	南太平洋大学（苏瓦、劳托卡）（the University of the South Pacific, USP）
		斐济国立大学（楠迪）（Fiji National University）
	基础教育	逸仙学校（苏瓦）（Yat Sen Primary & Secondary School）
		苏瓦国际学校（苏瓦）（International School Suva）
		德拉芭小学（苏瓦）（Draiba Primary School）
		安迪卡科宝高级中学（苏瓦）（Adi Cakobau School）
		勒林纪念学校（苏瓦）（Lelean Memorial School）
		中华学校（劳托卡）（Zhonghua School）
		楠迪国际学校（楠迪）（International School Nadi）
	学前教育	南太平洋大学附属幼儿园（苏瓦）（USP Educare）

续表

国别	教育层次	学校名称
萨摩亚	高等教育	萨摩亚国立大学（National University of Samoa）
萨摩亚	基础教育	阿皮亚小学（Apia Primary School）
萨摩亚	基础教育	瓦伊泰利-乌塔小学（Vaitele-Uta Primary School）
萨摩亚	基础教育	圣安格利肯小学（St. Anglican Primary School）
萨摩亚	基础教育	玛吉亚吉小学（Magiagi Primary School）
萨摩亚	基础教育	瓦伊瓦塞小学（Vaivase Primary School）
瓦努阿图	高等教育	南太平洋大学艾玛芦校区（USP Emalus Campus）
瓦努阿图	基础教育	维拉港中心学校（Port Vila Central School）
瓦努阿图	基础教育	维拉港东部学校（Port Vila East School）
瓦努阿图	基础教育	维拉港法语国际学校（Lycée Louis Antoine de Bougalnville）
瓦努阿图	基础教育	马拉坡中学（Malapoa College）
库克群岛	高等教育	南太平洋大学库克群岛校区（USP Cook Islands Campus）
库克群岛	基础教育	伊马乌拉学校（Imauela School）
库克群岛	基础教育	圣约瑟夫学校（St. Joseph School）
库克群岛	基础教育	努库特瑞中学（Nukutere College）
所罗门群岛	高等教育	所罗门群岛国立大学（Solomon Islands National University）
所罗门群岛	基础教育 学前教育	中华学校（Chung Wah School）
所罗门群岛	基础教育	伍德福德国际学校（Woodford International School）
汤加	基础教育	汤加中学（Tonga High School）
汤加	基础教育	汤加学院（中学）（Tonga College）
密克罗尼西亚联邦	高等教育	密克罗尼西亚学院（College of Micronesia, FSM）
巴布亚新几内亚	高等教育	巴布亚新几内亚科技大学（Papua New Guinea University of Technology）
巴布亚新几内亚	基础教育	布图卡学园（Butuka Academy）

四、太平洋岛国地区的中文教育开展现状

本部分以斐济、萨摩亚为主，兼及瓦努阿图、库克群岛、所罗门群岛、汤加王国、密克罗尼西亚联邦、巴布亚新几内亚等岛国，并主要以实地调研和一线教师访谈为资料收集方法，从太平洋岛国中文教育一线工作者的视角，较为具体地介绍太平洋岛国地区的中文教育开展情况。

（一）斐济

1. 南太平洋大学（斐济）

南太平洋大学孔子学院始建于2012年，是太平洋岛国地区的首所孔子学院。南太平洋大学成立于1968年，是全球仅有的两所国际性区域大学之一。学校由南太平洋地区12个国家和地区的政府联合办学、共同所有，并在12个国家和地区均设有分校区或教学中心。南太平洋大学的参与国家包括：库克群岛、斐济、基里巴斯、马绍尔群岛、瑙鲁、纽埃、所罗门群岛、托克劳、汤加、图瓦卢、瓦努阿图和萨摩亚。南太平洋大学在这12个国家和地区共设有14个分校区。通过网络信息技术和灵活的教学模式，该大学可以为各岛国的学生提供远程学习课程。

南太平洋大学孔子学院本部设在南太平洋大学劳卡拉主校区（USP Laucala Campus），位于斐济首都苏瓦。南太平洋大学孔子学院通过设立课堂、教学点或远程教学的方式满足南太大学14个校区和所在国家的中文学习需求，开展汉语考试和汉语教师资格认证，提供中国教育、文化等方面的信息咨询，开展中国与太平洋岛国之间的语言文化交流活动等。目前，南太平洋大学孔子学院有行政管理人员四名，中文教师七名，志愿者教师六名（杨慧，2020）。2014年，南太平洋大学孔子学院在位于斐济第二大城市劳托卡（Lautoka）的分校区设立中文教学点，2019年8月正式升级为劳托卡孔子课堂，开设有旅游汉语培训课程、社会班中文课、中小学兴趣班等，是斐济西部大区中文教学的主要力量。2015年，南太平洋大学孔子学院分别在瓦努阿图的艾玛芦校区和库克群岛校区设立了孔子课堂。南太平洋大

学孔子学院见证了国际中文教育和中国文化传播在南太平洋地区生根、发芽、开花、结果的过程，经过十余年的发展，已成为太平洋岛国地区中文推广的一个品牌和枢纽（杨慧、梁国杰，2022）。

南太平洋大学孔子学院中文教学的基本情况如下（杨慧，2020）：（1）学分课：为南太平洋大学学生开设中文选修课，分四个学期授课（CN101、CN201、CN301、CN302），每学期2学分。学生修满四个学期的学分后，可以获得南太平洋大学颁发的辅修证书。2017年3月，南太平洋大学孔子学院的线上中文学分课CN101正式开课。通过开展线上教学，孔子学院的中文教学可以服务于更多校区，特别是辐射到尚未与我国建交的南太平洋大学国家校区。截至2019年，南太平洋大学孔子学院已经开发并上线两门线上学分课。（2）社会班：南太平洋大学孔子学院为社会人士开设中文培训班，分为初级、中级和高级三个大级别，每个大级别根据学生具体水平细分为3—6个小级别班级。每学期完成学业的学员都会获得结业证书。此外，孔子学院每学期还为大学教职工提供为期10天的中文培训。（3）行业中文培训：南太平洋大学孔子学院还开展各类行业培训，目前已为当地政府职能部门和企业单位组织开展多次培训，包括斐济警察局、公路局、斐济港、海关税务局、度假酒店等。（4）文化体验课：南太平洋大学孔子学院目前已经开设过国画、书法、民族舞、剪纸、八段锦、太极拳、中国电影等中国文化体验课。每逢重要的中国节日，孔子学院还组织开展各种文化交流活动，并邀请大学教职工、学生和社会人士一同庆祝。

截至2019年，南太平洋大学孔子学院累计招收各类学员超过6193人次，开设的课程包括中文学分课程、社会培训课程以及中小学课程、文化选修课、行业培训课等。学员来自海关税务、公安局、移民局、教育部等政府职能部门，以及机场、饭店、商场、当地公司、中资公司等企业和大学、中小学校等。语言课程使用的教材主要有《体验汉语》（生活篇）、《体验汉语》（基础教程）及《学汉语》、《快乐汉语》等。中国剪纸、绘画及中国歌曲、中国厨艺、中国茶艺等文化课程，以及各类行业培训课使用的是教师选编的教材。

2. 斐济国立大学

斐济国立大学也开设有中文课，但中文教学的规模与影响力均不及南太平洋大学。斐济国立大学是一所综合性公立大学，2010 年由斐济的六所学校合并而成，分别是斐济理工学院、斐济护理学院、斐济高等教育学院、劳托卡教师学院、斐济农学院和斐济医学院。该大学共有 33 处校区和中心，主要包括五个学院，15 座图书馆，分布在斐济全国各地（参看斐济国立大学网站 http://www.fnu.ac.fj/）。

斐济国立大学酒店服务与旅游系（Department of Hospitality and Tourism）和国家培训与生产能力中心（National Training & Productivity Centre, NTPC）合作开展中文教学，中文被列入两个学院的课程体系，两个学院的学生均可选修中文课程，教学地点设在斐济国立大学楠迪校区。斐济国立大学的中文课程是学分课，计入大学学分系统。课程名称为《旅游汉语》（Mandarin Chinese for Tourism），是针对旅游业从业者开设的特色中文课程，旨在培养学员在从事酒店和零售业工作中与中国人口头交流的能力，并系统介绍中国语言、风俗和文化常识。该课程分四个学期授课，每学期授课 36 课时，考试合格者每学期可获得 2 学分。《旅游汉语》课程要求学员人数最低标准为 10 人，在不满 10 人的情况下该学期的中文课程将被取消。NTPC 学员修满学分后，无法获得大学学位证书，但可以获得旅游业从业者的相关资格证（杨慧，2020）。

3. 逸仙学校

1936 年，斐济各界华人在首都苏瓦创建了华侨小学。1970 年，斐济脱离英国殖民统治宣布独立，政府明令学校不得冠以本民族名称。华侨小学遂于 1976 年改名为"逸仙学校"，并招收非华人子女入学。直到现在，该校不但有华人子女，也有斐济族、印度族等民族子女在该校读书（闽江，2007）。1986 年，在当地华人社团的努力及慷慨资助下，逸仙中学成立。同年，中国国家教育委员会向该校派遣两名华文教师，专门教授华文。华文教师每两年派遣一期，每期两名教师（戴雪梅，2002:77）。

逸仙学校的英文全称现为 Yat Sen Primary & Secondary School，包括独

立运营的逸仙小学与逸仙中学。目前，小学部与中学部均通过中国驻斐济大使馆选派中文教师。小学部现有两名公派教师，中学部也有两名公派教师，另有两名本土教师和一名中国台湾教师。逸仙学校的华裔学生人数约占总人数的15%。小学部包括一至八年级，每个年级有两个班，平均每个班约40人。在小学部，中文是必修课程，每个班每周通常有5课时的中文课。在一至四年级，所有学生都学习基础课程；从五年级开始，教师根据学生的中文水平，将学生分置进高级班与初级班。中学部包括九至十二年级，班级规模与小学部类似，每个年级也分成两个班，平均每个班级约40人。在九至十年级，中文为必修课程；在十一和十二年级，中文则为选修课。中文课程分为高级班与初级班，每个班每周两课时。除了语言教学外，教师们还利用上课时间穿插中国历史、地理等文化教学，定期开展中国舞蹈、民歌等文化实践活动（杨慧，2020）。

4. 中华学校、楠迪国际学校等

中华学校位于斐济第二大城市劳托卡，是一所公立学校，由当地华侨于1946年集资兴建，是斐济历史第二悠久的华人小学，也是劳托卡唯一一所教授中文的小学，但该校的中文教学起步很晚。从2014年5月起，由中国驻斐济大使馆委派两名国家公派教师负责全校的中文课程。2016年9月，一名教师离任，现只有一名教师在岗。目前，中华学校共有8个年级（一至八年级），每个年级一个班，2018年在校学生总人数为312，其中华裔学生有12人。在中华学校，每个班都要学习中文，每周每班1课时。除了规定课时外，每周还提供4课时的中文兴趣班，巩固课堂知识，讲解文化常识等。

楠迪国际学校位于斐济著名旅游城市、国际交通枢纽楠迪。该校创建于1992年，自2014年起开设中文课程。目前，全校共有200余名学生，从五至十一年级共73名学生学习中文。除了少量华裔学生外，大部分学生来自斐济、澳大利亚、新西兰、印度、日本、韩国等国。在楠迪国际学校的五至六年级，中文是必修课程，每个班级每周两课时。从七年级起，与法语一同作为第二语言选修课程，每周5课时。与逸仙学校不同的是，楠迪国际学校每年级仅有一个班，因此中文课程不会按照学生水平进行分班。楠迪国际学校曾一度聘用本土中文教师开展教学工作。从 2018 年 3 月起，楠迪国际学校与南太平洋大学孔子学院签订协议，由南太平洋大学孔子学院委派教师负责五至七年级的中文课程，并参与该校的课程开发等。目前，楠迪国际学校共有两名中文教师，包括一名孔子学院公派中文教师和一名本土中文教师。

5. 其他学校

斐济其他开设中文课程的学校，如勒林纪念学校等，均由南太平洋大学孔子学院开设课后兴趣班，学校没有专门的中文教师，中文课程也尚未进入学校常规教学体系。

（二）萨摩亚

1. 萨摩亚国立大学

从 2002 年起，孔子学院总部（中国国家汉办）每年选派一名中文教师（含连任）赴萨摩亚国立大学教授中文。2018 年 9 月，萨摩亚国立大学孔子学院正式成立，是太平洋岛国地区的第二所、萨摩亚唯一一所孔子学院，由萨摩亚国立大学和聊城大学合作共建。萨摩亚国立大学创建于 1984 年，是萨摩亚唯一的国立大学，其运营预算的 50% 来自萨摩亚政府，另外 50% 来自学费和其他校办企业收入。萨摩亚国立大学最初是由一个只有几名教师和约 20 名学生的预科项目发展而成的。如今，其注册学生数量达 3000 人，教职工数量约 300 人。目前，萨摩亚国立大学包括四个校区，一共有七个学院（即人文学院、商业与创业学院、教育学院、健康科学学院、理学院、技术教育学院、孔子学院），三个中心（即萨摩亚研究中心、Oloamanu 职业发展与继续教育中心、印度－萨摩亚信息技术中心），三个培训学校（即海事培训学校、护理学校、医学培训学校），一个学术质量部，以及图书馆，信息通信技术处，财务处，人力资源处，管理、政策与规划处，秘书处，资产与维修处等辅助机构。

萨摩亚国立大学孔子学院本部设在萨摩亚国立大学的主校区（NUS

Le Papaigalagala Campus），位于萨摩亚首都阿皮亚郊区的图玛塔吉（To'omatagi）。目前，萨摩亚国立大学孔子学院共有专、兼职工作人员五名。其中，外方院长（兼职）、中方院长各一名，国家外派孔子学院教师一名，海外志愿者一名，外方行政秘书（兼职）一名。孔子学院在萨摩亚国立大学共开设有四门中文学分课程（选修课，初级、中级各两门）和一个 HSK 汉语水平考试培训班；在当地三所小学建立了中文教学点；为萨摩亚海关和税务部、萨摩亚旅游局等政府机构人员开设两个中文培训班；为当地社区少儿和成人学习者开设两个中文班（梁国杰，2020）。自 2018 年 9 月孔子学院成立以来，截至目前，萨摩亚国立大学孔子学院各类课程学员数量累计达 1000 人以上；举办各类文化活动、学术交流活动 30 余场。此外，萨摩亚国立大学孔子学院还在国家残疾人培训中心、萨摩亚受害者帮扶中心开设中文班，展现了孔子学院的人文关怀精神。

2. 阿皮亚小学等

自 2019 年 5 月以来，萨摩亚国立大学孔子学院先后在首都阿皮亚周边的玛吉亚吉小学、瓦伊瓦塞小学、阿皮亚小学三所学校设立了中文教学点，提供初级中文课程供学生选修，学员主要来自六至七年级，由萨摩亚国立大学孔子学院派遣志愿者教师负责授课。其中，阿皮亚小学每学期有两个中文班，每班约 60 人，每周 3 个学时；玛吉亚吉小学、瓦伊瓦塞小学每学期均为一个中文班，每学期每班学生 26 人至 42 人不等，每周两个学时。除了阿皮亚小学曾在 2014—2016 年开设过中文课，玛吉亚吉小学和瓦伊瓦塞小学都是 2019 年才开始开设中文课。由于师资力量和学校课时限制，目前这三所小学的中文教学规模都比较小。

3. 瓦伊泰利 - 乌塔小学等

从 2014 年开始，瓦伊泰利 - 乌塔小学和圣安格利肯小学就开设有中文课，由萨摩亚教育体育和文化部通过中国驻萨摩亚大使馆向孔子学院总部（中国国家汉办）提出申请，每年向这两所学校各派遣中文教师一名（含连任）。瓦伊泰利 - 乌塔小学为中国援建学校，是乌波卢岛上的第二大小学，校舍、图书馆、计算机室、学生集会大厅等设施相对齐全。

该小学一至八年级平均每个年级 3 个班，共 24 个教学班，教师加上校长共 24 名本土工作人员，六至八年级共 7 个班开设中文课，2019 年共有 276 个学生。每个班每周两个学时，由一名公派中文教师授课。圣安格利肯小学是一所教会学校，位于首都阿皮亚，紧邻萨摩亚教育体育和文化部办公大楼。从 2014 年起，有一名公派中文教师，教授中文、太极拳等课程。在 2018 年下半年，该小学的中文教学因故中断，2019 年恢复中文教学之后，共有 139 个学生。

（三）瓦努阿图

中国自 1995 年开始向瓦努阿图提供来华留学奖学金，自 2004 年开始向瓦努阿图派遣中文教师，现有一人在中学任教。2003 年至 2007 年 6 月，中方向瓦努阿图赠送中文图书及音像制品 3278 册（套）。南太平洋大学艾玛芦校区孔子课堂于 2014 年 8 月 5 日成功举行首届汉语班开班仪式，2015 年 5 月 7 日正式揭牌成立。2019 年，瓦努阿图政府宣布将中文作为瓦努阿图学校教学第一外语。2021 年 9 月 10 日，中国驻瓦努阿图大使周海成代表中华人民共和国教育部与瓦努阿图共和国教育与培训部部长萨姆森共同签署了《关于合作开展瓦努阿图中小学中文教育项目的谅解备忘录》，标志着中文正式被纳入瓦努阿图国民教育体系。

瓦努阿图的具体中文教学情况如下。

1. 南太平洋大学艾玛芦校区孔子课堂

南太平洋大学艾玛芦校区孔子课堂是瓦努阿图中文教学和中国文化推广的主要力量。共开设四门面授学分课，两门线上学分课；社会班教学分为初级、中级、高级三个级别；以及儿童班课程；开设不同主题的文化课程，包括中国歌曲、中国厨艺、中医体验、太极拳、中国书画等；与此同时，孔子课堂教师还在当地中小学推广中文课程。从 2015 年 5 月开始，在维拉港东部学校（Port Vila East School）八年级开设中文课，学生规模为 85 人左右，每班每周上课 60 分钟，考试成绩纳入学校期末总评。从 2018 年开始，在中国援建的马拉坡中学（Malapoa College）开设中文课程。

2. 维拉港中心学校（中学）

维拉港中心学校（Port Vila Centre School）中文课程由孔子学院总部公派教师专职教学，共5个年级，每年级两个班。每个班每周上一次中文课，每次一小时。同时还组织中文加强课程，有三个班每周增加一小时课程。因此，每周的中文教学量为13课时，中文课程的考试成绩纳入学校期末总评。

3. 私立学校

瓦努阿图有两所国际学校开设有中文课程。维拉港法语国际学校有多年的中文教学基础，中文课程继续被列入选修课，曾经由孔子学院总部的公派教师任课，目前则由在中国台湾生活过八年的法国人担任中文教师。按照该校的教学计划，高一学习中国文化，高二学习汉语。孔子课堂的教师还应邀在国际学校（the International School）组织过课余中文兴趣班。

（四）库克群岛

库克群岛的中文教学主要由南太平洋大学库克群岛校区孔子课堂开展。2015年6—7月，南太平洋大学孔子学院在库克群岛校区开设了一个寒假班，10月8日正式揭牌成立孔子课堂。孔子学院总部外派一名汉语教师、一名志愿者。2019年，南太平洋大学库克群岛校区孔子课堂招收学员约220人，开设社会班中文课，在当地一所小学、两所中学开设中文课。此外还开设太极拳、八段锦、中华厨艺等文化课，举办结业典礼、中秋庆祝等活动六场。在库克群岛政府教育部的积极推动下，孔子课堂在当地小学和中学开展中文教学也颇有成效。

1. 大学学分课与社会班课程

南太平洋大学库克群岛校区孔子课堂共开设四门面授学分课，两门线上学分课；在校区内开展了社会班教学初级、中级和高级课程、儿童班，为渔业资源部开设了职业培训课程；孔子课堂还开设中国文化系列讲座、剪纸与京剧脸谱、气功、八段锦等文化课程。

2. 当地中小学中文班

在Emanuela Akatemia学校为6—7岁、7—8岁、9—10岁3个年级的

学生开设中文课，学生规模为 30 人左右，每班每周上课 40 分钟。2016 年 8 月，为配合 Apii Nikao 小学"认识周围的世界"项目，为二年级 58 人和三年级 43 人开设了为期 10 周的中华文化课，每年级每周 1.5 小时。从 2017 年 8 月开始，为圣约瑟夫学校幼儿班（20 人）和四年级学生（20 人）开设中国文化课，每班每周 30 分钟左右。

（五）所罗门群岛

根据外派中华学校的中文教师描述，所罗门群岛有 2000 多名华人华侨，大多经营杂货店、中餐馆之类的生意，生活较为轻松、简单（翟荣静，2015:91）。20 世纪早期，由于所罗门群岛当地教育水平较低，小学、中学和高等学府较少，大多数华侨华人都会把子女送到中国香港、澳大利亚等地上学。到 20 世纪 50 年代，所罗门群岛华商发起成立了所罗门群岛中华会馆，又以会馆名义在首都霍尼亚拉创办了一所中华学校（Chung Wah School），招收华裔子弟和当地学生入学，推广华文教育（潘展虹，2019）。近年来，随着中国经济的快速发展和国际地位的提高，中文教育在所罗门群岛也不断得到加强，尤其是 2019 年 9 月中国同所罗门群岛正式建交之后，所罗门群岛随即加入共建"一带一路"倡议，中文教育在所罗门群岛的影响将更加明显。

所罗门群岛中华学校的华文教师主要由国务院侨办委托各地侨办进行选派。据中国新闻网等媒体公开报道（不完全统计），2014 年 2 月，山东省烟台市外事侨务办选派了两名中文教师赴所罗门群岛任教，任期两年；2017 年，山东省济南市、临沂市共选派了两名中文教师赴所罗门群岛中华学校任教，任期两年；2019 年 10 月，河南省洛阳市的三名教师受国务院侨办、省政府侨办选派赴所罗门群岛中华学校担任华文教师，任期一年。笔者通过访谈中华学校现任中文教师了解到，目前，该校共有四名国务院侨办选派的华文教师任教，另有学校聘任的一名来自中国台湾地区的中文教师。此外，所罗门群岛国立大学也开设有中文选修课，由大学聘任一名来自中国台湾的教师授课，据悉该教师已于 2019 年离职。伍德福德国际学校

（Woodford International School）是一所私立学校，也开设有中文课程，目前有两名来自中国台湾的教师授课。

所罗门群岛中华学校是全国教学质量较高的学校之一，目前共有在校生约300人，绝大多数是所罗门群岛当地学生，华人子弟约占十分之一。中华学校包括幼儿园、小学、初中三个学段，只有小学阶段有中文教材可以参考，幼儿园和初中都需要教师准备教学内容。截至2019年年底，中华学校有一名来自山东济南的中文教师留任，还有三名来自河南洛阳的中文教师赴任。据国内媒体报道，这三位来自河南的老师中，A老师出国前有6年初中语文教学经验，在华校承担幼儿园大班、小学三年级、初中Level A共三个班的中文教学任务；B老师出国前有10年的小学语文和英语教学经验，在华校承担幼儿园一班，小学二年级和五年级共三个班的教学任务；C老师出国前有11年音乐课教学经验，负责中华学校从幼儿园小班到初三共11个班的音乐课教学任务，兼顾课外中文班和音乐社团，每次上音乐课，除完成规定的教学内容以外，还会教孩子们学唱中国歌曲。

（六）汤加王国

2022年12月21日，中国驻汤加大使曹小林与汤加王国教育与培训部代理首席执行官奥科共同签署《关于合作开展汤加王国中文教育项目的谅解备忘录》。据报道，根据谅解备忘录和汤方需求，中方将同汤教育部选派中文教学顾问，与汤方教育专家联合研制中文教学课程大纲，确保中文课程符合汤加国家课程和评估框架，并支持汤方建设中文教师队伍，为当地民众提供中文学习课程和中国文化体验活动，增进双方语言文化交流。

目前，汤加共有两所学校开设中文课程，一所是汤加中学（Tonga High School），另一所名为汤加学院（Tonga College），这两所学校都是中学，分初中部（junior high school）和高中部（senior high school）。在汤加的学校里，年级被称为Form，初中部是从Form 1到Form 4，高中部是从Form 5到Form 7。学生上完Form 6就可以拿到高中毕业证，Form 7实际上相当于大学预科班。

笔者通过访谈时任汤加中学公派汉语教师了解到，汤加中学的中文教学大约开始于2004年，有一个公派教师岗位，汉语教师由孔子学院总部派遣，任期一般是2—4年。之前汤加中学还有一名汤加本土汉语教师，今年调离了岗位，目前只有一位公派教师任教。汤加中学的中文选修课是从Form 3（大致相当于国内的初三，学生年龄约14—15岁）开始学习，一直到Form 7，同一年级的学生一起上课，组成一个中文班。因为中文是选修课，所以每年的选修学生数量不太一样，汤加中学目前共有五个中文班，分别来自5个年级，一共有大约40个学生。从Form 3到Form 5都是每周三节课，每节课一小时，Form 6和Form 7每天都有课。

汤加学院是一所中学男校，从2019年开始开设中文课，由学生自愿选修。汤加学院的汉语教师由中国教育部国际合作与交流司委托遴选并派赴汤加任教，任期一年。2019年，聊城大学派出两名汉语教师赴汤加学院，共有17名Form 3的学生选修中文课，每周8个课时。此外，还有多名教师和学生积极参与每周两课时的"汉语角"语言文化教学活动。两名国家公派教师努力克服汤加学院无教室、无多媒体设备、无教材等实际困难，制定并完善了教学大纲和教学计划书，自主编写了教案和学案，并利用从国内带去的录音笔和复读机，有效营造中文学习环境。其间，由于汤加中学汉语师资紧缺，两位教师还受汤加中学校长邀请前往该校帮助教授汉语，与汤加中学联合组织了汉语角疯狂汉语联欢联谊活动，参加了中国驻汤加大使馆举行的"汉语为桥，民心相通"主题中国日活动，并争取到孔子学院总部的支持，获赠部分中文图书和教学用品。2020年至2022年，聊城大学派出一名中文教师赴汤加学院任教。目前，汤加学院约有17名Form 3的学生和22名Form 4的学生选修中文课，每周共8课时。

（七）密克罗尼西亚联邦

密克罗尼西亚学院（College of Micronesia，FSM）是密克罗尼西亚联邦唯一的高等院校，也是唯一开设中文课程的教育机构。密克罗尼西亚学院在密克罗尼西亚的四个州都有校区，位于波纳佩州的主校区开设有中文课，由孔子学院总部派遣中文教师。据笔者对密克学院公派中文教师的访谈，密克罗尼西亚学院在 2006 年左右开始有中文课，由该校的语言文学部（Language and Literature Division）负责开设和管理，性质为选修课。一般情况下，整个大学只有一名中文教师，办公室属于语言文学部。每学期开设两个中文选修班，设定班额最多 25 名学生，每班每周 6 课时。

密克罗尼西亚是美国的自由联系国，国家安全防务由美国负责，经济上高度依赖美国和外国援助。社会治安状况良好，但是岛上的教育和医疗水平比较落后，物价很高。目前，中国公派人员除中国驻密克罗尼西亚大使馆人员之外，教育行业只有一名中文教师，在中国援密农场有不到 10 人，还有一些密克会议中心和道路维修的中方援建人员。波纳佩州只有三万多人，岛上华人数量不多，因此华人子弟的中文学习需求有限，社会上没有中文班，孔子学院总部公派汉语教师会利用业余时间义务帮助几名华人子弟学习中文。笔者通过访谈了解到，密克罗尼西亚学院的校长都是由美国人担任，运营经费也是由美国资助，曾经有国内的大学赴当地调研，有意合作开设孔子学院或孔子课堂，大学校长表示要报美国教育部进行审批，目前还没有进展。中国政府每年均向密克罗尼西亚学生提供政府奖学金项目，使更多当地青年学生有机会赴华接受高等教育。密克罗尼西亚学院也已与中国上海海洋大学、浙江舟山学院等建立了校际关系。

（八）巴布亚新几内亚

长期以来，巴布亚新几内亚都没有正规的中文教育机构，各种华人社团承担着传承中华文化的责任，负担补习中文的功能。例如，2001 年巴布亚新几内亚中华总会成立后，开始举办中文教育课程，课程分为儿童班和成人班，中国国务院侨办捐赠了中文教材，这改变了华人只能送孩子回中国或者去新加坡等地学习中文的局面，受到当地华人社团的欢迎，巴新政府的部分公务员也在业余时间报名学习中文课程（郭又新，2014:89）。

2019 年 7 月，孔子学院总部正式批准重庆师范大学与巴布亚新几内亚科技大学合作建立孔子学院。巴布亚新几内亚科技大学孔子学院成为巴新的第一所孔子学院，2021年2月开始正式揭牌运营，目前共有五名中文教师（含中方院长），分别在位于莱城的巴布亚新几内亚科技大学和位于首都莫尔斯比港的布图卡学园（Butuka Academy）开设中文课程，共设有班级14个，学员近千人。另据媒体公开报道，东北林业大学与巴布亚新几内亚大学也有意向联合申建孔子学院，但截至目前尚未有进一步消息。

五、关于太平洋岛国中文教育的思考

（一）太平洋岛国的中文教育师资问题

师资力量短缺是制约太平洋岛国中文教育发展的一个主要因素（梁国杰，杨茜，2021）。目前，太平洋岛国中文教育师资的主要来源包括五个类别：孔子学院总部公派中文教师和志愿者、中国国务院侨办公派华文教师、教育机构自雇的中文教师、有中国留学经历的本土中文教师、中国教育部国际合作与交流司公派的援外项目中文教师。其中，前两类师资由于政策保障，具有较高的可持续性和稳定性，后三类一般比较分散，人员流动性大，数量上也难以保障。从规模上看，孔子学院总部公派汉语教师和志愿者是太平洋岛国中文教育的主力军，但目前除了斐济、巴布亚新几内亚的中文师资数量较多，其他岛国的中文教师或志愿者一般都只有1—2人。以萨摩亚国立大学孔子学院为例，目前只有一名公派中文教师和一名志愿者，随着中文教学班次不断增加，师资力量远不能满足当地的中文学习需求，中文教育的发展受到极大的限制。

由于各种条件限制，仅仅依靠孔子学院总部增派中文教师和志愿者来解决岛国的中文师资短缺问题，是一个不太现实的选项。未来的主要发展方向，一是应加大本土中文师资培养力度和队伍建设，实现可持续发展的良性循环；二是通过使馆的协调和华文学校、华人社团的努力，争取扩大国务院侨办外派教师数量和覆盖范围；三是建议中国高校和太平洋岛国教育行政部门加强对接，争取更多国际教育合作与交流项目的支持，以适应太平洋岛国的中文师资需求。

（二）太平洋岛国的中文专业或课程建设

目前，在各个太平洋岛国的高校中，都还没有开设中文专业。一方面，这与岛国的殖民历史和语言状况有关。除了本族语言，大部分岛国通用英语，汉语至多算第三语言，除了瓦努阿图以外的太平洋岛国还没有将中文纳入国民教育体系，现实上导致中文学习的内在需求动力不足；另一方面，建设中文专业需要完整的课程体系支撑，而师资力量、经费投入的不足又制约着课程体系建设。将来，依托已有的孔子学院，在斐济、巴布亚新几内亚和萨摩亚建设中文专业有一定发展前景，但还有许多实际困难需要克服，其中的一个关键点就是努力推动岛国政府将中文纳入国民教育体系，提升可持续发展能力。

大多数岛国的中文课程是以基础课和综合课为主，今后，面向岛国的实际需求开展"中文+"课程，加强职业中文培训，开发商务汉语、旅游汉语等课程，是一个重要的发展趋势。目前，斐济南太平洋大学孔子学院已经进行了这方面的一些探索。另外，面向大学生和社会人员的中文课程，应注重加强中文教学同当代中国社会与文化相结合，在教授语言的同时，注意讲好中国故事，传播真实的当代中国国家形象。对于中小学层面，除了培养汉语综合交际能力，还应进一步加强中华优秀传统文化类课程的开发，提高学生的文化欣赏意识。

（三）太平洋岛国的中文教育成效问题

大部分太平洋岛国都属于经济不发达国家，有些甚至处于世界最不发达国家之列。一方面，落后的教学条件和技术条件对于中文教学和文化活动的效果势必产生不利的影响；另一方面，岛国学生还普遍存在学习动力不足、学习作风散漫的问题，主观上的努力程度不够也导致大部分学生的学习成绩不理想。较为浓厚的岛国传统观念和落后的经济发展水平也对学生赴华学习深造和进行文化交流产生了制约，基本完全依赖数量有限的奖学金名额，但仍有很多学生因为负担不起国际旅费而放弃赴华交流的机会。

在这样的背景下，太平洋岛国中文教育的成效总体上是难以令人满意的。但笔者认为，对太平洋岛国的中文教育成效进行评估，也必须结合岛国的国情特点来进行考量，直接套用发达国家和地区的评估标准是不合适的。除了提高学生的汉语语言能力，太平洋岛国的中文教育的积极成效还体现在如下三个主要方面：第一，中文教育有效提升了岛国学生对中华文明和中国文化的认知和了解，而这些中文学习者很有可能成为将来赴华留学生的主力，有相当一部分会成长为岛国的社会精英，这就为中国与太平洋岛国双边关系的发展打下良好的基础；第二，中文教育通过教师、学生、家长等长时间的日常交流和接触沟通，有助于增进两国人民情感，促进民心相通，培养一批太平洋岛国的知华、友华人士，也为当地华人华侨子弟接受教育、增强民族认同作出贡献；第三，中文教育为当地学生在中资机构、华人企业增加就业提供了更多机会，也为中国与太平洋岛国进一步加强经济贸易合作提供了一批中文人才。

（四）太平洋岛国的中文教育需求及利益相关方分析

2019年，中国同所罗门群岛、基里巴斯相继建交、复交，与中国建交的太平洋岛国增加到10个，目前都同中国签订了共建"一带一路"合作文件。"一带一路"需要语言铺路（李宇明，2015；2018）。共建"一带一路"带来的互联互通需求，为太平洋岛国的中文教育发展注入了新动力。在中国同太平洋岛国贸易、投资、基建、旅游等领域合作的推动下，岛国人民需要更多了解中国，今后中国同太平洋岛国的教育、文化交流与合作必将进一步加强，岛国的中文学习需求表现出显著的增长势头。例如，自2019年以来，萨摩亚海关和税务部主动联系萨摩亚国立大学孔子学院，希望孔子学院为其工作人员开展中文培训，于是有40余人参加了首期海关和税务部中文培训班。随后，萨摩亚国立大学孔子学院又与萨摩亚旅游局合作开设了中文培训班。此外还有当地知名公司主动联系孔子学院，希望孔子学院为公司的员工提供中文培训。

2021年9月，中国与瓦努阿图签署《关于合作开展瓦努阿图中小学中文教育项目谅解备忘录》，标志着中文教育正式纳入瓦努阿图国民教育体系。

2022年7月,中国与基里巴斯签署《关于合作开展基里巴斯中文教育项目的谅解备忘录》。2022年12月,中国与汤加王国共同签署《关于合作开展汤加王国中文教育项目的谅解备忘录》。

太平洋岛国的中文教育需求增长也反映出,加强中文教育可以为太平洋岛国带来多方面的益处。太平洋岛国中文教育的主要利益相关方包括(梁国杰,杨茜,2021):(1)太平洋岛国政府部门。发展中文教育有助于太平洋岛国政府加强与中国的双边友好关系,有力促进文化外交,增强互通互信,并为相关部门与中方开展贸易、旅游、医疗、农渔技术、教育等领域交流与合作提供更多便利。(2)太平洋岛国高校和中小学校。加强中文教育有助于提升岛国高校的国际化办学水平,加深学生对中国社会与文化的了解,增加大学生赴华留学交流的机会,培养一批社会经济发展所需的中文人才;岛国中小学校的中文教育大部分都是中国援助性质,有助于加强学校师资力量,丰富教学资源,通过学习中文为广大中小学生提供认识世界的有力工具。(3)太平洋岛国企业。随着"一带一路"在太平洋岛国的深入推进,岛国企业同中方的经贸合作将愈加频繁,接受过中文教育的当地企业人才走上工作岗位,将有力促进双方的沟通、对接以及长期、深入合作,为双方带来可观的经济效益。(4)太平洋岛国民众。通过中文教育可以使岛国民众更加了解中国,建立起情感交流的语言文化纽带,架起民心相通的友谊之桥,增进民间交流和互动,促进两国人民友好相处,提升岛国民众心目中的中国形象认知。(5)太平洋岛国华人华侨。加强中文教育有助于在华人华侨群体中传承中华文化传统,有效提升岛国华人华侨子弟的受教育质量,增强华人社会凝聚力和民族认同,加强与祖国的情感联系。

六、结　语

随着越来越多的太平洋岛国加入共建"一带一路"倡议,中国同太平洋岛国的经济交往和人文交流日益频繁。截至2022年12月,全球有180多个国家和地区开展中文教学,81个国家将中文纳入国民教育体系,开设中文课程的各类学校及培训机构 8 万多所，正在学习中文的人超过 3000 万。随着中文的国际影响力日益扩大，国际中文教育也在岛国地区受到越来越多的关注。虽然太平洋岛国的特殊国情和社会经济发展水平对国际中文教育的发展存在较大制约，但随着中国与太平洋岛国双边关系的提升，国际中文教育合作的未来发展前景非常广阔。近年来，中国对太平洋岛国的了解和研究日益加深。鉴于此，依托孔子学院（课堂）、当地华校及其他中文教育机构，探索具有太平洋岛国特色的中文教育发展路径，更好地服务于"一带一路"建设，促进文明交流互鉴，助力构建人类命运共同体，是未来的发展方向。

参考文献

[1] 柴如瑾, 龙军, 禹爱华. 国际中文教育, 从热起来到实起来 [N]. 光明日报, 2019-12-10(7).

[2] 陈德正. 太平洋岛国研究案例报告（2018）[OL]. (2018-08-23)[2022-12-20]. https://www.pishu.cn/psyc/psyj/524323.shtml.

[3] 戴雪梅. 斐济的华文教学 [J]. 海外华文教育，2022(2):77–79.

[4] 丁鹏. 南太平洋岛国汉语教学回顾与展望——以斐济和瓦努阿图为例 [J]. 山东理工大学学报：社会科学版，2014(6) :91–94.

[5] 斐济国立大学网站 [OL]. 访问日期：2022 年 12 月 20 日, http://www.fnu.ac.fj/.

[6] 郭又新. 南太平洋岛国华侨华人的历史与现状初探 [J]. 东南亚研究，2014(6):84–91.

[7] 李天锡. 大洋洲的华文教育 [J]. 八桂侨史，1999(1):35–38.

[8] 李宇明. "一带一路"需要语言铺路 [OL]. (2015-09-22)[2022-12-20]. http://theory.people.com.cn/n/2015/0922/c40531-27616931.html.

[9] 李宇明. "一带一路"语言铺路 [OL]. (2018-08-12)[2022-12-20].http://epaper.gmw.cn/gmrb/html/2018-08/12/nw.D110000gmrb_20180812_1-12.htm.

[10] 梁国杰. 太平洋岛国孔子学院建设面临的挑战和机遇 [J]. 太平洋岛国研

究，2020(1):194–203.

[11] 梁国杰，杨茜，等.太平洋岛国中文教育机构特色化发展路径探索[J].太平洋岛国研究，2021(1):58–71.

[12] 梁宇.需求增长背景下的国际中文教育资源建设[OL].(2020-04-21)[2022-12-20]. http://fund.cssn.cn/skjj/skjj_jjyw/202004/t20200421_5116715.shtml.

[13] 林蒲田.华侨教育与华文教育概论[M].厦门大学出版社，1995.

[14] 闽江.小岛国中的老华校——记斐济群岛共和国中的华文学校[J].海内与海外，2007(5):2.

[15] 潘展虹.所罗门群岛上的广东故事[OL].(2019-10-22)[2022-12-20]. http://www.time-weekly.com/post/262778.

[16] 汪诗明，王艳芬.如何界定太平洋岛屿国家[J].太平洋学报，2014(11):1–8.

[17] 杨慧.太平洋岛国汉语教育现状调查与分析[J].太平洋岛国研究，2020(1):204–217.

[18] 杨慧，梁国杰.南太平洋大学孔子学院发展回顾与展望[J].公共外交季刊，2022(2):98–104.

[19] 佚名.所罗门群岛的华人[J].八桂侨史，1997(4):55.

[20] 佚名.2019年国际中文教育大会在长沙闭幕[OL].(2019-12-10)[2022-12-20]. http://www.chinanews.com/sh/2019/12-10/9030138.shtml.

[21] 于洪君.列国志（新版）序[A]//萨摩亚[M].北京：社会科学文献出版社，2015:1–4.

[22] 张新生，李明芳.汉语国际教育理念与汉语国际教学实践[J].国际汉语教学研究，2018(4):8.

[23] 翟荣静.我眼中的所罗门群岛[J].走向世界，2015(36):4.

[24] 赵金铭.从对外汉语教学到汉语国际推广[A]//张凯.汉语水平考试（HSK）研究[M].北京：商务印书馆，2006.

[25] 中国一带一路网.已同中国签订共建"一带一路"合作文件的国家一览[OL].(2022-08-15)[2022-12-20]. https://www.yidaiyilu.gov.cn/xwzx/roll/77298.htm.

新西兰、澳大利亚两国与太平洋岛国的教育交流

李永杰[*]

一、引 言

在浩瀚的太平洋上，散落着许多璀璨的明珠。汤加、塞班、马绍尔群岛……贝劳（帕劳）就是其中的一颗——相信许多人都对葛优在电影《大撒把》中这段台词记忆深刻。

寥寥数语，把太平洋岛国的地理分布和自然特点描述得淋漓尽致。三万余个大小岛礁，跨越赤道和国际日期变更线，散落"在浩瀚的太平洋上"。与大陆相比，太平洋岛礁面积狭小，风光旖旎，原生态之美冠绝天下，确如璀璨明珠。除澳大利亚和新西兰外，这些岛屿石礁分属二十多个国家和地区，总面积约55万平方公里，总人口约750万。

按照地理位置和种族文化，太平洋岛国分为美拉尼西亚、密克罗尼西亚和波利尼西亚三大岛群，政治、经济、文化各具特色，社会发展水平明显滞后。世界上面积最小的国家之一瑙鲁曾因盛产鸟粪磷矿一度富甲全球；

---

[*] 李永杰，新西兰奥克兰市政府专家顾问。

汤加王国至今实行君主立宪制；图瓦卢因海平面上升，未来或将全民撤离家园；基里巴斯横跨东西南北四个半球，是世界上最早看到日出的国家；萨摩亚一分为二，东萨为美国领地，西萨全名为"萨摩亚独立国"；新喀里多尼亚和塔希提（又称大溪地）为法属，与东萨摩亚一样，宁愿跟随宗主国，"乐不思蜀"。

美拉尼西亚位于南太平洋西部，靠近澳大利亚，意为"黑人之岛"。因为原住民皮肤黝黑，被外人常误以为是非洲裔；更奇特的是，相当多的美拉尼西亚人的头发是金黄色，这在欧洲、中亚和北非以外的地区绝无仅有。人类学研究结果表明，黑肤金发的特征为该岛群居民独立进化而来，与非洲人、欧洲人没有基因联系。美拉尼西亚地区包括斐济、瓦努阿图、所罗门群岛、巴布亚新几内亚和东帝汶，以及法属新喀里多尼亚。

密克罗尼西亚位于南太平洋北部，意为"小岛"，包括密克罗尼西亚联邦、瑙鲁、基里巴斯和马绍尔群岛等国，还有美属的关岛、北马里亚纳等。岛上居民多为源于美拉尼西亚人和菲律宾人混合族群，支系众多。

波利尼西亚位于太平洋中南部，意为"众多岛屿"，是一片大三角区，主要国家有新西兰、萨摩亚、汤加、图瓦卢，以及新西兰属地或"自由结合区"的托克劳、库克群岛和纽埃，也包括美国夏威夷和美属萨摩亚等地区。新西兰原住民毛利人、夏威夷人、萨摩亚人、汤加人等都属于波利尼西亚人，棕色皮肤，黑色头发。毛利人见面行碰鼻礼，岛国妇女鬓边爱戴花，迎接客人时会为客人戴上花环或螺壳制成的项链。根据基因学、语言学和考古学发现，波利尼西亚人起源于中国台湾和东南亚地区，因此新西兰毛利人（波利尼西亚人的一支）经常会把华人趣称为"表亲"。

在小学地理课本上，我们曾经学习过世界共有四大人种：白色、黄色、黑色和棕色人种，毛利人和太平洋岛国人就属于棕色人种。有趣的是，萨摩亚人、汤加人、库克群岛人有时会自嘲为"椰子人"，就像海外出生的华人有时被称为"香蕉人"一样，稍带一点儿歧视色彩，在讲究"政治正确"的新西兰，这些叫法现在多见于当事者的自嘲。

太平洋岛国地理位置偏远，岛际交通不便，经济形式单一（依赖渔业、矿业)、资源开发无序(如瑙鲁)、部落酋长制度与现代社会形态并存(如萨摩亚、斐济)、政治军事秩序不稳定(2000年后所罗门群岛和斐济都发生过政变和骚乱),种种原因造成太平洋岛国的整体相对落后。由此衍生出妇女地位、青少年成长、医疗卫生、教育质量等诸多社会问题。

二、太平洋岛国发展面临的挑战

太平洋地区有13个岛国被联合国经社理事会列入"小岛屿发展中国家"(Small Island Developing States,SIDS),面临人口增长、资源有限、地处偏僻、自然灾害侵袭、易受外部势力影响、过度依赖外贸,以及环境脆弱等共同挑战(United Nations, n.d.)。2000年联合国设定的新千年发展八项目标,在太平洋岛国的落实情况不一。根据《太平洋地区新千年发展目标追踪报告》,只有库克群岛和纽埃两个新西兰自由结合区全部达标,斐济、帕劳和汤加完成四项,萨摩亚和图瓦卢完成三项,瑙鲁、马绍尔群岛和瓦努阿图完成两项,密克罗尼西亚联邦完成一项,而基里巴斯、所罗门群岛、和巴布亚新几内亚则一项都没能达标。太平洋岛国在新千年发展目标中完成最好的项目为:第二项"实现普及初等教育:到2015年,确保男女儿童都能完成全部初等教育课程";第四项"降低儿童死亡率:到2015年,将五岁前儿童死亡率降低三分之二";第七项"确保环境的可持续能力"("联合国小百科 | 千年发展目标",n.d.)。

1995—2012年太平洋岛国经济结构发生了相当的变化,农业和工业在国内生产总值(GDP)中占比显著下降,而服务行业由于旅游产业的带动,在大多数岛国占比都达到了50%以上。即便如此,农业(包括渔业)依然是最主要的就业市场。总体来看,太平洋岛国经济发展缓慢导致高失业率。据联合国经社理事会2014年的统计,在基里巴斯,每年新进入劳动力市场的有2000多人,而新增岗位不足500个;瓦努阿图每年新增岗位700个,求职者却高达3500人。青年和妇女失业情况最为严重。在马绍尔群岛、萨摩亚和所罗门群岛,20—29岁的妇女仅有不到35%正常就业。2008年国际金融危机使形势更加恶化，2009年萨摩亚高达53%的雇主冻结或减少工作岗位。

在太平洋岛国中，有六个国家人口不足两万，斐济、巴布亚新几内亚和所罗门群岛三国人口总和占据岛国人口总数的90%。斐济、萨摩亚、汤加和图瓦卢等国人口大量移民海外，库克群岛人口连年下降，劳动力和人才外流严重。加上这些国家海岛众多，近年来人口从偏远外岛流向主岛或大都市渐成趋势。人口流动变化对太平洋岛国传统社会机制和经济发展带来很大的冲击。

太平洋岛国是世界上最易受自然灾害侵袭的地区。飓风、海啸、地震、火山爆发、洪水、泥石流、干旱频发，给当地造成巨大损失。1991年萨摩亚因遭受飓风带来的破坏，相当于当年GDP的230%；2009年萨摩亚、美属萨摩亚和汤加遭遇海啸，200人丧生，房产和基建损失达4000万美元；2012年"伊万"飓风横扫斐济和萨摩亚；2015年"帕姆"飓风重创瓦努阿图和密克罗尼西亚联邦；2020年4月"哈罗德"飓风给瓦努阿图、斐济和萨摩亚造成巨大损失。

在新西兰岛裔聚居区，常见岛裔人士身材硕大，大腹便便，儿女成群，随遇而安。事实上在其母国，不健康的生活方式更为常见，饮食结构不科学、懒于运动、抽烟酗酒，致使非传染性疾病流行，隐藏着诸多隐患，极大地威胁着太平洋岛国居民健康。太平洋多国超过五成人民体重超标，在有些国家这一比例甚至达到九成。因为生活贫困，缺乏医学防护知识，很少采用避孕措施，导致性传播疾病发生率高，意外怀孕、孕期和产后疾病多发。

由于数千年孤悬海外，几乎与世隔绝，思想和风俗陈旧，太平洋岛国地区性别不平等和基于性别的暴力情况比较严重。近20年来，虽然多个国家在受教育性别平等方面取得进展，但并未转化为劳动力市场上的男女平等。非农业领域的受薪雇员中，男性是女性的两倍。针对妇女的暴力、传统思想中对女性的偏见、劳动力市场上的歧视，都对社会公平发展构成障碍。针对妇女的暴力在太平洋岛国比较普遍，但是囿于传统思想和宗教势力的制约而极少得到曝光。家庭暴力、酗酒滋事、危险性行为等又与极度贫困等因素息息相关。

以上种种挑战和社会问题，与太平洋岛国的教育问题互为因果，甚至恶性循环。

三、太平洋岛国的教育现状

目前，太平洋岛国教育面临的困难和挑战反映在以下几个方面：难以获得高质量的学前幼儿教育；学龄儿童留级和辍学率高、出勤率低，不能完成学业；家长参与和社会支持有限，教师待遇不高；专业师资力量不足且缺少进修机会；教师和学生比例失调；改进教育系统缺乏科学数据支持。

2011年9月5日，新西兰最大的主流报纸《新西兰先驱报》发表文章《触目惊心的太平洋岛国教育数据》。文章说，太平洋岛国论坛领袖峰会前夕，在奥克兰举行了"认识太平洋岛国的潜力"研讨会。会上，时任新西兰外交部长莫瑞·麦卡利发言时提到，太平洋地区的教育现状堪忧，统计数据触目惊心。"一百万左右学龄儿童不能顺利就学，40%的学生不能完成最基本的小学教育，能够从初中毕业的学生仅有20%。在某些国家，女孩很难有机会入学接受正规教育。"莫瑞表示，这一现实是太平洋岛国难以承受的，该地区所有人都应严肃对待当前面临的挑战和机遇。"过去我们开了很多会，讲了很多话，事后却极少跟进行动。我们需要跳出这种走过场的形式。"（Young, 2011）

（一）幼儿教育

2019年4月9日，联合国儿童基金会（UNICEF）在《一个准备学习的世界——优化幼儿教育质量》报告中提出，太平洋岛国四成儿童不能接受学前教育，全世界范围内这个数字为1.75亿（UNICEF, 2019a）。受过学前教育的儿童，对识字和算术的掌握能力，是错过学前教育儿童的两倍以上。太平洋岛国受过学前教育的儿童，上小学后识字和算术都有较好表现。但太平洋一些国家学前教育缺失依然严重，导致未来较高的留级率和辍学率。

学前儿童的低入学率，与家庭经济状况、父母文化水平和地理位置偏僻都有着直接关系，但贫困是最大的原因。报告发现，贫困家庭孩子的失学率是富裕家庭孩子的7倍，内乱频仍、天灾人祸多发的国家，孩子更容易失学。如果母亲完成过初中以上的学习，那么送孩子去学前教育的概率又将提高5倍。太平洋岛国的社会和经济现状恰恰都具备上述特征。2017年全世界教育预算中，学前教育的比例平均为6.6%，而据太平洋地区幼儿教育理事会2017年报告所述，在太平洋国家这一数字不到5%，远远低于国际10%的基准。学前教育投资不足，导致幼儿教育师资短缺。学生和教师的理想比例为20∶1，但是太平洋地区远远落后于这一标准（UNICEF, 2019）。

联合国儿童基金会一直在帮助太平洋岛国提高幼儿教育的入学率，已在斐济、库克群岛、瓦努阿图、所罗门群岛、基里巴斯和密克罗尼西亚联邦等地取得了不错的进展。基金会敦促各国最起码保障一年的学前教育，尤其对弱势群体的儿童；同时敦促各国至少把学前教育经费提升到教育总支出的10%，以保障师资、质量和公平。

（二）小学教育

2000年4月在塞内加尔举行的世界教育论坛，提出"全民教育"的计划。在太平洋地区，联合国教科文组织15个成员国和准成员（库克群岛、密克罗尼西亚联邦、斐济、基里巴斯、马绍尔群岛、瑙鲁、纽埃、帕劳、巴布亚新几内亚、萨摩亚、所罗门群岛、汤加、托克劳、图瓦卢和瓦努阿图）参加了2015年全球"教育为全民"的总结。

总结中发现，2012年，太平洋地区小学教育净入学率为89%，这意味着超过10%的小学适龄儿童没有进入小学。然而入学仅仅是个开始，更重要的是学生能否完成整个小学周期。小学教育是否为强制性免费义务教育，是否给家庭带来经济负担，来往岛屿间的便利程度和费用，家长是否重视教育，乃至学生是否需要留在家里看护弟弟妹妹，都会对学生能否完成小学学业产生影响。在斐济，能读完小学的概率从2000年的86%提高到2012年的100%，而同一时期，在萨摩亚这一概率从96%下降到90%，2005年汤加这一数字为91%，马绍尔群岛则为83%（UNESCO, 2015）。

2018年太平洋识字和算术评估报告发现，小学四年级学生有47%未达到识字标准要求，六年级学生有37%不达标；在算术方面，四年级和六年级两个年级均有17%未达到最低标准（Pacific Community, 2019）。

留级、辍学和出勤率问题同样十分突出。2011年，所罗门群岛高达37%的学生复读或辍学。太平洋岛国恶劣天气多发，外岛交通不便，遇到狂风暴雨，路途泥泞，有些地方甚至需要蹚水过河，渡船过海，学生也主要靠步行上学，因此经常缺勤。许多家长宁愿等到孩子稍微长大，可以自行上学时才送他们进学校，以致超龄现象很普遍。相当多的学校也没有专业的考勤记录制度，不能为将来统计和政策调整提供准确的参考数据。

（三）中学教育

根据联合国教科文组织的数据，太平洋国家中学入学率从2000年的44%增长到2012年的77%，仍然低于世界平均水平的85%，接受中学教育的女孩所占百分比低于男孩（UNESCO, 2015）。有些国家如马绍尔群岛、萨摩亚和库克群岛的中学有足够的能力容纳所有适龄学生，但招生明显不足；但图瓦卢和瓦努阿图的中学则没有能力容纳所有学生。学费、交通费和往返不便等因素让学生望而却步，有些学生认为已经完成了小学强制教育阶段，但不愿参加相对严格的升学考试，便放弃读中学。

值得忧虑的是，有些国家，如基里巴斯、马绍尔群岛、巴布亚新几内亚、萨摩亚、所罗门群岛、图瓦卢和瓦努阿图，大批适龄青少年半途离开学校或根本不参加录取。马绍尔群岛超过65%的14—25岁青年既没有接受任何形式的正规教育，也没有就业，是造成社会紧张的重要原因。失业往往导致青少年自暴自弃，更容易沉迷于毒品和暴力。

另一个不可忽视的现象是少女怀孕，这是女生辍学的原因之一。不少国家遇到这种情况都是由学校直接将学生开除。2012年，库克群岛通过教育法特别规定，学生不能因怀孕而免除义务教育。库克群岛的学校就此展现了一定程度的灵活性，比如允许年轻母亲从学校抽时间来喂养婴儿，或在返回学校全日制学习前减少课时。同样,瓦努阿图也修改相关条例,不再开除在校怀孕的女生,允许其孕期留在学校,并可以在分娩后返回。

鉴于许多适龄青年不参加中学正规教育,太平洋岛国引入了技术职业教育和培训,2012年有大约33800名学生入学,30%为女生。有些国家把这一项目作为中学职能的一部分,也有的通过正式的职业学院进行培训,比如,瓦努阿图理工学院和澳大利亚太平洋技术学院的一些校区都提供培训。瓦努阿图和所罗门群岛还建立了相对不太正式的乡村培训中心,招收偏远地区不能进入中学学习的学生。所罗门群岛教育部2014年的报告称,乡村培训中心已经从2000年的18所增加到2013年的43所。

(四)高等教育

太平洋国家受过高等教育的人口比例不均衡,比如,所罗门群岛不过2%—3%,多国在10%—15%。学生如果想接受高质量教育,一般选择赴澳大利亚和新西兰等地就读大学。该地区最重要的高等学府当属南太平洋大学,一些国家也陆续成立了综合性大学和专科学院。

南太平洋大学成立于1968年,为12个太平洋岛国(地区)共有,即库克群岛、斐济、基里巴斯、马绍尔群岛、瑙鲁、纽埃、萨摩亚、所罗门群岛、托克劳、汤加、图瓦卢和瓦努阿图。大学在全部12个国家(地区)皆设有校区或教学点,法学院在瓦努阿图,农学院在萨摩亚。最大最悠久的校区位于斐济。最初仅有200名学生,现在已经有3万名在校生,每年约有4000人毕业。太平洋岛国许多领袖都有在此学习的经历。南太平洋大学提供本科与研究生课程,包括教育学、旅游学、农学、科学与环境管理、工学、计算机与信息、金融、公共管理等。学位课程全球承认,吸引了太平洋地区和其他地区的学生与职员,是太平洋文化环境的国际教学研究中心。

斐济国立大学2010年由六所学校合并而成,前身分别是斐济理工学院、斐济护理学校、斐济高等教育学院、劳托卡教师学院、斐济农业学院和斐济医学校,拥有30种不同课程。2012年1月教职员工超过1800名,录取学生人数超过两万名。斐济大学是一所私立大学,提供会计、经济、管理、计算机科学、信息技术、数学、语言、文学、斐济语和斐济文化、医学、法律、印地语和印度文化等课程。

萨摩亚国立大学创建于 1984 年，2010 年招生 2000 人，职工 300 多人。课程包括艺术、商科、教育学、科学、工程学和海洋学，设有一个萨摩亚研究中心，提供本科、研究生学位，还提供全世界首个萨摩亚研究硕士学位。

巴布亚新几内亚则有教会性质的圣言大学、太平洋复临大学，以及巴布亚新几内亚大学、戈罗卡大学、莱城理工大学等。

其他国家有基里巴斯理工学院、图瓦卢海事培训学院、马绍尔群岛学院、密克罗尼西亚学院、帕劳社区学院。汤加有小型私立"大学"，设有师范、医学、护理专业，还有一所妇女商学院和农学院。这些学校规模都不大。

南太平洋大学副校长拉杰什·钱德拉认为，当前各国大学和高等教育机构需要整合资源，突出太平洋特色，在艺术、文化、遗产和认同方面下功夫（RNZ, 2018）。

（五）成人文化程度

联合国经社理事会的数据显示，太平洋岛国地区识字达标率为 71%，低于世界平均水平的 84%。成年文盲人口从 1995—2004 年的 160 万上升到 2005—2012 年的 190 万，其中 88% 来自巴布亚新几内亚，与高生育率导致的人口增加有关。青年文盲在 2005—2012 年为 43.6 万人，其中 90% 在巴布亚新几内亚。青年文盲数字相对较低，侧面反映了幼时入学就读的积极意义。当然，也有像汤加和萨摩亚这样扫盲率很高的国家——汤加达到 98.9%，萨摩亚几乎是 100%（UNESCO, 2015）。

（六）制约教育发展的因素分析

经济上，太平洋岛国财政预算本就十分吃紧，教育投入愈显不足。多年来依赖国外援助和侨民汇款，其多寡又受到全球经济下行的制约。生活成本的增加导致移民潮——落后地区向相对发达的地区移民，发达地区向海外移民，导致弱势地区的教育资源更加贫乏。普遍的贫困状态，使许多家长甚至难以支付学费，他们看不到教育对孩子将来就业带来的希望，宁可让孩子早早出去打工补贴家用。

地理上，2000年以后气候变化问题给太平洋岛国带来了巨大的考验。由于发达国家二氧化碳排放量剧增导致全球变暖，海平面上升，受打击最直接最严重的就是太平洋岛国地区。像基里巴斯、图瓦卢和瓦努阿图等国海拔低，近十年国土沉降日益严重，高潮时海水可以漫过道路。加上经常受到飓风侵扰，学校等公共建筑损毁严重。国土流失，缺少合适的建筑用地，校舍建设条件简陋，低龄与超龄学生只好共用教室，难以合理配置教学资源。

政治上，局势动荡降低了教育质量。在所罗门群岛，1998年至2003年，冲突骚乱和暴力犯罪使本已陷入困境的教育雪上加霜，多数学校要么被完全摧毁，要么被严重破坏，许多教师和学生因为暴力远遁异乡。国家财政崩溃，无法向教育投资，教师工资不能定期发放；许多学校缺乏基本的教学材料和适当的卫生设施。危机期间，过去的许多援助成果被摧毁，大多数援助项目被终止或暂停。典型的是，瓦努阿图地方上争端不断，斐济土著和印度裔族群不和，难以集中精力提高教育质量。

管理上，政府部门与社会团体、私营机构之间，甚至政府部门间的工作缺乏协调。所罗门群岛教育部和卫生部争吵不断，巴布亚新几内亚的中央部门与省级部门沟通不畅，原因在于机构臃肿、职能重叠、信息不共享，更有官僚腐败作祟。

专业上，教职人员和教育主管官员自身的能力和责任感不足，是太平洋岛国教育提升的又一障碍。一方面很难聘到并留住高水平的教师，教师很少有职业培训机会，教师学生比例严重失衡；另一方面教师士气低落，随意缺勤，专业能力和职业操守不足。作为教育主管部门，官员们在分析解决问题、监督教学质量等方面能力欠缺，甚至教育部内部职员流动性也很大。在斐济和基里巴斯，资深职员往往选择提前退休，新职员经验不足。库克群岛、基里巴斯和马绍尔群岛的教育部职员，对电脑信息化知识的掌握和运用明显落后。

技术上，在许多太平洋岛国，数据收集和管理不足制约了其电子政务的发展，导致教育决策缺乏数据支持。所罗门群岛、图瓦卢和瓦努阿图的非官方学前机构的数据几乎为空白；巴布亚新几内亚和萨摩亚对学生的成绩记录都不完整；一些国家也极少就教育行业进行调查研究。

观念上，社会和经济长年落后，不合时宜的传统观念至今大行其道，对女性的歧视尤为严重。在斐济，女性即便有上学的机会，将来在职场上也未必得到平等对待。就男生而言，初中阶段辍学率非常高，反映了青少年对教育改变命运的认识比较淡薄。在一些欠发达地区，针对妇女儿童的家庭暴力极为普遍，世界卫生组织的调查显示，巴布亚新几内亚75%的儿童和60%的女性曾遭受家庭暴力，该国也是世界上性暴力最高发的国家。

在一些郊区，家长自身文化程度有限，对子女教育亦不在意。加上学校是村庄或宗族的一部分，村里的婚丧嫁娶足以使全校停课数日，随意性很强，影响学生的正常学习。斐济、马绍尔群岛和瓦努阿图等国，语言庞杂，巴布亚新几内亚有850多种口语，对日常教学构成极大的障碍。

作为地区大国，澳大利亚和新西兰相对幅员辽阔，经济发达，社会发展指数位居世界前列，对于太平洋岛国有着文化和地缘上的亲近感，更有视之为后院"禁脔"的思想。因此在对外援助方面，两国把大量精力放在太平洋岛国地区。总体来说，新西兰自视在波利尼西亚地区承担更多的国际义务，而澳大利亚则对美拉尼西亚地区起着主导作用。

四、新西兰与太平洋岛国

新西兰与太平洋岛国关系密切，为岛国发展提供了诸多援助。

（一）新西兰与太平洋岛国的地缘文化关系

公元500年至1300年，波利尼西亚人的一支——毛利人从夏威夷等地航海抵达新西兰。自1769年起，英国海军舰长詹姆斯·库克五次踏足新西兰，后英国向新西兰大批移民。经过多年战争，毛利人口锐减，1840年英国与毛利部族签署《怀唐伊条约》（Treaty of Waitangi），新西兰成为英国殖民地。新西兰1907年自治，到1947年完全独立，至今为英联邦成员国，奉英王世为国家元首。在相当长的历史时期内，新西兰奉英国为正朔，以白人国家为认同。

第二次世界大战后，大批太平洋岛裔移民新西兰。在新西兰最大城市奥克兰，毛利人和太平洋岛裔占人口的四分之一，奥塔拉区岛裔居民达八成，奥克兰因此被誉为世界上最大的"波利尼西亚城市"。2018年公布的新西兰人口普查结果显示，全国人口470万，欧裔占70%，毛利人占16.5%，太平洋岛裔占8.1%，亚裔占15%，中东拉美非洲裔占1.5%（有的居民族裔认同超过一个——作者注）；在一些传统白人区，比如奥克兰市的豪威克区，欧裔人口占比已经降到46%（NZ.Stat, 2018）。

库克群岛、纽埃和托克劳人具有新西兰公民身份，居住在新西兰的人口远远超出原居地的人口。比如，库克群岛人在新西兰有6万人，在原居地仅1.3万人；纽埃人在新西兰有2.3万人，原居地仅1200人；托克劳人在新西兰有7000人，原居地仅有1400人。萨摩亚、汤加和斐济也因新西兰移民政策和劳动力需求，大量移民新西兰，萨摩亚与汤加人在新西兰的人口，与原居地人口相差无几。经过数代繁衍生息，新西兰岛裔人口已达38万。

1984年，新西兰任命第一位太平洋岛国事务部长，1990年后岛国事务部升格为太平洋民族部，主管新西兰岛裔社区的社会、经济和文化发展。1993年起，新西兰国会开始拥有太平洋岛裔议员。

众多居住在新西兰的岛裔人民给当地带来了巨大的文化冲击。新西兰在社会宣导和观感上，也由最初的"白人独大"过渡到"二元文化"（欧裔和毛利），当下"多元化"成为普遍认知和符合政治正确的口头禅。

在地理位置上，新西兰毕竟是南太平洋岛群的一部分。随着社会发展和人口构成的改变，新西兰在意识形态上逐渐由作为大英帝国在南太遥远的前哨，更多地向南太平洋本地倾斜，强调双方在文化、政治等各方面的天然联系和身份认同。

2020年2月26日，新西兰总理阿德恩（Jacinda Ardern）在南太平洋大学发表演讲时说:"新西兰是一个太平洋国家,我们拥有共同的历史、文化、政治、家庭,甚至连橄榄球赛都同样是七人制。作为太平洋大家庭的一员,我们深深地明白:我们的认同、安全与繁荣与你们是天然连接密不可分的。现在我们对太平洋未来的共同期许,在真正意义上比从前任何时候都要强烈。"(Ardern, 2020)

在国际层面上,新西兰无论经济实力还是政治影响都是"小国",但相对而言在太平洋岛国地区,却是名副其实的"大国"和"强国"。其外交政策既立足于长期利益,如拓展贸易和资本及战略合作,又有发展援助、反对核试和对前殖民地政治危机管理的考量。

太平洋区域内,新西兰与前殖民地保持着特殊关系。库克群岛和纽埃至今为新西兰"自由联系国",由新西兰负责其外交和国防事务,每年提供大量财政支持,国民被赋予新西兰公民地位。托克劳在 2020 年决定继续保持非自治新西兰领地的地位。西萨摩亚在 1914—1962 年曾长期由新西兰管理直至完全独立。

(二)新西兰的"太平洋重置"战略①

新西兰通过太平洋岛国论坛、太平洋区域环境项目秘书处、南太平洋大学等机构同整个地区广泛合作,与太平洋岛国论坛 14 个会员国,以及联合国和世界卫生组织在该地区的项目建立了稳定的双边和多边关系。新西兰的外交政策着重通过政府援助、贸易、环境、安全合作和人道主义支持,促进太平洋岛国的繁荣与稳定。

2018 年 3 月 28 日,新西兰副总理兼外长温斯顿·彼得斯发表讲话,阐述新西兰在发展同太平洋邻国的关系时"重新配置的必要",围绕友谊、理解、互惠、共同追求和地区稳定等五个核心原则展开工作,即"太平洋重置"(Pacific Reset)战略(Trade Staff Global, 2018)。

---

① 本节数据除特别标注外,均引用自新西兰外交外贸部(New Zealand Ministry of Foreign Affairs & Trade)的统计。

同年5月,彼得斯宣布"重新定位"的《新西兰援助计划》将特别关注太平洋岛国地区,当年7月1日起正式实施。2019年11月25日,新西兰内阁批准促进高效可持续发展的国际合作的政策,遵循"太平洋重置"的思想,将目光转移并聚焦在太平洋地区,深化与太平洋国家合作,减少贫困,创造安全、平等和繁荣的环境,扩大新西兰在该地区的影响力。

新西兰的对外援助额相对大国而言是区区小数,不能与澳大利亚、美国和中国相提并论。因此,新西兰本着"聚焦太平洋,放眼全世界"的思路,精准对口,花小钱办大事,59%的对外援助投向太平洋岛国,20%投向多边合作组织,17%投向亚洲,3%投向非洲,1%投向拉丁美洲和加勒比海地区。根据新西兰外交部公布的计划,2018—2021年,13.31亿新币投向太平洋地区,其中12.76亿新西兰元对有关国家和地区直接投资,余下5500万新西兰元支付给多边合作项目。这种集中优势力量办重点的做法,对于太平洋地区受援项目非常奏效（New Zealand Foreign Affairs & Trade, 2018）。

在具体操作中,根据受援国的优先项目,按受援国的运营机制进行计划、实施、管理、监督和汇报;着眼于长效,授人以渔,留下可供受援国效仿的范例;收集数据,量化结果,衡量援助项目的效果;与受援国和其他援助方协调合作。

当前新西兰在太平洋地区的援助项目,以海洋渔业、环境与气候变化、经济耐受力、政府治理、地区安全和稳定、卫生和教育、性别平等、儿童青少年福祉等为优先,互相关联、互为因果。2019年8月,新西兰向太平洋岛国论坛提供1.5亿新西兰元,用于应对气候变化的项目,并计划未来三年内累计投入3亿新西兰元。2020年2月,新西兰总理阿德恩宣布向斐济提供200万新西兰元,用于受气候变化影响的社区迁移改造项目。

2016年6月,太平洋能源会议在新西兰奥克兰召开,由新西兰和欧盟联合主持,太平洋各国政府、区域性组织和私营企业派代表参加。会上,国际社会承诺捐款10亿新西兰元,2024年前用于太平洋地区发展并高效利用再生能源。自2003年以来,太平洋地区再生能源项目已累计投资9亿新西兰元,这意味着截至2024年,将共有20亿新西兰元投入到清洁可靠且支付得起的能源产业。

渔业是太平洋岛国的经济支柱之一，但其总体落后的管理方式、过度捕捞和非法捕捞问题亟须解决。新西兰于2018年6月29日捐助490万新西兰元，与太平洋岛国及岛国论坛下属的渔业委员会等一道，为制止非法过度捕捞、维护渔业公平收益、保护渔业资源的可持续性寻找出路。

新西兰园艺和果园劳动力相对不足，于是设立季节性打工机制，每年向太平洋岛国开放12850个名额。这一机制由新西兰外交外贸部委托新西兰商业创新和就业部实施招工、遴选和培训。2008年以来，季节性打工人群每年可以创收侨汇3400万—4100万新西兰元，同时新西兰还向打工人群提供英语学习、财务管理、商业开发等培训课程。世界银行称赞季节性打工机制是"最有效的发展介入方式"，实现了"三赢"的局面——打工者个人得到收入，劳务输出国获得收益，同时弥补了新西兰的劳动力短缺问题。

在季节性打工机制以外，新西兰还试行了"劳动力流动计划"，资助太平洋岛国招收工人，来新西兰打工深造。比如，木工和建筑工人可以到新西兰建筑行业工作，海洋水产业的毕业生可以到新西兰渔船上就业。2019年在新西兰举行的太平洋劳动力流动年会再次确认了这一计划在新西兰外援项目占优先地位。

随着太平洋岛国旅游和贸易的发展，人员往来越来越多，飞行安全问题日益凸显。新西兰外交外贸部协调新西兰民用航空委员会和太平洋飞行安全委员会，在库克群岛、基里巴斯、巴布亚新几内亚等十个国家提供培训。目前绝大多数太平洋岛国采纳并实行了新西兰民用航空制度和法令。2019年太平洋岛国论坛期间，新西兰宣布拿出1150万新西兰元，帮助岛国配备或升级飞行安全设备，在未来四年累计提供1470万新西兰元援助用于安全、法规和安保支持。截至2019年，新西兰还拿出270万新西兰元，与国际航路委员会合作，为八个太平洋国家的37个机场升级全球导航卫星系统。同样，新西兰还投入950万新西兰元，提升太平洋岛国海事安全的处理能力，尤其是政策法规建设、海事救援和处理原油泄漏污染等。

太平洋岛国医疗水平相对较低，非传染性疾病比如心脏病、糖尿病、癌症、慢性呼吸道疾病等的致死率，占太平洋地区总致死率的75%，严重影响人民生活质量，造成巨大经济负担。新西兰将医疗援助优先放在预防和初级护理，同时帮助病患进入高级医疗机构，在较好的设施条件下接受优质诊疗。多年来，新西兰同太平洋受援国摸索出一套行之有效的办法：加强政策和立法，从根源上消除导致慢性病的危险因素；征收烟草税，在公共场所和室内工作地点设无烟区，宣传健康知识和吸烟危害；向慢性病患者提供基础医疗，向癌症早期患者提供透视检查和治疗；宣导健康的生活方式，包括饮食结构和体育锻炼；预防糖尿病，及早进行干预治疗；加强医疗、手术、护理、实验室和药房建设；开展生殖健康教育，在青少年中普及性知识和产后护理；改善儿童营养和健康，接种疫苗，阻绝感染，防止发育迟缓和过度肥胖。

鉴于太平洋岛国经济社会发展的现状，支援教育事业不可能单独进行，往往牵一发而动全身，因此新西兰对岛国的援助是通盘考虑，有重点地进行。

（三）新西兰对太平洋岛国教育的支持

新西兰对太平洋岛国教育领域的支持，主要通过参加多边国际合作项目和国与国直接援助交流来实现。在硬件上，新西兰帮助建设和修复学校等基础建设，配备电脑网络等教学仪器，为学生创造现代化的学习环境；软件上帮助培训师资力量、制订教研计划、改进教学方法、编写课本教案等，为学生提供信息化时代的学习模式。同时注意与岛国政府合作，缓解家庭经济压力、解决交通困难、提高医疗水平、拓展就业渠道，从外围上帮助学生解除后顾之忧，提升入学率和毕业率。

1. 参加多边国际合作项目

自2000年以来，在国际社会和当事国家的共同努力下，太平洋岛国在教育发展方面大有起色。然而，许多国家预算严重依赖外部援助，2007年外援占据太平洋岛国中14个国家GDP的35%。澳大利亚和新西兰是本地区最大的援助国，援助额分别占到总数的39%和11%，中国和美国紧随其后各为8%，日本和法国各占5%，欧盟和中国台湾地区各为4%。援助来自官方、非政府组织、慈善团体和私营机构等多个渠道，用于建设学校、配备设施、培训教师、制定发展方案等（Peters，2018）。

地区性和国际性组织提供的经费支持和专业指导同样不可或缺。经济合作与发展组织（OECD）数据显示，2000—2014年，政府开发援助（ODA）在太平洋地区的援助额上升了三分之一。亚洲开发银行、英联邦学习共同体、太平洋教育理事会、大洋洲国家奥委会、太平洋岛国论坛、太平洋教育学习资源委员会、太平洋共同体、联合国教科文组织、联合国儿童基金会、南太平洋大学和世界银行等，都在不同程度上发挥着作用。

新西兰的援助围绕联合国千年发展目标和可持续发展目标，通过国际多边组织在150多个国家建有援助项目。在太平洋地区，新西兰致力于帮助岛国解决贫困、性别歧视、政府治理、气候变化、可持续发展等领域的问题。同时，将援助政策与全球发展目标相协调，也为新西兰在太平洋地缘政治竞争中树立正当性。与太平洋各国进行双边合作的同时，新西兰通过太平洋岛国论坛、太平洋共同体及南太平洋大学等机构，参与本地区的多边援助。

新西兰是参与筹建南太平洋大学的国家之一，一直与之保持着紧密的合作关系。几十年来，新西兰向这所大学提供核心项目的预算，保障其信息通信、教学研究、教育战略等顺利进行。自2010年以来，新西兰通过与南太平洋大学的伙伴关系，每三年一个援助周期，大部分经费分配给该大学的优先发展领域，取得了很大的成绩。新西兰支持的优先领域有：同欧盟合作支援"太平洋地区基础教育的倡议"，建立太平洋法律信息学院，建立南太平洋大学卫星网络，以及在南太平洋大学各分校升级卫星网络工程。

卫星网络工程归南太平洋大学所有，向所属的12个太平洋岛国提供视频、音频和网络信号。2018年3月15日，在南太平洋大学成立50周年之际，新西兰向南太平洋大学捐赠400万美元，用于卫星网络升级。出席捐赠仪式的新西兰驻斐济高级专员乔纳森·卡尔表示，与南太平洋大学富有建设性的积极关系，是新西兰在太平洋地区援助项目的重要组成部分。

2018 年 4 月 16 日，联合国儿童基金会和新西兰外交外贸部在斐济签署协定，由新西兰提供 700 万新西兰元，用于基里巴斯、所罗门群岛和瓦努阿图防止和减少新生儿死亡率。2016 年，太平洋地区有近 1700 名五岁以下儿童死亡，其中 80% 的儿童活不到一岁，一半以上出生不到四周即死亡。

新西兰积极帮助太平洋各国政府，改善科学、技术、工程和数学教育，加强其解决经济、社会和文化问题的能力。该地区很少有学校配备专职科技教师或科学设备向学生授课。为了解决这一问题，新西兰外交外贸部正在与四个太平洋国家合作制定方案，使非专业教师能够运用互动式电子学习资源，在十年级教授科学课程。

新西兰与岛国教师培训专家一道，目前已经完成资源开发、教师培训、IT 基础设施和能力建设的成套教学方案，并介绍到太平洋岛国，在 2019 年初开始实施。方案成熟后，将向更多岛国的高年级、多课程推广。

2. 对太平洋国家直接双边援助[①]

新西兰外交外贸部数据显示，2014/2015 年度新西兰外援 5.13 亿新西兰元，其中 3 亿新西兰元投向太平洋地区；2015/2016 年度新西兰外援 5.34 亿新西兰元，其中 3.22 亿新西兰元投向太平洋地区，2016/2017 年度新西兰外援 5.31 亿新西兰元，其中 2.81 亿新西兰元投向太平洋地区；2017/2018 年度新西兰外援 5.647 亿新西兰元，其中 4.01 亿新西兰元投向太平洋地区。瓦努阿图、所罗门群岛和巴布亚新几内亚为接受新西兰援助最多的国家，教育、卫生和人口领域是最大的投资去向，其后为制造业、社会结构和经济建设。值得注意的是，新西兰外援金额在国民总收入中占比从 2014 年的 0.27% 降到了 2017 年的 0.23%（New Zealand Foreign Affairs & Trade, 2018）。

2018/2019 年度，在"太平洋重置"政策环境下，新西兰当年向太平洋地区投资 4.23 亿新西兰元，重点放在气候变化、卫生教育、国家治理、经济耐受力、青年发展、性别平等和妇女赋权等。

库克群岛是新西兰的"自由结合区"，新西兰在 2018/2019、

[①] 本节数据除特别标注外，均引用自新西兰外交外贸部的统计。

2019/2020、2020/2021 三个财年，分别提供 2165 万新西兰元、2141 万新西兰元和 1733 万新西兰元。教育部于 2002 年实施包容性教育政策，并于 2011 年进行审查。该政策关注肢体、行为、发育和智力有问题的学生，确保有适合他们需求的学习方案。政策要求将这些儿童尽可能纳入主流课堂，通过学习助手和帮扶小组提供一对一的支持。新西兰为库克群岛培训了 40 多名教师助理，由新西兰资格管理局（NZQA）颁发教师助手证书。这些有特别需求的学生还会得到技术支持，比如，教他们使用笔记本电脑、平板电脑和其他电子产品，为他们安装特制的应用程序，以帮助他们同其他同学一样有机会获取知识。2014 年 2 月，新西兰和库克群岛签署《关于发展的联合义务》协定，规定新西兰向库克群岛提供援助，其中"人力发展"条目列举了"教育——全民受过良好教育和拥有技能"和"卫生——全民享有良好的卫生健康服务"。协定规定，2010—2012 年，新西兰提供 700 万新西兰元用以支持库克群岛教育总规划，投资到基础、中等和高等教育；提供 950 万新西兰元作为教育资源预算；双方每年举办教育对话，将合作潜力和效果最大化。库克群岛同意在 2013—2015 年提高教育投入，通报其教育领域待解决的优先事项，提高识字和算术水平，全面提高从幼儿教育到高等教育的质量，提高高中学生 NCEA（新西兰教育资格委员会）和大学高考的成绩水准，提高技能培训和高等教育课程的质量（MFAT, 2014）。2020 年 1 月 1 日，库克群岛因连续三年超出经济合作发展组织的援助效果预期，顺利从政府开发援助资格考核中"毕业"。这是 2000 年以来太平洋地区第一个通过审查的国家。

萨摩亚政府在太平洋地区有着较高的声望。2010 年，萨摩亚政府推出学费减免计划以取代小学阶段收费，由新西兰和澳大利亚提供经费补助，以减少因财政困难耽误小学教育的情况发生，并协助学校改进教学和学习方法，提升学校资源管理能力。2012 年，萨摩亚教育部审查报告指出，该计划已经达到预期目标，即提高了学生入学率、保留率和教学绩效，两年中新增加 159 名学生入读小学。自 2012 年起，萨摩亚学费减免计划扩展到中学，由新西兰提供全部经费。据《新西兰与萨摩亚发展合作》文件，新西兰在

2018/2019、2019/2020、2020/2021 三个财年，分别向萨摩亚提供 2471 万新西兰元、2813 万新西兰元和 2668 万新西兰元，将教育和卫生列为优先援助项目。支持萨摩亚教育文化和体育部全面实施其教育领域规划，保障学生顺利完成从幼儿教育到高中阶段的学习（MFAT, 2018）。2018 年，"吉塔"飓风重创太平洋岛国，新西兰以最快的速度对受灾国家给予了援助。3 月 5 日，阿德恩总理批准 300 万元紧急援助，帮助萨摩亚恢复商业经营和社区秩序，重建被摧毁的学校等建筑物，保证质量可以抵御高强度的自然灾害；另拨款 650 万新西兰元，用于帮助萨摩亚妇女和青年的商业经营和就业。

新西兰在 2018/2019、2019/2020、2020/2021 三个财年，分别向汤加援助 1134 万新西兰元、2177 万新西兰元和 1522 万新西兰元，用于鼓励贸易和经济增长，并重点向医疗和教育提供援助。据《新西兰与汤加发展合作》记录，2018 年，受"吉塔"飓风影响，汤加 2000 多户民宅被毁，基础设施损毁严重，许多地区断电，学校缺乏必要条件无法开学。3 月 7 日，新西兰政府向汤加援助 1000 万新西兰元，由外交外贸部和教育部共同出面，帮助重建 19 所小学和十所中学并恢复教学秩序，恢复汤加供电系统，向受灾地区提供实物援助，维持社区正常生活。新西兰还帮助 650 名学生（包括 100 名女生）参加中学举办的贸易课程，鼓励更多的学生留在学校（MFAT, 2018）。目前，新西兰正在和澳大利亚一道，重建被"吉塔"飓风破坏的汤加议会大厦；帮助汤加教育部提高专业开发能力，提升小学生识字和算术水平。

2020 年 4 月，正当新西兰和全世界一道抗击新冠疫情，"哈罗德"飓风横扫瓦努阿图。4 月 8 日新西兰外长彼得斯宣布拨款 50 万新西兰元，帮助瓦努阿图政府评估受灾情况，发放先期抵达的救灾物资。2015—2018 年，新西兰共向瓦努阿图提供 9550 万新西兰元援助，在 2018/2019、2019/2020、2020/2021 三个财年，分别援助 2228 万新西兰元、2335 万新西兰元和 1709 万新西兰元，用于健全司法制度、振兴旅游业，应对气候灾害，并在"帕姆"飓风和火山喷发后提供紧急人道主义援助。目前的工作重点包括强化公共服务、提高妇女和青年受教育和参与社会事务的机会。

相对于对萨摩亚和汤加的灾后应急援助，新西兰政府对其他太平洋岛国的援助，则放在主动预防自然灾害、提升耐受能力和减少灾难损失上。2018年3月6日，阿德恩总理宣布向纽埃提供一系列援助项目以应对可能发生的灾害：75万新西兰元用于道路和水务基础设施建设；100万新西兰元用于发展太阳能等清洁能源，争取2025年覆盖80%的人口；纽埃政府因此节省下的100万新西兰元作为专项经费提升该国的健康和教育水平。纽埃是新西兰的关联国，新西兰视援助纽埃为其宪政义务。在2018/2019、2019/2020、2020/2021三个财年，新西兰向纽埃分别援助了1803万新西兰元、1215万新西兰元和2992万新西兰元，帮助其提升公共机构的能力，建设高效坚固的基础设施，扩大旅游业，保护环境，追求教育卫生和社会安全的最佳成果。新西兰外交部报告显示，新西兰在课程开发、数学和信息通信等方面提供的技术支持，对纽埃的教育质量起到了积极的作用。2019年4月，新西兰和纽埃签署合作声明，称双方将致力于提高纽埃人的教育水平，提供劳动力市场所需要的知识、技能和职业培训。

2018年，巴布亚新几内亚（简称巴新）发生里氏7.5级地震后，新西兰派出皇家空军大型运输机，向巴方运送医疗物资和灾区必须生活物品，随行工作人员留在当地帮助学校恢复教学和社会秩序。在2018/2019、2019/2020、2020/2021三个财年，新西兰向巴新分别援助了4013万新西兰元、3549万新西兰元和3260万新西兰元，配合巴新2018年通过的中期发展计划，改善农业、能源、基建、教育、卫生和社会法律秩序。新西兰向巴新学生提供奖学金，资助他们到新西兰就读，为巴新储备人才。这些援助致力于克服性别歧视，为妇女、青年和残疾人提供各类教育培训的机会，改进巴新公共部门和私营领域的服务，促进就业。同时，援助还用于向当地引进先进农业技术提高生产力，修复因灾受损的电力系统，普及清洁能源和饮用水，让更多人均等享受医疗服务，减少人民受教育的后顾之忧。

斐济是太平洋地区影响力较大的国家，由330多个岛屿组成，全国90万人口散居在110个岛屿。斐济和新西兰在历史、文化、体育、商务和教育等方面历来联系密切。两国关系在2006年斐济军事政变后逐渐冷淡，直到 2014 年斐济民主选举后才恢复正常化，在贸易、旅游、防务和发展合作方面进展顺利。在 2018/2019、2019/2020、2020/2021 三个财年，新西兰向斐济分别援助了 1237 万新西兰元、2064 万新西兰元和 1884 万新西兰元，援助项目涵盖斐济的政府治理、性别平等、安全防务、气候变化、灾害防御、劳务输出、素质教育和农业渔业等。"温斯顿"飓风袭击斐济后，新西兰提供 1500 万新西兰元帮助恢复重建学校、议会和公共设施，提升高等教育和技能培训质量，在课程开发、师资培训和学校管理等方面都发挥着重要的援助作用。

密克罗尼西亚联邦由 607 个岛屿组成，10.5 万人口，通常与马绍尔群岛和帕劳一起被称为北太平洋地区。密克罗尼西亚是独立国家，同时是美国的"关联国"。新西兰与该国的合作主要集中在气候变化、渔业管理和地区安全方面，同时对密克罗尼西亚提升教育和环境耐受力方面有专项援助，2018—2021 年共投入 400 万新西兰元。新西兰驻火鲁奴奴领事馆，通过"北太平洋发展基金"（NPDF）援助密克罗尼西亚、马绍尔群岛和帕劳。该基金向非政府组织和社会团体旗下的小型活动项目提供经费，用于性别平等、弱势群体（残疾人、少数族群、偏远地区人民）权益、教育平等和就业等，每个单项最多可以申请到 7.5 万新西兰元。

图瓦卢国土面积仅有 26 平方公里，人口约一万，海陆交通不便，是世界上游客最少到访的国家。由于财政收入来源极其有限，不得不靠出赁捕鱼许可证和外租互联网国家域名来赚取经费。在 2018/2019、2019/2020、2020/2021 三个财年，新西兰向图瓦卢分别援助了 1008 万新西兰元、1484 万新西兰元和 1094 万新西兰元，用于基础建设、应对气候变化，尤其是提高国民受教育的水平，获取技能和资格等方面。具体操作为加固公共建筑，改进渔业管理方式，拓宽职业教育、提升资格水准，以增加就业率。

基里巴斯横跨赤道和国际日期变更线，也就是说横跨东西南北四个半球。然而其岛屿广布，面积狭小，交通不便，是经济最不发达的国家之一，也是受气候变化海平面上升威胁最大的国家之一。该国由 32 个环礁和一个珊瑚岛组成，人口约 11.63 万。2016 年，基里巴斯通过了一项"二十年发展战略",期望建成富裕、健康与和平的国家。在2018/2019、2019/2020、2020/2021三个财年,新西兰向基里巴斯分别援助了687万新西兰元、2283万新西兰元和3130万新西兰元,以帮助基里巴斯实现梦想。过去数年间,新西兰帮助基里巴斯提高渔业管理和收入的透明度,帮助家庭合理避孕,科学处理废物垃圾以保护环境,修复电力系统,建设抗灾能力强的学校等建筑物,扩容基里巴斯技术学院,对医生护士进行专业培训,提高国民教育和卫生水平。同时与基里巴斯海洋培训中心合作,培养高质量海洋和渔业人才到外国渔船货轮工作,目前又在进行管理人才的培养。

瑙鲁是世界上最小的国家之一,面积21平方公里,常住人口一万多,20世纪60—70年代因盛产鸟粪磷矿十分富足,20世纪80年代因长期无序开采导致资源枯竭,经济陷入困境。近年来瑙鲁在减少外债、经济增长、就业率和家庭收入方面有所进步,但是教育和健康问题一直是痼疾,公共事业管理缺乏人才,重要基础设施陈旧残破。在2018/2019、2019/2020、2020/2021三个财年,新西兰向瑙鲁分别援助了623万新西兰元、721万新西兰元和442万新西兰元,帮助瑙鲁提高教育质量,提供奖学金资助学生出国就读,开展短期培训课程,发展清洁能源和保障电力。2015年,国际社会成立"瑙鲁代际信托基金",新西兰于2019年加入,承诺持续向基金捐助款项直到2033年。同时,新西兰和澳大利亚一起,聚焦瑙鲁小学和中学的入学率,加强师资力量,注重培养领袖人才。

托克劳是新西兰属地,国土面积12平方公里,人口约1400。岛上没有机场,进出仅靠每月两班轮渡去最近的萨摩亚。500公里路程在天气晴好时,需要26个小时,因此人员就业困难,进口商品价格昂贵。在2018/2019、2019/2020、2020/2021三个财年,新西兰向托克劳分别援助了1007万新西兰元、3796万新西兰元和1643万新西兰元,帮助当地提高政府管理水平,建设码头改善岛际间交通;保障人民受教育的权利和享受基本医疗服务。2019年托克劳和新西兰举办教育高峰会,讨论托克劳所面临的教育问题和解决方案。新西兰还出资建设海底光缆,为托克劳提供高速上网服务,便于开展远程教学。

太平洋地区还包括法属波利尼西亚（塔希提）、法属新喀里多尼亚和美属萨摩亚等地区，由其宗主国负责当地各方面的发展。不过，新西兰与这些地区保持着密切联系，比如2018年新西兰提供短期培训奖学金，资助法属波利尼西亚和新喀里多尼亚学生到新西兰学习并打工。

新西兰与所罗门群岛政府的教育和人力资源部有着长期的合作关系。2003年以来，新西兰累计向所罗门群岛教育领域提供1亿新西兰元援助，是新西兰最大的外援项目，帮助饱受内乱之苦的所罗门群岛重建教育系统。如今，这一项目一直被新西兰外交外贸部当作外援成功的典型案例。

1998—2003年，所罗门群岛陷入长期的骚乱和冲突。法律秩序崩溃，经济濒临破产，人人自危，政府没有能力管控局面，公务员和教师领不到薪水，学校和医院关门，在所罗门群岛的外国援助机构纷纷撤出或停止活动。

2003年，所罗门群岛政府向澳大利亚和新西兰发出紧急求助，澳新两国和一些太平洋岛国组建包括军方、警察和专业人士在内的"赴所罗门群岛援助代表团"，帮助该国恢复社会治安，重回经济发展的轨道。新西兰在代表团中发挥了重要作用，他们认为要帮助所罗门抚平创伤、凝聚人心，最有效的方法就是针对年轻人开展教育。同时，新西兰方面认为外部支援不可以喧宾夺主，在重振教育过程中，应尊重所罗门群岛政府的主导地位，向所罗门群岛提供教育预算、基础设施、课程开发、学校赠款、财务管理和教师培训，在该国体制下推进工作。这一态度赢得了所罗门政府的信任，将新西兰看作是真诚的伙伴，愿意向新西兰敞开大门，借助新西兰派出的专业人士系统地解决难题。

所罗门群岛政府希望向每一个学生提供免费基础教育，对此，新西兰在2004年拨款3000万新西兰元投入到该国教育领域。这是新西兰历史上对一个国家的单一领域投入最多的一次，使新西兰一直到今天仍然是所罗门群岛教育合作的领军力量。

然而，新西兰在这一进程中遇到的第一项困难，就是当时所罗门群岛的政府信誉和项目执行都存在严重的腐败问题。为此，新西兰和所罗门群岛以及代表团严密监督援助经费的使用情况，在起初几年里，每三个月审查一次经费状况并到学校实地探访，确保援助经费实实在在地落实到了学校层面。同时，新西兰还要求必须解决拖欠的教师工资问题，包括清理吃空饷的"幽灵老师"。这些问题有些是工作疏忽所致，但相当多的还是钻了以前系统混乱的空子。

随后，援助项目聘任更多老师，提供培训机会，保障工资正常发放；编写、印制并免费分发本地特色的教材；重建和改造校舍。所罗门群岛当地的媒体舆论反映积极，增强了当地人民对政府的信心。

重要的是，援助项目为2000多名教师提供培训机会，提高专业素养。时至今日，与2003年援助开始时相比，所罗门群岛小学招生率提高了25%，建成了新学校和教室，向900所学校捐赠了教学设备；学生识字算术水平提升了30%，出勤率显著提高，男女生就学比例持平，改变了往年性别比例失调的局面（MFAT, 2018a）。

在帮助所罗门群岛恢复基础教育的同时，新西兰通过奖学金计划，每年提供550个名额，着力为发展中国家培养未来的青年领袖。2019年，所罗门群岛有24名学生获得奖学金资助到新西兰留学，使他们有机会接触发达的外部世界，领略不同的文化风俗，坚定知识改变命运、改变国家落后面貌的决心。

在2018/2019、2019/2020、2020/2021三个财年，新西兰向所罗门群岛分别援助了2794万新西兰元、3712万新西兰元和3605万新西兰元。新西兰外交外贸部表示，新西兰的援助，为所罗门群岛政府培养了一代合格高级人才，该国教育和人力资源部越来越有能力管理并运作其教育系统，不再过度依赖外部支持。这一长远发展援助提升了所罗门人民的教育水平，对该国可持续性的经济增长起到至关重要的作用。

鉴于多数太平洋岛国识字水平较低，学生成绩差、易辍学，最终影响就业和经济发展的情况，2014年，新西兰援助项目投入670万新西兰元，推出包括技术培训、资源和政策扶持、调查研究等全方位的服务，强化校长的领导作用，改革课堂、学校乃至整个教育系统的陈旧做法，最终达到提高教学水平和文化学习的效果。这一工程在所罗门群岛、汤加和库克群岛实行，与这些国家的教育部和其他合作伙伴的实践互为策应，优势互补，改善了太平洋国家教学和学习模式。项目于 2017 年结束。

2018 年 9 月 5 日，阿德恩总理在瑙鲁出席太平洋岛国论坛时宣布，再向太平洋国家支援 900 万新西兰元，帮助安装高速宽带网络，培养能够熟练操作网络互动授课的师资力量。鉴于岛国的硬件限制而专为萨摩亚、瓦努阿图、库克群岛和所罗门群岛学生开发科学类专业网络课程，使学生无须进实验室亲自操作。阿德恩还宣布帮助该国与南太平洋大学和英联邦学习共同体合作，为中学和大学拓展开放、灵活的远程学习机会。

五、澳大利亚与太平洋岛国[①]

对比太平洋众多"璀璨的明珠"式的袖珍小国，澳大利亚绝对是巨无霸式的存在。国土囊括整块澳大利亚大陆、塔斯马尼亚岛及圣诞岛等数个海外岛屿，国土总面积 769 万平方公里，和美国本土面积相近。根据 2019 年的普查数据，全国人口约为 2522 万。邻国都是隔海相望，东南部有新西兰，东北部有巴布亚新几内亚、瓦努阿图、斐济等，北部是印度尼西亚、东帝汶等国。

18 世纪末，澳大利亚成为英国殖民地及囚犯流放地，因地理位置偏远，鲜少受国际战争波及。1901 年成立联邦逐渐脱离英国，但至今仍奉英王为国家元首。政治、经济、流行文化、教育等元素和架构仍与原宗主国英国相近甚至趋同，英语为最主要的流通语言，国旗上至今保留英国国旗图案。

因为殖民地历史，澳大利亚人口混居，欧洲裔占 83%，多数是 19—20 世纪英国移民的后代。最早的原住民（Aborigines）历史上曾备受欺凌，如今人口数量不及总数的 1%。澳大利亚同样是太平洋岛国移民理想的目的地。2006 年太平洋岛裔人口 11.2 万，2016 年骤增到 20.7 万，其中波利尼西亚人

[①] 本节数据除特别标注外，均引自澳大利亚外交贸易部的统计。

最多，达 18.2 万人；美拉尼西亚人 2.3 万人，密克罗尼西亚人仅为 1667 人。以原居国计算，萨摩亚裔最多，达 7.5 万人，其后为斐济、汤加和库克群岛人；在澳的巴布亚新几内亚人 1.9 万人，所罗门群岛 1883 人，瓦努阿图 956 人（Australian Bureau of Statistics, 2020）。

（一）"走近太平洋"战略

在过去的 30 多年，澳大利亚在贸易、投资、旅游、援助、防卫、体育、教育等诸多方面，对太平洋岛国尤其是美拉尼西亚地区，一直发挥着主导性的影响力。与新西兰类似，澳大利亚不断强调其太平洋属性，其太平洋事务部长埃文·麦克唐纳公开宣称将"永远致力于发展同太平洋国家的关系，这里是我们最大的利益所在"。2016 年《国防白皮书》和 2017 年《外交政策白皮书》将"走近太平洋"列为最高优先战略，作为澳大利亚外交政策的基石之一。在 2016 年太平洋岛国论坛上，时任澳大利亚总理特恩布尔首次宣示"走近太平洋"，以本地区的"主权、稳定、安全、繁荣"为己任。2018 年 11 月 8 日，莫里森总理宣布将合作水平提到更高层次，"揭开我们与太平洋大家庭关系的新篇章"。2019 年 7 月 22 日，外交部长佩恩发表讲话称："澳大利亚是太平洋地区最大的发展伙伴、安全伙伴和患难朋友。在这一坚实的基础上，我们坚信能够，也应该共同努力，为建设新的蓝色太平洋大陆做出更多。"（DFAT, 2017）

澳大利亚从 20 世纪 50 年代起就有成规模的对外援助，1974 年时任总理惠特曼成立"澳大利亚发展援助委员会"，2010 年改制为"澳洲援助"（AusAID），隶属于外交贸易部，是澳大利亚负责对外援助的执行机构。2014 年，时任外交部长毕晓普称，澳大利亚对外援助将重点放在印度洋和亚太地区，"从前我们的援助项目在全球范围内薄薄地摊开，今后将转到我们能更有作为的地区，以符合我们的国家利益"。

澳大利亚是太平洋地区最大的援助国。经济合作发展组织统计，2011—2017 年，澳大利亚共向该地区援助 87 亿澳大利亚元，占到该地区国民收入的 3%。其中 2012/2013 年度援助 11.47 亿澳大利亚元，占到援助总额的

54%。2014/2015 年度援助 11 亿澳大利亚元，多数投向美拉尼西亚地区（主要是巴布亚新几内亚和所罗门群岛）。之后 2017/2018 年度援助 10.978 亿澳大利亚元，2018/2019 年度援助 13 亿澳大利亚元，2019/2020 年度拨款 14 亿澳大利亚元，帮助太平洋国家解决气候变化、灾害应对、经济可持续发展，以及卫生教育等问题。通过双边和多边合作机制，澳大利亚参与了多个重大援助项目，包括 20 亿澳大利亚元的"（澳大利亚）太平洋基础建设融资机制"、赴澳大利亚打工的"太平洋劳工流动机制"、为太平洋地区提供高速通信的"珊瑚海电缆工程"。同时，澳大利亚分五年提供 5 亿澳大利亚元，帮助太平洋岛国应对气候变化和灾难应急能力，并建设新的"澳大利亚太平洋安全学院"。

澳大利亚外交贸易部 2015/2016 年度报告称，该财年澳大利亚共接收 4500 位岛国劳工来做季节性工作，这一数字比前一年上升 40%。这些季节性劳工从事农业采摘和服务行业，为原居地创收大量侨汇；为来自基里巴斯、瑙鲁和图瓦卢的 250 名工人提供为期五年的工作和培训机会；帮助太平洋渔业委员会成员国提高创收，总收入达 3.5 亿澳大利亚元，远超前一年的 2.64 亿澳大利亚元；帮助基里巴斯、瓦努阿图和所罗门群岛 28 个村庄 7400 人，加强近海捕鱼管理，维护渔业安全和生活水平；建立第三方法律援助，帮助岛国初级农产品达到出口标准，保护数千就业岗位，保障 700 万澳大利亚元的出口额；帮助 9320 名妇女和女童获得危机救急服务，包括咨询、卫生和法律服务，1224 名获得财务帮助，4669 名争取到领导岗位；为 70 万巴布亚新几内亚人提供保险产品；为所罗门群岛妇女提供安装太阳能小额贷款；协助 1500 名岛民获取国际承认的职业资格证书，由澳大利亚太平洋技术学院颁发，95% 成功就业；资助 3000 名学生从南太平洋大学毕业；派遣 46 个专科医疗队赴九个国家，接待 6000 人次咨询，为 1593 人做手术；为斐济国立大学医学院和护理健康学院提供支持，2015 年有 613 人毕业，并新设病理学研究生课程；筹集 5300 万澳大利亚元帮助中小型企业；向 14 个岛国气象站提供数据和建议，帮助岛国应对气候变化，预警极端天气（DFAT, 2020）。

（二）澳大利亚的教育外援

据澳大利亚外交贸易部公布的数字，2019/2020 年度预期外援教育预算为 6.19 亿澳大利亚元，用于保障儿童（尤其是女童和残障儿童）获得求职所需技能和学习深造的机会。澳大利亚在印太地区的教育援助主要包括：支持教师培训、课程改革和学习评估；增加女童的学习机会；将残障儿童纳入教育体系；帮助技术教育、技能培训，以适应职场需求；提高教育准入，促进地区稳定；在落后地区建设和改造教育基础设施；同私营领域和社会团体合作，提高就学率和素质教育；加强教育政策和系统的管理与问责，保障援助的可持续性。

此外，推出"澳大利亚奖学金"，赞助有领导潜能的学生到澳大利亚或在当地深造，学成后为其国家经济社会发展做贡献。在政府开发援助项目以外，澳大利亚政府还推出"新哥伦布计划"，培养澳大利亚本地人才，将来从事澳大利亚和太平洋岛国交往工作。

澳大利亚教育援助的基本原则是：投资幼儿教育，尤其注重贫困和边缘群体的儿童；投资各个阶段的素质教育，为减少贫困和发展经济做贡献；将教育公平放在首位，尤其是克服性别歧视和排斥残疾人；根据劳动力市场的需求办教育，对初中和高中教育进行精准投资；严格遴选可信赖的团体和专家并与之合作，保证有根据地使用援助投资，尽量惠及更多的人。

在参与国际性教育组织方面，澳大利亚支持"全球教育伙伴"（Global Partnerships of Education），呼吁改善教育系统；资助"教育不等人"（the Education Cannot Wait）基金，协调政府机构、人道救援和经济合作等领域，共同关注并帮助教育。澳大利亚还与联合国教科文组织的统计学院和澳大利亚教育研究理事会合作，追踪太平洋地区受援国的教育数据。

2017/2018 年度，澳大利亚援助项目帮助了约 88 万名学生应招入学，培训了 5 万多名教师，4600 多人获得相当于高中的学历。

（三）对太平洋岛国的教育援助

澳大利亚与新西兰达成协议，在 2018/2019 年度向库克群岛援助 330 万澳大利亚元，2019/2020 年度援助 370 万澳大利亚元，帮助提升饮水质量和卫生设施、教育平等和性别平权。教育方面，致力于提高识字和算术水平，改善经济环境，使之与教育行业相互促进。2019 年，澳大利亚帮助库克群岛合并三所贸易学校，组建新的高等培训学院；建成学生信息电子管理系统；向学校提供电脑和技术支持，用于线上教学；设立性别平权代表，阻止家庭暴力，为妇女参与经济赋能项目创作机会。

密克罗尼西亚、马绍尔群岛和帕劳三国，被澳大利亚视为北太平洋地区，2018/2019 年度从澳大利亚获得 950 万澳大利亚元政府开发援助，2019/2020 年度获得 840 万澳大利亚元，用于改善渔业管理、应对气候变化、提高政府治理能力和问责机制。在密克罗尼西亚联邦，澳大利亚与亚洲开发银行共同出资支持"高质量基础教育工程"，提升密联邦各级教育系统的运转效率。针对这一工程，澳大利亚承诺至 2023 年，提供 240 万澳大利亚元的援助。同时，澳方专门派遣教育专家，协调处理该工程的有效运作。2012 年以来，澳大利亚为密联邦培养出 25 名国民发展优先项目的高级人才（另有帕劳人两名、马绍尔群岛人 11 名），33 名继续在澳大利亚的大学受训。2012—2016 年，在密克罗尼西亚联邦和马绍尔群岛，为 8500 名儿童进行了防范气候变化和灾害应急训练。澳大利亚与"太平洋妇女重塑太平洋发展计划"一道，十年间投资 3.2 亿澳大利亚元，用于解决马绍尔群岛的性别不平等问题。

斐济由于 2000 年和 2006 年两度军事政变，遭到澳大利亚等国制裁，关系一度冷淡。不过，2019 年 9 月 16 日，澳大利亚总理莫里森和斐济总理拜尼玛拉玛举行历史性会晤，签署了《斐济澳大利亚家庭式伙伴协议》，再度强调两国间"具有深度、广度和热度的""久经考验的强有力的"关系（DFAT, 2019）。2018/2019 年度澳大利亚向斐济提供 5100 万澳大利亚元政府开发援助，2019/2020 年度提供 5880 万澳大利亚元，是斐济卫生和教育领域的最大援助方。这些援助还用于政府治理能力、性别平权、残疾人权利、灾害应急处理等。澳大利亚一直与斐济妇女基金会合作，推动性别平权工作，2019 年派遣医疗队，为 5156 名斐济民众提供医疗和社会服务。2019 年向85名斐济学生提供奖学金，资助他们到澳大利亚和其他国家学习深造，并派遣34个团体共60名志愿者到斐济做帮扶工作。"温斯顿"热带飓风袭击斐济以后，澳大利亚捐助3500万澳大利亚元在当地建立起两家健康中心和34所学校。

2018/2019年度澳大利亚向基里巴斯提供2740万澳大利亚元政府开发援助，2019/2020年度提供2730万澳大利亚元，是基里巴斯最大的援助国。援助主要用于发展经济、提升环境耐受力，提高国民教育和健康水平。2011—2019年，澳大利亚分三阶段向基里巴斯提供总额达7000万澳大利亚元，协助"基里巴斯教育领域战略规划"，提高适龄儿童（包括残障儿童）入学率和教育质量。同时，与基里巴斯政府合作，创造健康安全的学习环境、配备充足的教学资源、研发现代化的课程、培养专业性强的师资、提高教育系统的管理能力。2016—2020年，澳大利亚支援2000万澳大利亚元，用于就业技能培训，通过基里巴斯技术学院和就业指导中心，为没有接受完整教育的年轻人培养技能，帮助就业。

2018/2019年度澳大利亚向瑙鲁提供2670万澳大利亚元政府开发援助，2019/2020年度提供2580万澳大利亚元，是瑙鲁最大的援助国，援助额相当于瑙鲁国内生产总值的25%。2017年9月，时任澳大利亚总理特恩布尔宣布"太平洋劳动力机制"，安排太平洋岛国人民到澳大利亚工作三年，从事中低技术要求的工种，在实践中学习锻炼。特恩布尔与瑙鲁总统瓦卡签署备忘录，将瑙鲁纳入该机制。2018年5月，澳大利亚援建的高等教育性质的"学习村"落成，其中包括南太平洋大学校区、新的技术职业场馆和国家图书馆。18名瑙鲁学生获得澳大利亚奖学金资助，得以去澳大利亚留学深造。

纽埃是新西兰的"自由结合区"，国土260平方公里，常住人口仅仅千余，新西兰是其第一大援助国。纽埃地理位置偏远，自然资源缺乏，交通通信落后，最严重的是对外移民问题，居住在新西兰的国民多达2.3万人。同时，气候变化导致海平面上升，自然灾害对纽埃影响极大。2004年"赫塔"飓风来袭，将岛上小学夷为平地。2006年，澳大利亚、纽埃和新西兰成立纽埃国际信托基金，帮助当地自力更生，减少对外援的依赖。澳大利亚向这个信托基金捐赠了750万澳大利亚元。2015年11月，澳大利亚投资420万澳大利亚元捐建的新小学落成，2016年1月正式开放，不但为当地教育质量和安全提供保障，万一遭遇自然灾害，这所小学还可以作为临时避难场所使用。后续监管和其他教育帮扶项目由新西兰承担。2018/2019年度澳大利亚通过与新西兰的协议，向纽埃提供250万澳大利亚元政府开发援助，2019/2020年度提供350万澳大利亚元，主要聚焦于教育。

巴布亚新几内亚是太平洋岛国中的大国，属于美拉尼西亚岛群，地理上靠近澳大利亚，多年来澳大利亚也视援助美拉尼西亚地区为重要的国际义务。因此巴新从澳大利亚获得的援助额度较多。2018/2019年度澳大利亚提供5.78亿澳大利亚元的政府开发援助，2019/2020年度提供6.075亿澳大利亚元。巴新人口增长很快，社会和法律秩序不稳，公共服务积弱，基础建设不足，而且经常受到地震、火山爆发和海啸的威胁。澳大利亚的援助主要帮助巴新的政府治理、性别平等、青年学习和就业、气候变化和投资评估等方面。2018—2019年，澳大利亚社团、教会、私营业主和政府合作伙伴捐助的物资，使巴新110万人受惠；澳大利亚教会组织在巴新为1.8万人提供生活知识培训，教授4600名成年人识字；向7350名妇女和女童提供危机管控、家庭性暴力等知识讲座；设立法律课堂，先后为14万人讲授法律规定的权利与义务；澳大利亚还支援建设国立技能发展委员会，保障巴新的技术职业培训达到国际认可的标准；为全国1700多名学校管理人员提供财务管理培训；为535名巴新学生提供澳大利亚奖学金，资助他们在当地或去澳大利亚读书。

萨摩亚与澳大利亚在政治、经济、安全和人文交流等各方面都有稳定的合作关系。生活在的澳大利亚的萨摩亚裔有7.5万人，2017年3.3万澳大利亚人到萨摩亚旅游，2011年以来有176名志愿者在萨摩亚服务，澳大利亚为1400名有残疾的萨摩亚人提供了辅助行动工具。与25年前相比，萨摩亚人口平均寿命增加了十岁，小学入学率接近国际水平。2018/2019年度澳大利亚向萨摩亚提供3400万澳大利亚元政府开发援助，2019/2020年度提供3200万澳大利亚元。澳大利亚和新西兰帮助萨摩亚贯彻《2013—2018教育领域计划》，提高识字率和算术水平，帮助年轻人完成中等阶段教育和职业培训。2016—2017 年，通过奖学金计划，资助 132 名萨摩亚学生到澳大利亚留学，完成本科和研究生阶段的学习。帮助萨摩亚小学基建，将小学入学率提高到国际通行标准。自 2007 年以来，先后帮助 1300 位萨摩亚人从澳大利亚太平洋技术学院毕业。

按照 2016 年联合国人权发展指数，所罗门群岛在 187 个国家中位列 156 名，是太平洋地区最落后的国家之一。2018/2019 年度澳大利亚向所罗门群岛提供 1.983 亿澳大利亚元政府开发援助，2019/2020 年度提供 1.744 亿澳大利亚元，是所罗门群岛最大的援助国。澳大利亚和新西兰参与了"赴所罗门群岛援助代表团"，还发放奖学金资助 39 名所罗门学生到澳大利亚和其他地区学习，其中半数为女生，学习科学、工程和信息技术等专业。2015 年，所罗门群岛四年级识字算术水平测试中，75.6% 识字达标，76.3% 算术达标，高于预期的平均 66.4%。

2000 年成立的"托克劳国际信托基金"，自 2004 年起共收到澳大利亚捐款 880 万澳大利亚元。根据与新西兰达成的协议，2018/2019 年度澳大利亚向托克劳提供 140 万澳大利亚元政府开发援助，2019/2020 年度提供 180 万澳大利亚元，优先发展教育，尤其是幼儿教育。

汤加王国地处自然灾害多发区，十万人口散居各岛，农业生产、自然资源和出口产品都比较有限。四分之一的家庭不能自给自足，尤其是居住在偏远外岛又没有海外亲属汇款的家庭，生活更加困难。2015 年，海外侨汇占到汤加国内生产总值的 26%。2018/2019 年度澳大利亚向汤加王国提供 2890 万澳大利亚元政府开发援助，2019/2020 年度提供 2660 万澳大利亚元，投向政府治理、经济发展、公共卫生和技术培训。"汤加技能项目"针对当地和海外劳动力市场的需求，帮助年轻人学习并获得技能资格证书。澳大利亚还加大对技术职业培训的投资，重点帮助女性和残障人士。通过教育援助项目，幼儿教育质量也得到提升。

2018/2019 年度澳大利亚向图瓦卢提供 900 万澳大利亚元政府开发援助，2019/2020 年度提供 930 万澳大利亚元，投向政府治理、财政管理、教育质量、人力资源和环境耐受力等方面。2017—2018 年，澳大利亚向图瓦卢支援了科学、英语和数学等学科的教学资源，协助改革学校管理、升级课程，并对教师队伍提供专业培训。学校改革措施包括设立教学量化最低标准，比如，教室师生比例和卫生标准。实施这些标准的学校，还可以从澳大利亚援助中得到补贴。2018年，澳大利亚为18名图瓦卢学生提供奖学金，资助他们到澳大利亚读大学。

澳大利亚是瓦努阿图最大的发展伙伴，2016年援助资金占瓦努阿图受援总额的39%。2018/2019年度澳大利亚向瓦努阿图提供6300万澳大利亚元政府开发援助，2019/2020年度提供6620万澳大利亚元，投向基础建设、教育质量、卫生服务、灾后重建和环境耐受力等方面。教育方面主要投资在幼儿教育，提高识字算术水平，并为学龄儿童普及初级保健服务。2017—2018年，完成课程开发、教师培训，并把教学资料翻译成59种文字，分发给270所学校；通过"瓦努阿图技能伙伴计划"培训836人，注册33所私立培训机构；为6000人提供灾后心理辅导；资助43名学生去澳大利亚读书，派遣71名志愿者赴瓦努阿图服务。另外，"帕姆"飓风后，澳大利亚捐赠3500万澳大利亚元，重建了71个医疗中心、95间教室、51座公共建筑、80套水务系统、27个度假中心和6个养殖场。

六、澳大利亚和新西兰在太平洋地区的援助合作

相对而言，新西兰强调其太平洋属性和在该地区的国际义务，澳大利亚则强调"印太战略"。在处理同太平洋岛国关系时，无论是贸易、援助和处理政治危机，新西兰和澳大利亚一般采取紧密协作的立场。在联合国、英联邦和其他国际场合都是事先协调，避免将争议暴露在大庭广众之下。唯一一次例外出现在21世纪前十年后期，在关于气候变化的讨论上，新西兰对太平洋岛国的处境持同情态度，同意定期接收因海平面上升而离开家园的图瓦卢人，但澳大利亚则与该地区国家步调不一致。太平洋岛国因此认为新西兰比澳大利亚更有帮助。

作为区域性大国，澳大利亚和新西兰一直在南太平洋地区有着重要影

响力。1946年，太平洋岛国殖民地的宗主国成立南太平洋委员会，英国、法国、美国、荷兰、澳大利亚和新西兰出席，1998年更名为太平洋共同体（SPC）。新西兰与澳美法四国分担经费总额的90%，并提供项目援助，欧盟、联合国开发计划署、世界粮农组织、世界卫生组织等国际组织也提供援助。

1971年8月，南太平洋论坛在新西兰惠灵顿成立，2000年10月更名为太平洋岛国论坛，成为该地区首要的政治力量。从20世纪80年代起，新西兰与其他太平洋岛国反对大国倾倒核废料、恢复核试验，并于1985年通过《南太平洋无核区公约》。2000年后，该地区一系列危机给新西兰、澳大利亚和太平洋岛国论坛带来了挑战。2000年5月斐济政变，随后所罗门发生政变，引发该地区极大忧虑。2006年4月所罗门骚乱，11月汤加骚乱，12月斐济再次政变，都令太平洋岛国论坛内部产生龃龉。

澳大利亚和新西兰是太平洋共同体的创始国，共同体下设教育质量和评估项目局（EQAP），由澳大利亚、新西兰和联合国教科文组织提供经费，致力于在太平洋岛国提高识字算术水平、课程开发、资格鉴定和评估研究。作为EQAP的部分业务，太平洋岛国识字和算术评估（PILNA），是由太平洋岛国论坛教育部长会议确定，2010年由澳大利亚、新西兰和联合国教科文组织共同建立，旨在提高识字率、算术水平和生活技能，并于2012年、2015年和2018年三次在太平洋岛国对四年级和六年级学生评估。

澳大利亚、新西兰、太平洋岛国论坛秘书处、大洋洲国家奥林匹克委员会、太平洋共同体、南太平洋教育评估董事会、联合国教科文组织、联合国儿童基金会和南太平洋大学，于2010年制定了"太平洋教育发展框架"（PEDF）。2012年成立工作组，监督评估太平洋国家的教育地位和成就。2014年，"太平洋教育发展框架"发表追踪报告，重点评估了正规学校教育和教师业务发展两方面的成绩，并强调指出利用可靠的最新数据来追踪教育进步的重要性。

2020年3月，新西兰与澳大利亚、日本和全球教育伙伴委员会，同联合国儿童基金会、世界卫生组织共同组成太平洋地区应对新冠疫情团队，帮助太平洋岛国应对新冠疫情的威胁，将防控学校和社区传染作为重点，

30日首批运送17万件医疗和实验室用品，包括医用和N95口罩、防护服和检测试剂等。联合国儿童基金会太平洋地区代表谢尔登·耶特（Sheldon Yett）表示，目前太平洋岛国已经出现新冠疫情，学校关闭，学生在家隔离，家长失去工作，孩子们是最大的受害者群体之一（United States, 2020）。

目前，澳大利亚和新西兰对太平洋岛国的援助优先项目之一，是向年轻人提供优质教育，为其将来的工作和生活培养必要的技能。教育质量和评估项目（EQAP）在太平洋岛国地区已经行之有年，是纵贯该地区重要的教育机构，在实践评估、课程研发、教师水平以及数据应用等方面发挥着举足轻重的作用。

新西兰和澳大利亚同EQAP建立了为期十年的三边合作机制，新西兰为此提供了500万新币作为开始三年的基础经费。新西兰与EQAP一直有合作，现行的合作方式更加灵活机动，结合受援国的实际情况，把援助用于最需要的地方。这样一来，EQAP可以为太平洋岛国制定长远规划，推行像太平洋岛国识字和算术评估这样有重大意义的举措。

七、对太平洋地区教育援助的反思

澳大利亚、新西兰和国际社会向太平洋地区注入了大量援助，对受援国的经济、文化、教育、卫生等发展起到了很大的作用，但外援是否取得了应有的预期效果，长期以来也存有争议。就教育而言，经过多年的援助，太平洋国家的教育状况有改观，但距离根本性的改变尚有很大差距。澳大利亚、新西兰的政府部门、研究机构和媒体不断审视太平洋国家的入学率和毕业率、教育质量、平等机会和效率、可持续性等指标，认为有反思的必要。

按照人均获得的援助额计算，太平洋岛国位居世界榜首。世界银行2011年统计，政府开发援助对全世界149个国家提供援助，名单上有11个太平洋受援国，平均每人接受援助542美元，其他138个国家的平均水平为每人110美元。2006—2009年，大洋洲地区每人每年接受的教育援助经费平均为265美元。时过十多年，这些数字只能更高。

《太平洋岛国政策》2013年第八期就刊文指出了几个问题：对太平洋地区的教育援助不是不足，而是"输血"多于"造血"，收效与投入不符，并造成了对援助的严重依赖；有些国家用援助保障了工资发放，但教师仍然缺勤、责任心不足；有些国家落后的部落乡村意识与先进的管理概念相融合不是一朝一夕可以完成的；人民普遍随遇而安、自由散漫，缺乏紧迫感，学校领导层很难有动力解决教师的工作效率问题（Victor Levine, 2013:16）。

作为捐助方，通常都会谨慎地做事前调研，确定社会需求和投资方向，执行中会要求通报进展情况，项目结束后要求受捐方提供评估报告和下一步建议。然而现实情况是，项目结束后，受援国家主管单位往往将这些文件报告束之高阁，鲜少分享阅读以供未来参考。这就导致未来其他援助者再来投资，不得不重起炉灶，空降咨询顾问或所谓专家做书面材料，循环往复，流于表面。澳大利亚《北地新闻》2011年曾经报道，"上千万的真金白银流入到咨询顾问公司，浪费在无休止的文字游戏上，更助长了官僚主义作风"（Northern Territory News, 2011），这一现象不仅出现在国际援助舞台，澳大利亚、新西兰等各级政府搞大型建设或资助公益项目，也要走同样的程序，花钱委托咨询公司做可行性调研，而且往往是拿出报告送到议会审议，经常被驳回再做，旷日持久，议而不决。纳税人的钱大量流入务虚的咨询顾问过程，广受诟病。

援助款项到位后，援助双方或各方会制订计划，保障精准实施。然而，在有些国家就会出现三年计划、五年规划、二十年愿景、合作工程、战略项目、框架协议、优先领域等五花八门的状况，令人难以适从，也做不到全面充分地落实，最后往往只看数量产出，却忽略实在效果。

向太平洋岛国提供援助的国家和国际组织，资金来源多元，援助方式和项目又分双边、多边、单项、跨界、地区、综合等，客观上缺乏相互协调，存在重复建设。政府和国际组织对外援助，每年都有一定的预算额度，简单说就是有花钱的任务。因此，有时会出现援助单位拿着资金找接受方的现象，在限定时间内要完成投资，项目质量难以保证。

国际援助相当一部分用于对受援国教育部门和教师的能力建设，如澳大利亚的援助半数与技术支持相关。然而，有些国家更愿意把援助款用在能见度高的项目，认为能力建设不能转化为公共消费，这种思想在巴布亚新几内亚、汤加、所罗门群岛等国相当普遍。对教育部门员工加以培训，使之有能力管理项目、协调方案和收集数据，可以为援助机构的工作提供便利。问题是在太平洋岛国政治环境下，如何使用援助是政治人物做决定，工作人员仅负责执行，所以仅仅培训员工还是不够。

对教师的培训固然非常重要，前文也列举了不少澳大利亚、新西兰每年培训教师的数字。然而统计数字相对容易，但教师的收获如何，应用在教学的效果如何，难以量化。2019年10月，"教育国际"（Education International）在库克群岛、斐济、基里巴斯、萨摩亚、所罗门群岛、汤加、图瓦卢和瓦努阿图八个太平洋国家开展调查，由当地教育工会组织82名教师（包括校长）参加，结果仍旧显示"教师认为缺乏技能培训，难以设计并实施富有创意的教学方法"（Hogan, Thompson, Lingard & Dakuidreketi, 2019:19）。反向看，考察教师的能力，并不仅仅看参加了多少培训，拥有几本证书，关键还得看教学成果，应把教师的绩效与学生的表现挂钩。

前文提到太平洋岛国运用电脑管理教育信息的能力不足。这种现象的确存在，但更深入地看，有些国家很早就配备了电脑设备，也有员工能够熟练使用电子数据表格，教育部网站有官方政策文件供阅读下载。问题在于他们搜集的教育数据是否具有时效性和可靠性，是否在经过分析、研究、计划后，最终能在决策中发挥作用。不少国家的教育机构和学校，在使用电脑的同时，还是习惯从书架上寻找纸质的档案。

国际社会对太平洋岛国的援助是全方位的，教育是援助的重点，但越来越多的现象表明，立意很好，效果不彰。仅靠给钱并不能解决根本问题，甚至可能造成新的问题。2001年，新西兰媒体就曾经引述乐施会（Oxfam）的报告称，新西兰援助给太平洋孩子上学的数百万元钱被误用了。澳大利亚《北地新闻》2011年曾报道称，"不能假定所有援助都用在了实处。孩子们在乞讨，你们纳税的钱却被浪费"。类似新闻爆出后，政府援助在国内会受到社会舆论和反对党的批评，如果援助达不到预期效果，也会导致"援助疲劳"。2018年5月9日，新西兰在野的国家党党魁西蒙·布里吉针对政府大规模援助太平洋岛国批评说，新西兰永远都打不赢一场"支票外交战"，"新西兰自己在教育和卫生领域的投入尚且不足，外援应该立足于本国预算能力的实际情况"（Kirk, 2018）。

八、结　语

太平洋岛国地理位置特殊，受经济、政治、文化、教育、生态，以及社会观念相互作用和共同影响，导致总体发展长期落后。澳大利亚、新西兰和国际社会一道，提供了大量的援助，其中教育是重点之一。多年来，太平洋各国从学前教育到高等教育都取得了进步，为当地人民提供了更多的教育机会，基础建设、技术设备、管理方法、师资力量都有较大改善，文化水平（识字算术）、国民素质和发展意识得到了很大提高。然而，客观上太平洋岛国气候灾害不断侵袭，岛际偏远沟通不畅；主观上思想观念落后，与当代新生事物脱节；国际上大国争夺博弈，国内社会生态紊乱，使太平洋岛国长期处于被动和弱势，高度依赖外部援助。国际教育援助需要检讨策略方法，着眼于长远、有效和可持续性，与当地社会和人文环境有机结合，提高国民素质。只有消除贫困，移风易俗，才能从根本上改变太平洋岛国的教育现状。

参考文献

[1] ARDERN J. Speech to University of the South Pacific Students[Z/OL]. (2020-02-26)[2022-12-01]. https://www.beehive.govt.nz/speech/speech-university-south-pacific-students.

[2] Australian Bureau of Statistics. People and Communities[R/OL].(2020) [2022-12-01]. https://www.abs.gov.au/People-and-Communities.

[3] Australian Department of Foreign Affairs and Trade. The 2017 Foreign Policy

White Paper[Z]. 2017.

[4] Australian Department of Foreign Affairs and Trade. Fiji-Australia Vuvale Partnership[R/OL].(2019-09-16)[2022-12-01]. https://www.dfat.gov.au/sites/default/files/fiji-australia-vuvale-partnership.pdf.

[5] Australian Department of Foreign Affairs and Trade. Overview of Australia's Pacific Regional Aid Program[R/OL].(2020)[2022-12-01]. https://www.dfat.gov.au/GEO/PACIFIC/DEVELOPMENT-ASSISTANCE/Pages/development-assistance-in-the-pacific.

[6] HOGAN A, THOMPSON G, LINGARD B and DAKUIDREKETI M. Commercial Activity in Pacific Education[R/OL]. Brussels: Education International Research. (2019-10)[2022-12-01]. https://issuu.com/educationinternational/docs/2019_ei_gr_research-pacific.

[7] KIRK S Simon Bridges: NZ Will Never Win in Chequebook War of Diplomacy[EB/OL].(2018)[2022-12-01]. https://www.stuff.co.nz/national/politics/103751433/simon-bridges-nz-will-never-win-in-chequebook-war-of-diplomacy?rm=m.

[8] LEVINE V. Education in Pacific Island States: Reflections on the Failure of "Grand Remedies" [EB/OL]. Honolulu: East–West Center (2013-01-01)[2022-12-01]. https://www.eastwestcenter.org/publications/education-in-pacific-island-states-reflections-the-failure-grand-remedies.

[9] New Zealand Ministry of Foreign Affairs and Trade. Cook Islands: New Zealand Joint Commitment for Development[R]. 2014.

[10] New Zealand Ministry of Foreign Affairs and Trade. A Pathway to Peace: Solomon Islands Education[EB/OL]. (2018)[2022-12-01]. https://www.mfat.govt.nz/en/aid-and-development/our-aid-partnerships-in-the-pacific/case-studies/a-pathway-to-peace/.

[11] New Zealand Ministry of Foreign Affairs and Trade. Our Development Cooperation with Samoa[EB/OL]. (2018) [2022-12-01]. https://www.mfat.govt.nz/

assets/Aid-Prog-docs/IATI-PDFs/PACPF/Our-Development-Cooperation-Samoa.pdf.

[12] New Zealand Ministry of Foreign Affairs and Trade. Where Our Funding Goes[R/OL]. (2018) [2022-12-01]. https://www.mfat.govt.nz/en/aid-and-development/our-approach-to-aid/where-our-funding-goes/.

[13] Northern Territory News. Our Foreign Aid Programme Under Siege for Wasteful Use of Money and Resources[N]. 2011-05-24 [2022-08-15].

[14] NZ.Stat. NZ.Stat[DB]. (n.d.)[2022-12-01]. http://nzdotstat.stats.govt.nz/wbos/index.aspx?_ga=2.148637810.498155966.1587199612-1741455099.1587199612.

[15] Pacific Community. Pacific Islands Literacy and Numeracy Assessment 2018 Regional Report[R/OL]. (2019)[2022-12-01]. https://spccfpstore1.blob.core.windows.net/digitallibrary-docs/files/64/64e832dd679cbf92cc88e0a6d15ba9a6.pdf?sv=2015-12-11&sr=b&sig=0qDKqM2WmJlanH4n484av20iZNZnUM0UbIKzYIXJeeM%3D&se=2024-05-28T05%3A48%3A01Z&sp=r&rscc=public%2C%20max-age%3D864000%2C%20max-stale%3D86400&rsct=application%2Fpdf&rscd=inline%3B%20filename%3D%22PILNA_Regional_Report_2018.pdf%22.

[16] PETERS W. A Speech on New Zealand in the Pacific[EB/OL]. (2018-03-02) [2022-12-01].https://www.lowyinstitute.org/publications/winston-peters-new-zealand-pacific.

[17] RNZ. The Future of Pacific Tertiary Education—50 Years of USP[EB/OL]. (2018–02–13) [2022–12–01]. https://www.rnz.co.nz/international/programmes/datelinepacific/audio/2018631868/the–future–of–pacific–tertiary–education–50–years–of–usp.

[18] Trade Staff Global. What is the Pacific Reset, and How does it Impact NZ Trade?[EB/OL].(2018–04–30)[2022–12–01]. https://www.tradestaffglobal.com/blog/2018/04/30/what–is–the–pacific–reset–and–how–does–it–impact–nz–trade/.

[19] UNESCO. Pacific Education for All 2015 Review[R/OL]. (2015)[2022–12–01]. https://uis.unesco.org/sites/default/files/documents/pacific–education–for–all–

2015–review–en_1.pdf.

[20] UNICEF. A World Ready to Learn: Prioritizing Quality Early Childhood Education[EB/OL].(2019-04-08)[2022-12-01]. https://data.unicef.org/resources/a-world-ready-to-learn-report/.

[21] UNICEF. 4 in 10 Pacific Island Children not in Pre-primary Education[EB/OL].(2019-04-11)[2022-12-01]. https://www.scoop.co.nz/stories/WO1904/S00085/4-in-10-pacific-island-children-not-in-pre-primary-education.htm.

[22] United Nations. List of SIDS. Sustainable Development Knowledge Platform[EB/OL].(2020)[2022-12-01]. https://sdgs.un.org/.

[23] United States. UN Helps Pacific Prepare for COVID-19 Pandemic[EB/OL].(2020-04-01)[2022-12-01]. https://news.un.org/en/story/2020/03/1060622.

[24] YOUNG A. Horror Pacific Island Education Stats[EB/OL]. (2011-09-04)[2022-12-01]. https://www.nzherald.co.nz/nz/news/article.cfm?c_id=1&objectid=10749535.

[25] 联合国. 千年发展目标 [EB/OL]. (n.d.) [2022-12-01]. https://www.un.org/zh/aboutun/booklet/mdg1.shtml.

第二部分 国 别

语言生态学视域下的
巴布亚新几内亚语言教育政策研究

李志刚 *

一、引　言

巴布亚新几内亚独立国（the Independent State of Papua New Guinea，简称巴布亚新几内亚、巴新），是世界上使用语言最多的国家，有850多种语言，占世界语言数量的12%，是欧洲各国语言总和的近三倍。巴布亚新几内亚是一个兼具生物多样性与语言多样性的国家，是研究语言生态学的极佳样板。巴布亚新几内亚政府对其丰富的语言制定了一系列相关的语言政策，以保护本土语言，避免语言冲突，维护语言和谐及国家安全，同时使巴布亚新几内亚获得更多的经济和政治利益。本文以美国生态语言学（语言生态学）先驱艾纳尔·豪根（Einar Haugen）的语言生态理论为指导，阐述巴布亚新几内亚语言生态的多个方面，并对巴布亚新几内亚的语言教育政策的历史背景、演变过程进行回顾和梳理，分析其特点，进而思考巴布亚新几内亚的语言生态与语言教育政策的相互关系。

---

* 李志刚，北京语言大学英语学院讲师，太平洋岛国研究中心研究员。

二、语言生态与语言政策的相互关系

语言生态正如生物生态一样,需要与共生的地域、自然环境和文化环境相契合,接触中的语言的变化过程是缓慢、渐变的。如今经济全球化的迅速发展,持不同语言、不同文化背景的人们频繁交流、彼此影响,同时国际和国内通用语的强势推进,使得语言的渐变发展规律和语言多样性受到影响,语言的生存状态被加速改变,进而导致语言濒危,加速了语言的消亡过程。随着世界语言生态环境的恶化,语言冲突频频发生,保护语言多样性与维护语言和谐成为世界各国关注的焦点。

语言生态学(ecology of language)是一门新兴交叉学科,自20世纪70年代艾纳尔·豪根提出以来受到学术界广泛关注,具有重要的学术价值与现实意义。Haugen(1972:325)把语言生态定义为"特定语言与环境之间的相互作用关系",旨在引起人们对语言与语言环境的关系的重视。他进而把语言所处的环境分为三种,即社会环境(social environment)、自然环境(natural environment),以及心理环境(psychological environment)。社会环境是由语言数量、人口、民族、宗教、经济、政治因素等构成;自然环境是指地理分布、动物及植物状况、气候等;心理环境主要涉及人们的语言态度以及人们对语言的选择等。语言生态如同自然生态,而语言生态中的语言就如同自然生态中的生物,一些语言能够生生不息,代代相传;而一些语言却黯然消逝,无人知晓。这都取决于语言使用者根据环境所作出的相应选择。语言生态观追求的是多语的有序共存及语言与环境的平衡互动。

语言生态受语言政策的影响,同时又制约着语言政策的制定。语言政策是一个国家的重大决策,通过对语言教育、语言使用、语言规范、语言地位等方面的规划来影响国家政治、经济、科技、文化等事业的发展,同时对民族关系的和谐与否起直接作用。语言政策的制定既会影响这些方面,同时又受到这些方面的制约。如何协调各方面的影响因素,是语言政策制定过程中研究的重点。语言生态学关注语言存在的环境,将语言政策研究置于语言生态视域下,分析影响语言存在与发展的外在因素,旨在创造更适合语言生存与发展的环境，同时更好地为国家发展需要服务。

语言政策的制定是对语言生态的一种人为的合理的干预，是维护语言生态的政府行为。语言生态学的基本理念决定了语言生态与语言政策息息相关。博纳德·斯波斯基（Bernard Spolsky）（2011:50）认为应该从语言生态的角度来研究语言政策，并认为"语言政策在复杂的语言生态关系中发挥的作用"是语言政策理论的一个基本特点。冯广艺（2013:159）强调，语言政策的制定应该从语言生态的基本格局出发，符合语言生态的实际，而语言生态的基本面貌、发展趋势也必然受语言国策的制约。

三、巴布亚新几内亚的语言生态

（一）巴布亚新几内亚国情概况

巴布亚新几内亚是位于南太平洋西南部的一个岛屿国家，西邻印度尼西亚的巴布亚省，南部和东部分别与澳大利亚和所罗门群岛隔海相望。该国拥有新几内亚岛东半部及附近俾斯麦群岛、布干维尔岛等共约600余个大小岛屿，是南太平洋岛国地区最大的国家。

1545年，葡萄牙人奥尔蒂斯·德雷特斯到达新几内亚岛北部，见当地居民肤色和头发与西非几内亚湾沿岸的黑人十分相似，且两地自然景色和气候也大致相仿，故为其取名巴布亚新几内亚。18世纪下半叶，荷兰、英国、德国殖民者接踵而至。1884年，英国、德国瓜分新几内亚岛东半部和附近岛屿。1906年，英属新几内亚交由澳大利亚管理，改称澳属巴布亚领地。1914年，德属部分在第一次世界大战中被澳军占领。1920年12月17日，国际联盟委托澳大利亚托管德属新几内亚。1942年，巴布亚新几内亚被日本占领。1946年，联合国大会决议委托澳大利亚托管巴布亚新几内亚。1949年，澳大利亚将原英属和德属两部分合并为一个行政单位，称为"巴布亚新几内亚领地"。1973年12月1日，巴布亚新几内亚实行内部自治。1975年9月16日，巴布亚新几内亚脱离澳大利亚宣布独立，成为英联邦成员国。

在澳大利亚执政时期，巴布亚新几内亚采用了该国的教育制度。自1975年独立以来，该体系经历了重大改革，现已发展到超过1.1万个中小学教学机构，约190万学生（PNG National Education Plan 2015–2019）。巴布亚新几内亚实行初级、中等和高等教育的三级教育体制。现有七所大学，主要有莫尔兹比港的巴布亚新几内亚大学、莱城的巴布亚新几内亚理工大学和科技大学。另有99所技校和9所教师培训学校（PNG 2008 Education Statistics）。

2020年，巴布亚新几内亚的人口为890万，是世界上人口密度最低的国家之一，每平方公里约20人。城市人口占13.2%，农村人口占86.8%（World Population Review，2020）。巴布亚新几内亚是典型的单一民族国家，人口的98%是美拉尼西亚民族，其余为密克罗尼西亚人、波利尼西亚人、白人和华人等，其中华人约有1万多人。巴布亚新几内亚有将近1000个部族，许多部族至今仍过着原始部落生活，一些偏远的部落与外界的联系很少。历史上以刀枪格斗为特征的部落械斗曾是巴布亚新几内亚人传统文化和生活的重要部分。近年来，部落集中的高地地区冲突加剧。

（二）巴布亚新几内亚语言概况

巴布亚新几内亚拥有地球上最高的语言密度，面积为46.169万平方公里的国土上拥有850多种语言。换句话说，其每543平方千米就有一种语言。在某些地区，密度甚至更大，每200平方千米就有一种语言。比如，巴布亚新几内亚的马当省面积只有2.8万多平方千米，人口也只有约3万，但却是拥有语言最多的省，有200多种语言。这种语言密度是世界上其他任何地方都无法比拟的。

造成巴布亚新几内亚极端语言多样性的因素主要有三个。第一个是时间因素。巴布亚人在这个地区已经居住了大约4万年，这使得语言变化和多样化的自然过程有充足的时间。美国语言学家威廉·A.福利（William A. Foley）是悉尼大学教授及巴布亚语和南岛语专家，根据Foley（1986:8-9）的巴布亚语言多样化模型，假设最初的情况是单个社区说一种语言，一种语言每 1000 年分裂成两种语言，仅此一项巴布亚新几内亚就会在 4 万年内产生 1012 种语言，这个保守的估计还不包括语言接触、语言混合和语言灭绝。

第二个主要因素是该国的地表形态多样，地势险峻。巴布亚新几内亚的大部分领土是森林覆盖的陡峭山脉、湍急的河流、几乎难以穿越的热带雨林、无尽的沼泽地、众多的岛屿和崎岖不平的海岸线，地形破碎，区域流动相对困难，各地区之间相对独立，语言接触偏少，于是就形成了许多土著语言可以相对独立发展的较好的环境。

第三个是社会结构、文化态度和语言多样性之间也存在很大的相关性。例如，巴布亚新几内亚的农村人口相当可观，城市人口仅占全国人口的 13.2%；特别是巴布亚新几内亚部族繁多，自石器时代便已存在的部落分散在巴布亚新几内亚的各个角落：山谷、高地、丛林和岩洞，也有很多部落沿着巴布亚新几内亚最长的河流塞皮克河栖居，大多部落因独居地域偏远之处，过着自给自足的生活而鲜为人知。而且每个部族都有自己独特的语言，也为自己的语言感到自豪。在巴布亚新几内亚，语言通常被视为各部族独特身份的象征或标记。比如，在巴布亚新几内亚有一种风俗习惯称作 one talk 制度，这种制度可以被视为一种不成文的社会契约。它是基于互惠原则的"亲属义务"（kinobligation）。在这一制度下，使用同一种语言并且是同族同乡而现在生活在城市的人必须互相帮助（Mohanty, 2011:38）。

因此，充足的时间、险峻的地形、部落社会和文化对语言的态度造成了巴布亚新几内亚语言上的巨大差异，使其成为世界上语言密度最大的国家之一（Hopwood, 2018）。

语言多样性是良好语言生态的必要条件，但根据 2009 年 2 月 19 日联合国教科文组织发布的《世界濒危语言地图》，我们看到的残酷现实却是：在全世界现存的 6000 多种语言中，大约 2500 种语言濒临灭绝；其中 230 种语言自 1950 年已经灭亡（extinct），538 种语言面临极度灭绝危险（critically endangered），502 种语言面临严重灭绝危险（severely endangered），632 种有肯定灭绝危险（definitely endangered），607 种语言存在灭绝可能（vulnerable）。

濒危语言的数量超过了世界语言总数的三分之一（Moseley, 2010）。

在巴布亚新几内亚的 850 多种语言中，12 种本土语言已经消亡。大多数本土语言的使用者数量不足 1000 人，通常以一个村庄或几个小村庄为中心。此外，还有近 100 种语言，使用人数非常少且已濒临消亡。例如，Likum、Atemble 和 Bagupi 被联合国教科文组织列为"肯定濒临灭绝"（即儿童不再在家中把这些语言作为母语学习）；Bepour 和 Gorovu 被称为"严重濒危"（即这些语言是祖父母和老一辈人会说，而父母一代可能能听懂，但父母不会对孩子或在他们之间使用这些语言）；Bilakura、Kamasa、Abaga、Guramalum 和 Laua 被列为"极度濒危"（即这些语言只被祖父母辈及上辈分的人们使用，而且他们也不能流利使用或很少使用这些语言）（Simons & Fenning, 2018）。

语言是文化的载体，语言的多样化意味着多元的文化和人文生态得以传承和保持。相反，一种语言的消亡，意味着人类失去了一种文化，一种信息的源头，一份珍贵的历史遗产。语言多样性的衰退势必导致人文生态的衰退，破坏人文生态的稳定与平衡。

（三）巴布亚新几内亚官方语言

巴布亚新几内亚语言众多，各语言之间互相竞争。官方语言的选择，实际上反映的是国际性语言和地区性语言、外来语言和本土语言，以及原宗主国和藩属国之间的综合博弈。

巴布亚新几内亚独立后通过了四种官方语言：英语（English）、皮金语（Tok Pisin）、希里莫图语（Hiri Motu）和手语（Sign Language）。全国大多数机构至少使用两种官方语言。

英语是巴布亚新几内亚使用的官方语言之一，也是教育系统使用的主要教学语言。大多数政府部门之间的交流和出版物通常使用英语。

皮金语别名巴布亚皮钦语，又叫新美拉尼西亚语、托克皮辛语，是一种从英语演变而来的克里奥尔语。它是巴布亚新几内亚四种官方语言之一，是该国使用最广泛的语言。现在该国大约有 500 万人可以在某种程度上使用皮金语，大约有 100 万人使用皮金语作为他们的第一语言，特别是在城市家庭。皮金语是商业和政府活动中最常用的语言，经常被用于议会辩论和一些公众宣传活动。皮金语也在慢慢地排挤在该国使用的其他语言。

希里莫图语也是巴布亚新几内亚认可的官方语言之一，但很少有人将其作为第一语言，大约有 12 万人把它作为自己的第二语言。希里莫图语属于南岛语系美拉尼西亚语族，也是莫图语的简化版本。虽然它起源于莫图语，但希里莫图语的使用者不一定了解莫图语，反之亦然。希里莫图语最初是在巴布亚新几内亚首都莫尔兹比港周边地区使用，当地殖民者和非土著警察常用此语和土著居民交流，所以其又被称为警察莫图语。该语言被细分为两种方言：南岛语和巴布亚语。这两种方言都来自莫图语。从 1964 年开始，巴布亚语成为官方出版物的使用语言，并在全盛时期被广泛使用。然而，自 20 世纪 70 年代早期以来，由于英语和皮金语的日益普及，希里莫图语的使用逐渐减少（Miaschi, 2017）。

第四种官方语言是巴布亚新几内亚手语，但最初仅在当地聋哑人中使用。20 世纪 90 年代，澳大利亚手语传入该国，与当地手语结合在一起，充实了手语内容。在巴布亚新几内亚操不同语言的人混居的地方，当沟通出现困难时，有人就试着用手语沟通，结果效果还不错，于是手语就成为他们之间沟通的语言。2015 年 5 月，手语被列为巴布亚新几内亚第四种官方语言，全国约有 3 万人经常使用手语。

作为巴布亚新几内亚各部落和各社区交流的通用语言，英语、皮金语、希里莫图语和巴布亚新几内亚手语四种官方语言并存，在经济发展、政治稳定、对外交流上发挥重要作用。

四、巴布亚新几内亚语言教育政策的历史演变

在语言实践中，存在着许多不协调的语言现象，国家的语言生活复杂多变，语言政策的任务就是要适时审视与评估复杂的多语状况，通过取舍

使不协调的语言现象变得协调起来，以促进语言的健康发展。不同历史时期国家发展的需要会使语言政策的制定有不同的目标。从20世纪60年代至今，巴布亚新几内亚语言教育政策经历了多次重大变革。20世纪60年代是殖民时期，教育全盘西化。20世纪70年代，巴布亚新几内亚获得独立后，西方的影响力开始下降，但仍然处于主导地位。巴布亚新几内亚出现了语言政策的激烈争论。20世纪80年代，巴布亚新几内亚的一些地方政府和教学机构开始鼓励学校使用本土语言教学。20世纪90年代，本土语言教育在国家层面上被纳入正轨教育体系。2013年，巴布亚新几内亚的语言教育政策又一次巨变。本土语言教育受到限制，而英语的作用重新得到重视并再次提倡作为主要教学语言（Litteral, 1995; 1999; 2015）。

（一）20世纪60年代

在20世纪60年代，巴布亚新几内亚的教育处于西化状态，英语是唯一的教学语言。在巴布亚新几内亚成为澳大利亚殖民地之后，这个国家最基础的教育受到传教的极大影响，最初教育的主要目的是为宗教服务。在传教和布道过程中，英语发挥了重要作用。传教士曾试图用本土语言完成传教工作，一开始确实有效。但是后来为了得到殖民政府的支持和资助，他们开始改用英语布道。通过这种方式，传教士不仅传播了宗教，而且发展了基础教育，并巩固了英语在语言政策中的地位。

西方教育模式被引入这个国家后，高等教育系统也进入巴布亚新几内亚。1965年，巴布亚新几内亚大学（UPNG）成立，这是西化进程中的一个重要里程碑。在巴布亚新几内亚大学，英语更加受到重视，已成为唯一教学语言。

殖民时期的巴布亚新几内亚，英语的影响是如此之大和如此深刻，以至于本土语言几乎没有发挥自己的作用。在此期间，政治是影响巴布亚新几内亚语言政策的主要因素。由于殖民统治，巴布亚新几内亚在制定语言政策方面几乎没有任何选择，所有政策都由澳大利亚政府制定。

（二）20世纪70年代

在20世纪70年代，巴布亚新几内亚从澳大利亚当局获得独立，大多数教育制度仍然遵循殖民时期的教育模式，教育政策的制定保持了以政府为主导的"自上而下"模式，但从澳大利亚政府转移到了巴布亚新几内亚新政府。

在这个阶段，西化进程逐渐缓和，而本地化进程则稳步推进。虽然英语仍然保持其在教育中的主导地位，但允许本土语言发挥辅助作用，协助英语教学，以帮助解释一些模糊和不容易理解的概念和术语；在实践中，皮金语也开始被用于巴布亚新几内亚许多农村小学的低年级教学。这是语言政策转变的合理开端。

20世纪70年代，巴布亚新几内亚社会各界对语言政策进行了广泛的讨论。

Gunther是一位年长的外籍殖民地管理员，于1969年写了一篇题为《更多英语，更多老师》的文章。他认为，巴布亚新几内亚教育系统需要的不是本土语言，而是更多的英语（Gunther, 1969:43）。相比之下，1969年，一位年轻的小学教师Ernest Kilalang在一次由外籍人士主导的教育会议上提出在基础教育早期阶段使用本土语言来教学（Kilalang, 1969）。

1973年，在巴布亚新几内亚大学举行的皮金语国际学术会议上，许多学者推荐使用本土语言和皮金语作为教学语言（McElhanon, 1975: 18-21）。1974年，在第八届韦盖尼（Waigani）教育研讨会上，许多与会者也鼓励使用本土语言来教学（Brommall & May, 1975: 8）。

20世纪70年代后期，对巴布亚新几内亚北部地区的调查显示，许多当地父母对年轻一代的社会隔阂表示了极大关注。父母们认为，由于英语教育政策的影响，年轻人在社会交往中感到格格不入，很难融入自己的本土文化和社区，有交流障碍。这些受访者意识到年轻一代与上一代之间的异化和差距，因此他们希望建立这样一个教育体系：为了继承、传播和加强当地文化和语言，为了保持本土语言的活力，以及帮助年轻人在学业上取得令人满意的成绩，新的语言政策需要将本土语言纳入教育体系中（Litteral, 1995）。

这些争论反映了本土语言和外来语言冲突的激化，并对巴布亚新几内亚未来的基础教育产生重要影响。

（三）20世纪80年代

进入 20 世纪 80 年代后，巴布亚新几内亚的语言政策制定模式从"自上而下"转为"自下而上"。这一时期的语言政策变得更适应本地化。在教育方面，本土语言的地位得到加强，地方当局比以往更热情地转向支持本土语言教育，教育儿童学习当地语言和文化，以保护本土语言免于濒危。

1979 年，北所罗门省政府决定从 1980 年开始在该省建立一些乡村土语学校（Viles Tok PlesSkul），通过在非正规教育系统中开展早期本土语言教育，回避了正规教育中的国家语言政策。这是语言政策的制定从集中到分散、自下而上的过程的开始，这将在未来不到十年的时间内推动国家语言政策的改变（Litteral，1995）。

20 世纪 80 年代，支持本土语言教育的非正式教学机构开始遍布全国各地，越来越多的地方官员表示支持这种教育政策。在巴布亚新几内亚的一些省份（North Solomons 1980, East New Britain 1983, Enga 1985）和语言社区（Angor 1981, Gadsup 1983, Misima, Barai 1984）就建立了许多乡村土语学校，鼓励学生在开始上小学之前先上乡村土语学校（Litteral，1995）。

同时，支持本土语言教育的大量民间活动蓬勃发展。其中最杰出的贡献之一是夏季语言学研究所（the Summer Institute of Linguistics，SIL）。在巴布亚新几内亚的本土语言保护过程中，夏季语言学研究所在各方面都发挥了重大作用。夏季语言学研究所不仅帮助当地人民学习和使用本土语言，更重要的是还组织了一系列巴布亚新几内亚本土语言研讨会，为学者们提供了对本土语言进行深入研究的机会，发表了一些本土语言研究的论文，为后来的研究者提供了宝贵的资料。在夏季语言学研究所提供的资金和支持下，巴布亚新几内亚出版了自己的本土语言出版物。

1987 年，夏季语言学研究所举办了一次本土语言教育研讨会，一些负责扫盲工作的省级政府官员和专家学者参加了这次会议。会议提出了一项国家语言教育政策，这是一种多语言政策，其核心是鼓励识字，学习本土语言，然后将识字能力应用到学习其中一种国家语言——皮金语或希里莫图语以及英语上，从而满足个人不断发展的需求。本土语言学习被认为是学习英语的桥梁（Malone，1987）。

遵守该政策是自愿的，而非强制性的。政策声明在指定其策略时使用了"鼓励"一词。鼓励的策略是：

（1）鼓励儿童在一年级之前就读本土语言学前班；

（2）如果没有上本土语言学前班，一年级学生需有本土语言读写能力；

（3）一年级的衔接课程中有本土语言课程和英语课程；

（4）鼓励在一至六年级的非核心科目中使用本土语言教学（核心科目是英语、数学、科学和社会研究）；

（5）鼓励本土语言的教学一直持续到六年级；

（6）鼓励中等和高等教育开展各种本土语言教学活动；

（7）鼓励成人和失学青年学习本土语言。

1988年，议会将一个关于支持本土语言教育和扫盲的计划纳入1989年国家教育部的资金预算中，还成立了一个全国扫盲委员会，其首要任务是制定国家语言和扫盲政策，鼓励各省、社区和非政府组织参与本土语言教育，同时鼓励建设本土语言学前班和支持社区学校的本土语言教育。1989年6月6日，巴布亚新几内亚教育部长签署了扫盲委员会的建议，该建议为扫盲和基础教育设定了新的方向，并认可了十年来省、社区和非政府组织为本土语言教育所做的努力（Litteral，1999）。

巴布亚新几内亚20世纪80年代的语言教育政策发生了巨大的转变，这一阶段的语言教育政策逐渐改进殖民时期的模式，从过去以英语为唯一教学语言的语言教育政策转向重视和保护本土语言的政策。地方当局意识到本土语言是当地文化和习俗的载体，以前的语言教育政策过于重视英语，这是殖民时期的主导语言，也是语言帝国主义的标志；其结果是，本土语言由于使用者越来越少，开始逐渐走向灭绝，这严重损害了语言和文化的多样性。因此，在这十年中，为了保护国家遗产——语言、习俗和文化，巴布亚新几内亚付出了巨大努力，为国家的本土语言保护和推广开创了新的图景。

（四）20世纪90年代

20世纪90年代，巴布亚新几内亚继续教育改革，将本土语言教育纳入正规教育体系，本土语言在遍布全国各地的教育系统中得到广泛使用。最终，巴布亚新几内亚民间和地方政府的本土语言教育的政治影响力达到顶峰，成为影响中央政府语言政策制定的重要因素。

1991年，为了提高入学率，巴布亚新几内亚政府对全国的教育结构进行了重组改革。重组后，学生将接受九年的初级教育，包括三年的基础教育和六年的小学教育。中学将提供从九年级到十二年级的四年制教育，见图1。改革方案如下：

（1）将本土语言学前教育纳入正规教育系统中，以改善和增加初级教育的可及性。

（2）建立一个以村庄为基础的三年基础教育体系，包括学前教育和一、二年级。

（3）在二年级开设英语口语课程并继续使用本土语言教学。

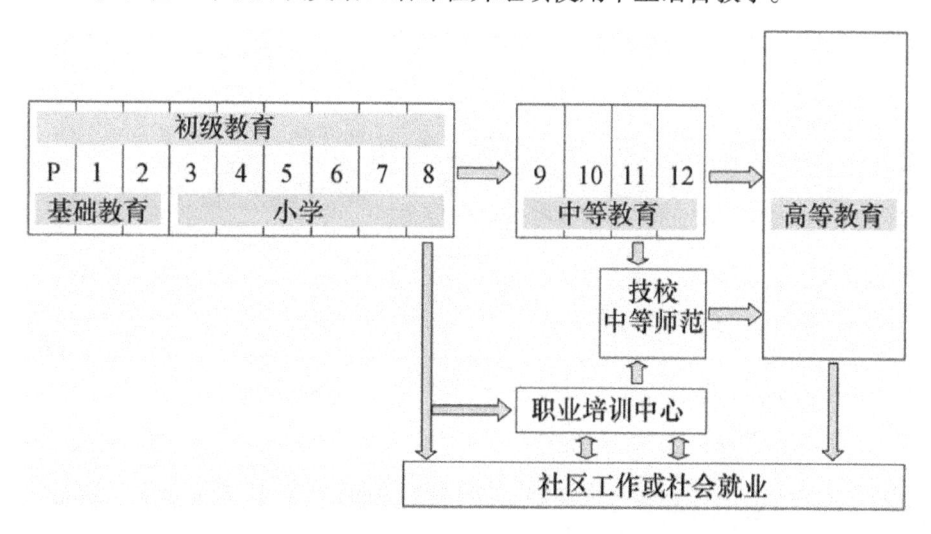

图1　改革后的教育结构

资料来源：PNG Universal Basic Education Plan 2010–2019。

（4）将初级教育扩展到八年级，低年级为三年级到五年级，高年级为六年级到八年级。

（5）将全面的中等教育扩展到每个省，而不是之前的只有四所国立高中；初中是九和十年级，高中为十一和十二年级。

1999年9月8日，巴布亚新几内亚教育部发布38/99号通告，提出新的语言政策（Baki, 1999）。通告建议，在基础教育阶段，即从学前班到二年级的三年时间，学校教学语言为学生的本土语言或当地社区通用语。二年级下半年开设英语口语课程。在小学三年级到五年级实行双语教育，逐渐从本土语言过渡到英语。在小学高年级，即六年级到八年级，课堂活动将以英语为主要教学语言，但仍然为学生提供学习和使用本土语言的机会。中学的所有课程将以英语为教学语言。虽然鼓励学生学习和使用英语，但各级学校不能劝阻学生使用本土语言，见表1。

表1 改革后的初级教育

教育阶段	年级	教学用语	备注
基础教育	学前班和一至二年级	本土语言	学校通常位于社区内，教师由社区选拔，且必须是十年级以上的毕业生，掌握当地语言和社区文化知识
小学低年级	三至五年级	本土语言（60%）和英语（40%）	三年级教师被称为"过渡"教师，必须在课堂上同时使用两种语言教学
小学高年级	六至八年级	英语（80%—90%）和本土语言（10%—20%）	仍然鼓励使用本土语言，但英语成为主要的教学用语

资料来源：Malone & Paraide, 2011。

自20世纪80年代后期起，巴布亚新几内亚教育部鼓励社区仿效土语学前教育模式开办学前班，用本土语言或皮金语使学生具备初步的识字能力。第一个本土语言学前班建于1979年，到1991年，各地社区共建起了386个学前班，使用至少91种本土语言，有些语种每个省都有。截至1994

年，全国开办了2309个本土语言学前班，使用200多种本土语言，学生多达79445人（Siegel, 1997:210）。2000年末，巴布亚新几内亚教育部宣布已有多达380种本土语言用于基础教育，2001年还会再继续引入90种本土语言（Klaus, 2003:108）。

从20世纪60年代强调英语而忽视本土语言教学的语言政策，到20世纪90年代在基础教育中大力推广本土语言的语言政策，巴布亚新几内亚的语言政策在30年内发生了巨大的变化。

（五）2013年至今

2013年，巴布亚新几内亚的语言教育政策再次发生巨变。在巴布亚新几内亚，英语是官方语言和商业用语，不懂英语可能会导致公民丧失很多就业机会，甚至给国家的发展造成困难。因此，社会各界纷纷对巴布亚新几内亚教育体系提出批评，许多教师、学者和学生家长都抱怨基础教育阶段的本土语言教育不利于学生的英语学习，造成学生的英语水平很差。

因此，巴布亚新几内亚总理奥尼尔宣布，从2013年12月14日开始，20世纪90年代倡导在基础教育阶段推广本土语言的语言教育政策不再适用，新的语言教育政策鼓励在基础教育阶段用英语取代本土语言并作为主要教学语言，并要求将英语从学前班阶段就开始作为一门必修课程来学习，而且从小学起所有课程内容都用英语授课，而本土语言只是在讲解难以理解的概念时起到辅助作用。同时，政策制定者也意识到在基础教育中保留本土语言的重要性和必要性，将本土语言作为基础教育阶段的一门课程来学习（Litteral, 2015:97）。这项新政策在巴布亚新几内亚与西方世界的联系中发挥了有益作用，同时在一定程度上也保护了其语言和文化。

通过以上讨论可看出，巴布亚新几内亚语言教育政策分为五个阶段：20世纪60年代，语言教育政策完全西化，只推广英语，完全接受外来的西方文化。当巴布亚新几内亚在20世纪70年代获得独立时，西化步伐有所减缓，而本地化加快了，但是英语仍然很受重视，本土语言的推广还是受到限制。转向20世纪80年代，巴布亚新几内亚民族意识大大加强，对自身文化的保护得到重视，本土语言的教育开始蓬勃发展。大学、非政府组织和社区都致力于使本土语言更加繁荣。这是本土教育适应阶段。20世纪90年代，地方当局和社区联合将当地文化和语言纳入正规教育体系，形成了具有巴布亚新几内亚特色的双语教育体系，加强了本土语言在教育中的地位，这被称为本土语言发展阶段。而在最近几年，巴布亚新几内亚语言政策再次发生巨变，英语占主导地位的语言教育政策取代了以前的双语教育政策。五个阶段的语言政策表明，该国的语言教育政策一直在外来语言英语和本土语言之间博弈，其目的就是在语言环境、国家利益、语言权利和民族关系等因素之间寻找一个平衡点，调和不同语言之间的矛盾，构建语言和谐社会。

五、巴布亚新几内亚语言教育政策制定的生态思考

（一）语言教育政策的制定要符合语言生态的实际

巴布亚新几内亚是一个饱受殖民统治的国家，曾经长期受到英国、德国和澳大利亚等西方国家的殖民统治。巴布亚新几内亚现在是英联邦国家的成员，英国国王查尔斯三世是其国家元首，国王根据总理提名任命总督为其代表。作为英联邦的成员，巴布亚新几内亚与英国建立了密切的联系。英国每年向巴布亚新几内亚提供资金协助巴布亚新几内亚发展其国内建设。另外，由于地理位置和殖民历史的原因，澳大利亚和巴布亚新几内亚关系密切，巴布亚新几内亚一直是澳大利亚援助的最大接受国。从这个意义上讲，巴布亚新几内亚与西方世界紧密相连，巴布亚新几内亚不可能不重视英语学习。

巴布亚新几内亚是一个经济欠发达国家，国家经济发展在很大程度上依赖于外国的支持。如果巴布亚新几内亚希望得到西方国家的更多支持和帮助，以英语为主导的语言政策可以帮助巴布亚新几内亚与西方大国之间建立亲密关系，赢得国内建设的外国支持。

因此，虽然巴布亚新几内亚语言资源丰富，但由于其宗主国对这个前殖民地的巨大影响，巴布亚新几内亚未能将自己的本土语言真正带入繁荣。

巴布亚新几内亚的语言教育政策受经济、政治和英语全球化的影响，经历了多次变革，但其一直非常重视英语教育。特别是作为英语国家的前殖民地，西方语言模式、文化和价值观都深深地烙印在了这个国家身上。

（二）语言教育政策的制定要有利于良好的语言生态的构建

语言政策制定的目的性十分明确，它不是政府部门的随意行为，而是从国家的利益、民族的利益，从社会的发展和语言的和谐出发的。从语言生态的角度看，语言政策的制定就是为了良好的语言生态的构建（冯广艺，2013:159）。

多语环境下，语言完全平等只是一个理想状态，若通过国家语言政策协调得当，则能形成语言生态的良性循环；若协调不当则会引发语言冲突，或是民族矛盾，甚至国家分裂。语言政策是调节语言关系的一剂良药。巴布亚新几内亚没有选择850多种土著语言中的任何一种作为官方语言，而是选择了一种外来语言、两种由英语演化而来的混合语言，以及一种当地手语和澳大利亚手语相结合的手语，有效地避免了各本土语言之间的竞争，构建了良好语言生态，维护了语言与环境的和谐。

首先，自独立以来，巴布亚新几内亚政府一直把语言多样性看作是一种资源，而不是问题或障碍，保护传统文化和本土语言的意愿非常强烈（Malone & Paraide, 2011:707）。从语言生态学角度来说，尊重所有的语言，强调所有的语言没有优劣之分，在尊严上是平等的，是构建语言和谐的基本原则。语言平等原则能够保证语言生态的多样性。在巴布亚新几内亚的多种语言中，有不少民族的语言是没有文字的，这就造成了保留与传播的困难，加上现代化进程的加快促使语言趋同，使得这些语言的生存面临极大困境而逐步成为濒危语言。维护语言平等的法律地位、保证语言在教育上的平等机会，有利于保护弱势语言，保护濒危语言，维持语言生态多样性。语言平等原则还能保障国际、族际之间平等的话语权，促进彼此之间的合作与交流，营造一个和而不同的语言生态系统。

其次，让多语各司其职。语言多样性的维护必将同时存在语言竞争。

要在良好的语言生态下构建语言和谐，首先要保护各种语言的生存和发展，其次让各种语言在社会生活中各尽所能，各司其职。从语言实际功能出发，区分对待。多语言、多元文化的巴布亚新几内亚历来的语言政策一直包括：四种官方语言并存；英语作为行政语言、工作语言，在政府执政、经贸往来中具有不可替代的价值；教育上坚持双语政策（英语+本土语言），总体来说，英语充分发挥其经济价值，本土语言发挥其文化价值，为传承民族文化、凝聚本民族的向心力作出贡献。语言与民族的关系是否和谐，不在于其功能大小，而在于它能否很好地为该民族成员服务，能否在本民族成员之间起到较好的交际功能。

最后，语言生态规划强调合理处理多语之间的关系，在发挥各种语言功能满足社会需求的前提下，兼顾语言多样性的维持。以国家语言政策为导向，以学校教育为阵地，在语言教育中充分考虑各种语言存在的不同特性和生存状态，因"语"制宜地采用双语甚至多语教育，是解决语言生态中语言濒危现象的本质需求。

总体而言，巴布亚新几内亚语言教育政策数十年来变化较大。双语教育政策逐步完善，实施以来提高了国民双语（多语）水平，为国家提供了发展所需的语言资源，尤其突出了英语的功能。虽然在多语的动态发展上未能做到平衡，但尽力维持语言多样性、构建多语和谐，将语言资源进行最优配置，使其基本上接近语言生态规划观的要求。

巴布亚新几内亚的双语教育政策经过数次变革，调整为小学阶段的英语+本土语言的学习模式，在小学、中学和大学的不同教育阶段逐渐引入英语，直到英语教学完全覆盖，既满足了经济发展和科技进步对英语的需求，又保留了民族语言和文化，是适应巴布亚新几内亚语言生态发展的。

六、结　语

巴布亚新几内亚的语言教育政策与其语言生态紧密相关。巴布亚新几内亚的语言生态是其语言教育政策实施的根本依据，而巴布亚新几内亚的语言教育政策是对其语言生态的一种调适。

综观巴布亚新几内亚的语言教育政策，总体而言是实用主义下的多语共存制，其开放性、兼容性使各种语言资源有机会在经济发展和民主政治建设中发挥作用。巴布亚新几内亚语言教育政策实施的社会效果一定程度上是语言政策对语言生态构建的成功范例，对语言规划有一定的生态理论指导意义，对我国双语教育具有一定启示作用。我国虽然已有双语制的法律保护，但在实践中还处于摸索阶段，特别是要针对我国不同地区的语言需求，探索适合当地情况的双语教育模式。进行双语教育的初衷是维持语言多样性、维护民族平等地位，但从长远来看，双语人才是国家发展的人力资源优势，为国家经济、政治、外交、文化、教育等领域提供语言服务。双语教育既是各国发展的共同需求，又是构建良好语言生态的需要。

语言生态视域下语言政策的制定是个复杂而有意义的课题，值得学界更广泛的研究。

参考文献

[1] BAKI M P. Secretary's Circular, No. 38/99 [Z]. Port Moresby: Department of Education in Papua New Guinea, 1999.

[2] BROMMALL J, MAY R J (eds.). Education in Melanesia [C]. Canberra: Australian National University, 1975: 8.

[3] KLAUS D. The Use of Indigenous Languages in Early Basic Education in Papua New Guinea: A Model for Elsewhere? [J]. Language and Education: An International Journal 17 (2), 2003: 105-111.

[4] FOLEY A W. The Papua Languages of New Guinea. Cambridge: Cambridge University Press, 1986: 8-9.

[5] GUNTHER J. More English, More Teachers [J]. New Guinea, 1969 (4): 43-53.

[6] HAUGEN E. The Ecology of Language: Essays by Einar Haugen. Stanford:

Stanford University Press, 1972: 325.

[7] HOPWOOD S P. The Linguistic Diversity in Papua New Guinea [Z/OL]. Day Translations Website. (2018-5-7) [2020-12-28]. https://www.daytranslations.com/blog/2018/05/the-linguistic-diversity-in-papua-new-guinea-11444/.

[8] KILALANG E. Personal Communication [Z]. 1969.

[9] LITTERAL R. Four Decades of Language Policy in Papua New Guinea: The Move towards the Vernacular [Z/OL]. Port Moresby: Linguistic Society of Papua New Guinea. (1995-6) [2020-12-28]. https://radicalpedagogy.icaap.org/content/issue2_2/litteral.html.

[10] LITTERAL R. Language Development in Papua New Guinea. SIL International Website [Z/OL]. (1999)[2019-1-18]. http://www.sil.org/resources/publications/entry/7832.

[11] LITTERAL R. Changes in Mother Tongue Education Policy in Papua New Guinea [J]. Language & Linguistic in Melanesia, Vol.33, no.2, 2015: 92-99.

[12] MALONE S (ed.). Developing Tokples Education Programs in Papua New Guinea [C]. Ukarumpa: Summer Institute of Linguistics, 1987.

[13] MALONE S, PARAIDE P. Mother Tongue-Based Bilingual Education in Papua New Guinea [J]. International Review of Education, no.57, 2011: 705-720.

[14] McELHANON K (ed.). Tok Pisin i go we? [C]. Port Moresby: Linguistic Society of Papua New Guinea,1975: 18-21.

[15] MISACHI J. What Languages are Spoken in Papua New Guinea? [Z/OL]. (2017-8-30) [2023-4-22]. https://www.worldatlas.com/articles/what-languages-are-spoken-in-papua-new-guinea.html.

[16] MOHANTY M. Informal Social Protection and Social Development in Pacific Island Countries: Role of NGs and Civil Society [J]. Asia-Pacific Development Journal, 18 (2), 2011: 25-56.

[17] MOSELEY C (ed.). Atlas of the World's Languages in Danger, 3rd edition [Z/OL]. Paris, UNESCO Publishing. (2010)[2019-1-18]. http://www.unesco.org/

culture/en/endangeredlanguages/atlas.

[18] PNG 2008 Education Statistics. Port Moresby: Department of Education in Papua New Guinea [DS/OL]. (2008) [2023-4-22]. http://education.gov.pg/quicklinks/documents/edu-stats-bulletin/statistical-bulletin-2008.pdf.

[19] PNG National Education Plan 2015-2019. Port Moresby: Department of Education in Papua New Guinea [EB/OL]. (2016) [2023-4-22]. http://www.education.gov.pg/documents/NEP_2015-2019_DoE.pdf.

[20] PNG Universal Basic Education Plan 2010-2019. Port Moresby: Department of Education in Papua New Guinea [EB/OL]. (2009) [2023-4-22]. http://www.education.gov.pg/quicklinks/documents/ube-plan-2010-2019.pdf.

[21] SIEGEL J. Formal vs. Non-Formal Vernacular Education: The Education Reform in Papua New Guinea [J]. Journal of Multilingual and Multicultural Development , 1997, 18(3): 206-222.

[22] SIMONS G, FENNING C (eds.), 2018. Ethnologue: Languages of the World, Twenty-first edition [Z/OL]. Dallas. Texas: SIL International. [2019-1-18]. http://www.ethnologue.com.

[23] World Population Review. Papua New Guinea Population 2020 (Live). (2020) [2020-5-20]. https://worldpopulationreview.com/countries/papua-new-guinea-population/.

[24] 斯波斯基. 语言政策 [M]. 张治国，译. 北京：商务印书馆，2011:50.

[25] 冯广艺. 论语言生态与语言国策 [J]. 中南民族大学学报：人文社会科学版，2013(3):159–163.

斐济现代教育的发展历程及近期的优先发展目标

岳晶晶[*]

　　斐济教育整体来说在太平洋岛国地区属于较为发达的国家，6—11岁儿童的入学率在1987年就达到了99.5%，国民可享受小学和初中阶段12年的免费义务教育；该地区最重要的区域性大学南太平洋大学的总部也设在斐济首都苏瓦。斐济目前人口总数为89万左右，其中62%的人口年龄在34岁以下，人口年轻化的特点也使得斐济政府十分重视教育及就业问题。斐济正逐步从一个有着百年殖民地历史且相对封闭的传统社会，转变为独立、开放的现代社会，也正在从以农业生产和出口为主导的经济逐步转变为以旅游业和手工业等服务行业为增长引擎的经济结构。斐济政府的教育优先发展计划希望能够为斐济培养更多可以不断适应国际及斐济国内形势变化的人才。

一、斐济教育制度的背景及特点

　　斐济共和国（the Republic of Fiji，简称斐济）是位于南太平洋中心地带

---

[*] 岳晶晶，北京语言大学英语学院讲师，太平洋岛国研究中心研究员。

的群岛国家，属于美拉尼西亚群岛的组成部分。其地理位置位于新西兰北岛东北方向约 2000 公里处，西邻瓦努阿图，东毗汤加，北接图瓦卢。斐济陆地面积约为 1.83 万平方公里，专属海洋经济区面积为 129 万平方公里。全国由 333 个岛屿组成，多为火山岛和珊瑚岛，其中 106 个常年有人居住。两个主要岛屿维提岛和瓦努阿岛，占据全国陆地面积的三分之二，经济发达且人口集中，占全国总人口的 87% 左右。其中四分之三的人口分布在第一大岛维提岛海岸线附近制糖业和旅游业发达的城镇，而内陆地区人口稀疏。

许多斐济教育体制的特点都是由地理因素决定的，斐济教育部官网上提供的学校信息会有专门的"所在地区"栏，将学校的位置分为大都会区、城市边缘地带、郊区、城镇、农村、偏远地区和极其偏远地区几类。"多岛之国"如何为居住在农村及较小岛屿上的国民提供方便合理而且经济上可以承受的教育方式，对于教育政策制定和规划一直是一个巨大挑战（Mangubhai, 2011）。

从历史上看，斐济的教育机构大多是由私人兴办。19 世纪 30 年代基督教传教士的到来，对斐济传统社会产生了巨大的影响，当地人的精神信仰及生活习俗都被迫转变。传教士用当地语言引导人们学习文字，诵读《圣经》及其他宗教著作，宗教机构是当时兴办教育的主体。根据文献记载，1975 年以前斐济人口较高的识字率就是得益于教会及教会学校的努力。而进入现代社会以来，斐济的宗教组织也一直在教育领域有着举足轻重的影响，它们建造寺庙或教堂，开办学校，能够同时为寺坊和社区提供宗教和世俗教育，这其中就包括三江印度文化促进会、圣社代表大会、斐济穆斯林同盟、斐济锡克教社团、古吉拉特同乡会、斐济循道宗教堂、永恒真理会，以及斐济语言文化学院等。

斐济于 1874 年成为英国殖民地，英国人的统治持续了将近一个世纪，直到斐济 1970 年独立。英国殖民者 1878 年决定开始从印度输入大批契约制（indentured）劳工在甘蔗种植园中劳作。从 1879 年首批 463 名印度劳工到达斐济开始，直到 1916 年这一制度的终结，共有约 6.1 万名包身工以这种方式来到这个国家，并且其中大部分在合同履行完成后，都选择留在了斐济。

随着人口的自然增长和从印度进一步的移民，印度裔人口在1987年的统计中占到了全国总人口的48%，已经超过了斐济族人口的占比。到20世纪60年代，斐济人中的大多数居住在主要岛屿的农村地区，或者是偏远的小岛上，而印度人则聚集在城镇或离城镇较近的地区。这样的人口分布导致学校出现大量的来自单一民族的班级，并且这一模式在斐济独立后依然长期存在。即一般来说，斐济族和印度族儿童会上不同的学校。

1987年的两次军事政变以后，新宪法将保护原住民的土地权、传统文化、价值观等作为首要任务，斐济族人获得了优待，在政治上的优势地位也因此合法化了。这一权力结构的重大变化也导致了大量的印度裔斐济人移民海外，而斐济族人再次逐渐占据多数。1989年，政府又出台了一项教育政策，要求地区性大学为斐济族人保留50%的名额。

根据斐济国家统计局2007年的人口普查数据，斐济当时总人口为837271，除了占比分别为56.8%的斐济族人和37.5%的印度族人以外，还有欧洲裔和部分欧洲裔共占1.7%，华裔0.6%及3.5%的其他族裔（包括少数土著族裔罗图马人及来自其他太平洋岛国的移民）。

斐济社会除体现出的种族多样性之外，还有宗教多样性（各派别的基督教、印度教、伊斯兰教），以及语言多样性（主要是斐济语、印地语、英语），都给其教育体制带来巨大压力，如何使其具有高度的包容性（inclusivity）是教育政策制定者的重要责任（Mangubhai, 2011）。

二、斐济的语言政策及语言教育

斐济是一个多语言和多种族的社会，官方语言是英语、斐济语及印地语。而常用的语言不仅有斐济语的各种方言，还有多种印度语变体，比如，印地语、古吉拉特语、旁遮普语、乌尔都语、特拉古语、泰米尔语、马拉雅拉姆语等，以及罗图马语等一些少数族裔语言。不论选择哪一种语言作为学校教育的教学语言或者读写语言，都势必会令第一语言是其他语种的民众处于劣势。并且这种劣势不仅仅是课业成就方面的，还包括对这些群体和他们所使用语言的社会态度，以及造成不同群体之间的权力关系不对等这样的后果。这是在制定语言教育政策时必须要考虑的一种广泛存在的社会现实（Mangubhai, 2002）。

斐济 1990 年、1997 年和 2013 年宪法中有关语言的条例都在不断强调斐济是一个多语言社会，英语、斐济语和印地语都具有官方地位且地位平等，而使用不同语言的族群，不管他们是斐济人、罗图马人、英属印度劳工的后代、其他太平洋岛国国民或者移民，都享有平等的公民权。

在斐济被英国殖民时期，英语开始在教育体制中占据统治地位，也是政府管理部门的工作语言。尽管目前斐济施行的是三语并行政策，依然难以改变这一局面。年轻一代无法阅读印地语梵文经书，斐济语也没有持续发展的书面文学，这两类本地语言的生存都面临着巨大的威胁。斐济国内的专家认为，这是由于一直以来缺乏具体的教育战略部署，未将斐济语和印地语提升到与英语同等的地位，而殖民时期的政策制定者在政策执行方面表现出了不一致性。在 2005 年的"国家语言大辩论"上，斐济教育部部长 Taufa Vakatale 还表示，和印地语相比，斐济语尤其需要被保护，因为全世界只有 33 万人讲这种语言，这种语言一旦灭绝便无法再生。

Mangubhai 和 Mugler（2003）的研究认为，英语在斐济的统治地位固然是殖民社会的产物，但也表现出民众的兴趣所在，以及政府未能实行保护性语言规划的一种结果（Shrestha, 2008）。斐济教育委员会 2000 年的深入调查和分析也表明，在斐济这类多语言的后殖民社会，许多关于语言学习和教学的决定都是很随意的，缺乏相应的语言规划。

斐济自 1926 年以来在语言教育方面的主要做法是，在小学阶段的前三年使用学生的母语作为教学语言，而在之后的学习过程当中，英语将替代学生的第一语言成为主要教学语言。虽然教育部曾经尝试推行斐济语和印地语的会话课项目，也有个别学校的管理层面向全体学生引入斐济语教学，但都由于缺乏政府支持、专业指导及社区参与等原因，而未能取得良好的效果。

自从殖民时期以来，英语的地位就不断得到巩固和加强。1969 年在斐济独立前，教育委员会曾强调使用母语开展教育的必要性，但之后的情况并未改观。斐济大学的 Subramani 教授在 2000 年斐济教委的报告中也提到了"英语的地位不断强化是有其内部原因的,比如斐济作为多民族社会需要一种通用语,学校里许多来自海外的教师不懂当地的语言,其他斐济族人和印度族人在社会层面的分裂等"。

1926 年的教育政策允许在小学教育阶段使用方言土语开展教学,而学生的智力和认知水平达到要求后,就要开始使用英语教学。但实际情况是,斐济的小学许多由宗教机构、社区或者家长教师委员会运营和管理,他们有权决定在学校里使用何种教学语言(Shameen, 2002)。在农村偏远地区,许多学校还是依赖当地语言进行教学。在学校里,老师们也都是根据实际情况来应对语言多样化的问题。不管是把某种方言开设为一门课程或者是作为教学语言,由于缺乏清晰的政策、合格的培训及教学资源的限制,都影响了教学的效果,结果可能是一部分学生既没有学好母语,也没有学好英语。

目前看来,英语作为斐济的官方语言,在高等教育、政府管理及商业活动中地位依旧不可替代。在中学到大学阶段,标准印地语和标准斐济语都已经成为独立的课程,但斐济印地语的教学依然未得到重视,也没有可用的字典或者语法教材。由于斐济存在口头文学传统,小说、诗歌和戏剧等形式的本土书面文学的发展依然处于起步阶段,斐济语的文学创作没有获得足够的动力。

2000 年斐济教育委员会报告(p.299)非常明智地提出,斐济的语言政策要同时关注到民族融合和语言多样性的问题,在二者之间找到一个平衡。一直以来执行的"过渡式"双语能力培养模式,应逐渐转变为"积极的"模式,即在培养英语能力的同时,维持并不断发展母语能力。在中学阶段也可以用学生的母语开设一些科目,在学校教育的各个层次都可以开设斐济语、印地语,以及其他少数族裔语言的口语课程,有些语言课程还应该是必修课。但实际情况是,由于斐济独立后政治局面不稳定,频频出现军事政变,过渡政府无法施行稳定的政策,很多建议和规划都没有得到重视和落实。当地人民对于保护自己的民族语言文化之关切还需得到进一步的回应。

三、"全民教育运动"及斐济的教育发展

"全民教育运动"（Education for All）是联合国教科文组织发起的一项全球性运动，旨在2015年以前满足所有儿童、青年及成年人的受教育需求，见图1。最早是在1990年的全民教育世界大会上提出了一些明确的目标，而2000年在塞内加尔达喀尔举行的世界教育论坛上，与会国家再次重申了这六项目标：（1）拓展儿童托管和早期儿童教育；（2）在小学阶段，实现全民免费义务教育；（3）提升年轻人和成年人的学习及生存技巧；（4）将成年人的识字率提高50%；（5）到2005年实现男童和女童享有同等的接受基础阶段教育的权力，到2015年实现性别平等；（6）提升教育质量。

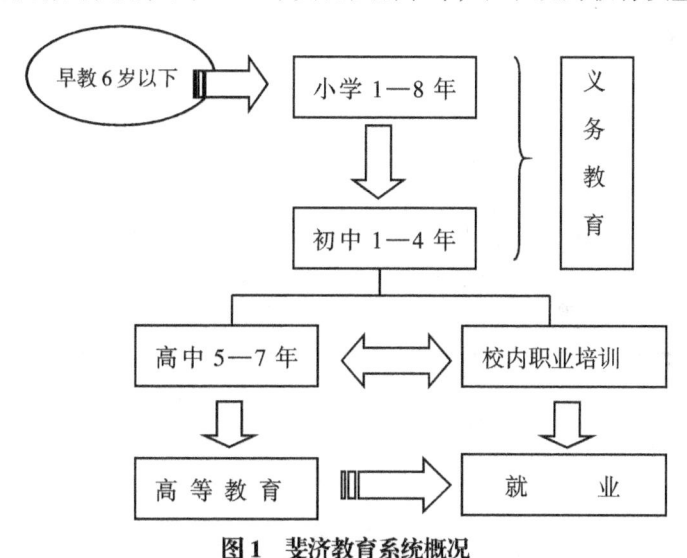

图1 斐济教育系统概况

资料来源：Education For all: Mid-Decade Assessment, Fiji 2008。

斐济很早就开始响应这一运动。通过政府助学金项目，斐济目前已经实现了小学和中学阶段完全的免费义务教育。对于家住边远地区，无法负担车费的学生，政府还为其提供上下学的公车券。斐济学龄儿童入学率接近100%，公民的识字率也较高。根据2020年斐济教育部网站的最新统计，斐济目前有学前教育中心871所，在校生16583人；小学736所，在校生154191人；中学171所，在校生68636人；特殊教育学校17所。

在高等教育层次上，斐济主要共有三所大学，其中历史最悠久的是1968年在首都苏瓦设立的南太平洋大学。这是一所区域性大学，为整个地区培养人才，同时由区域内的12个国家共同所有，包括：库克群岛、斐济、基里巴斯、马绍尔群岛、瑙鲁、纽埃、所罗门群岛、托克劳、汤加、图瓦卢、瓦努阿图和萨摩亚。斐济国立大学是2010年正式成立的，在全国设有33处校区或者中心，刚成立时注册学生数就达到两万人。第三所大学是斐济大学，2004年成立，学术上受斐济应用研究学院的领导，财政上由圣社代表大会提供资助，是一间规模稍小的私立大学，位于斐济的第二大城市劳托卡。斐济政府一直以来都致力于推动积极主动的政策来引导高等教育的发展，设立了一系列的机构来监督教育的质量，并为学生提供经费资助，其中特别要提到的是斐济高等教育委员会与高等教育奖学金和助学贷款委员会（Heatley, 2018）。斐济三所主要大学注册学生数统计情况，见表1。

表1　斐济三所主要大学注册学生数统计（单位：人）

学校	2010年	2011年	2012年	2013年	2014年	2015年	2016年
斐济国立大学	26723	26635	32496	34545	34524	29035	25958
南太平洋大学	20056	21594	23667	24986	25825	26658	27642
斐济大学	1021	1217	1388	1593	1962	2420	2307
总计	47800	49446	57551	61124	62311	58113	55907

数据来源：Annual Reports to the Parliament of the Republic of Fiji。

近年来，斐济人口增长迅速，人口年轻化，随着全民教育目标的不断达成，高等教育也见证了日新月异的发展。高校起初只是重视吸引到更多的生源，而近十年间，三所大学注册学生人数增长情况惊人，但政府预算并没有增加。班容量扩大，师生比下降，教师工作负荷过重，教学质量因此受到了一定的影响。

在职业技术教育与培训领域，斐济的学校为初中四年级的毕业生提供两年的培训，其中包括农业、渔业、建筑业、轻工业和家庭手工业等方面的课程。斐济技术协会则能够提供更多层次和标准的职业技术教育，涵盖了工程技术、商业、酒店服务业、餐饮业和印刷业等，并与一些当地企业形成了合作机制。由于政府对职业技术教育与培训的重视，斐济技术学院还被提升为可以培养学位人才的教育机构。

四、斐济发展非正式教育的动因

我们一般所熟悉的正式教育，主要指的是在专门修建和设立的学校里，由经过培训的教师按照书面的教学大纲实施教学的形式。而非正式教育（Non-Formal Education）主要针对的是欠发达地区校外青少年或者成人接受教育的需求。斐济适龄青少年的入学率固然很高，接近百分之百，但是辍学率也很高。斐济非正式教育的出现和兴起不仅仅是出于对教育本身的关切，也是因为现有的教育模式对于实现教育目标没有起到应有的作用。进入20世纪80年代，非正式教育在斐济得到了快速的发展。

19世纪初基督教进入斐济后，已皈依教会的当地人慢慢也开始以教师、牧师及社工身份传播教义。斐济人慢慢开始从事传统生活以外的职业，而学校此时主要起到了帮助当地人适应这些变化的作用。通过学校教育，他们学习了一种新的生活方式，形成了新的价值体系。传教士，以及他们开办的教会学校，以正式教育的形式逐渐控制了斐济的教育体系，子承父业、技艺代代相传的传统教育模式被逐渐打破。

进入英国殖民时期后，殖民政府起初并没有表现出兴建学校和发展教育的热情，只开设了几所特殊教育学校，整个斐济仍然是依靠着基督教会和其他宗教力量，以及社会组织来满足民众对于接受教育的需求。殖民政府主要是为私立学校提供资助，而这也催生了斐济复杂的政府教育资助体系。在殖民统治者眼中，学校当时的主要作用是为殖民政府培养一批能识文断字、有计算能力的人才从事管理及其他专业岗位的工作。这样一来，学校教育及课程设置的重点就放到了语言学习及与政府工作职位需求有关的内容上面。关于教育究竟是要帮助斐济人适应现代行业中的工作，还是要满足传统社会生活的需求，已经出现了明显的分歧。

斐济的教育系统，尤其是考试系统是以英国和新西兰的考试系统为基础设计的。全国统一的考试系统主要是为高等教育选拔一批学术能力强的学生，而大多数人则无法达到考试要求的标准，最后成为被淘汰的失败者或者干脆辍学（Sharma, 1990）。

在1970年独立前的十年间，斐济小学生的注册人数已经由7.6万增加到了12.1万，中学生的注册人数也由5400上升至1.6万。这其中小学注册人数增加主要是由于斐济人口总量攀升，而中学注册人数增加则主要是斐济的年轻人对未来有了更高的期望，想要在现代行业中获得就业机会（Whitehead, 1986）。

1969年斐济教育委员会的报告中曾建议控制学校的扩张，以保证教育质量。独立后新成立的政府考虑到急需大量技术人才，并没有采纳这一建议，因此斐济全国范围内学校的数量持续增长。专业性较强的工作都是要通过考试择优录取的，所以学校教育多以学术训练为主，并以考试为导向。对于学生和老师来说，备考是首要的任务。唯文凭论及教育通胀的问题一直普遍存在，不管是斐济族人还是印度裔斐济人，都认同需要通过教育投资来实现社会阶层的流动。对于无法获得白领工作机会，也无法继续接受高等教育的那部分学生，学校并没有提供太多的选择。

20世纪八九十年代的研究表明，斐济学校教育的局限性表现在以下几个方面：其一是课程设置主要针对的是白领工作，年轻人毕业后大量涌向城市，导致了城市过度拥挤、失业问题及犯罪（Baba, 1986）。其二是经济浪费，由于只有少量的学生可以继续接受高等教育或者从事公务员工作，学校的资源投入和产出比不合理。显然所有的问题最终都是指向失业问题，学校教育并没有教会学生各行各业所需的技能，大部分学生没有一技之长，找不到工作，有的只能再次回到乡村。1990年的数据显示，当年就有大约1.9万名学生在各个层次上辍学，其中一半的学生返回家乡就业或处于失业状态（Sharma, 1990）。

其实许多发展中国家都面临和斐济类似的问题，1972年联合国教科文组织报告中就强调要更宽泛地理解教育，重视非正式教育的发展。其实这也就是要为解决乡村发展问题，以及满足低收入人群的基本需求，寻找综合性解决办法。如果说学校教育主要针对的是在校生，非正式教育主要是帮助那些已经离开学校的学生和成人学习技术及接受培训，实现自给自足。

斐济的非正式教育主要是通过和社区合作，由政府或非政府组织及地区机构等提供项目或者组织活动的形式来开展的（Kedrayate, 2001）。活动的内容可能包括提高对某些社会问题的意识或者教授健康学、营养学、农业技术、小本经营技巧、手工艺、合作社管理及领导力等实用技能。

其中政府负责的项目，在比较理想的状况下都能考虑到目标人群的需求，不管是个人还是社区在申请政府的财政支持时也都需要遵守政府政策规定。但也有部分项目缺乏长期的规划，启动后由于项目权属不明，社区的参与度不高，因而难以为继。

相比之下，一些非政府组织，比如基督徒会、基督教青年会和基督教女青年会、国家妇女理事会、斐济社会服务理事会及斐济社区教育联合会等，在提供非正式教育项目的时候显得更为灵活机动，但是在资源方面比较受限，大部分都需要政府或其他机构的资助。

许多地区组织（如亚洲南太成人教育局和南太平洋大学），以及国际机构（如联合国开发计划署和国际劳工组织），也为斐济的非正式教育项目提供资金支持，其中部分组织在苏瓦设有办事处或者派驻了代表。这类机构相对独立性较强，主要问题是相互之间缺乏协调，经常出现项目重复设置。

非正式教育项目种类繁多，其中在斐济和其他太平洋岛国最常见的是由宗教组织提供固定场地，政府资助的全日制项目，需要参与者在三个月到三年不等的时间内离家住校学习，这类项目往往需要学习者返家后继续获得家庭及社区的支持。也有一些是设置在有其他功能的专门场所里的项目，比如农技站，参与者可以每天走读，这类项目一般可以结合所在社区的具体情况，便于学习者就近实践。斐济的两个主岛上还分别设有两个国家乡村成人教育中心，可以为这类课程提供便利。近些年斐济强调直接在乡村和社区里设置项目，社区中心可以作为非正式教育中心使用。

这一时期斐济中学教育也曾尝试同时纳入学术类和职业定位的课程，包括农业、建筑业、照明工程和家庭手工业等方面的课程，希望能给学生多一些选择。而斐济的小学由于和社区关系紧密，也会为社区居民提供一些短期学习的机会。

由于西式的正规教育始终享有更高的声誉和社会地位，也获得了政府更多的支持，加上斐济等太平洋岛国人口规模相对较小，人均获得外部资助的比例相对较高，即便是全民接受正规教育的目标也是可以实现的，所以通过非正式教育及成人教育来消除贫困和发展经济的想法只能是尝试性的。在这个过程中人们逐渐认识到了斐济等许多太平洋岛国经济仍然处于自给自足的状态，社会规模小，80%以上的土地实行社区共有制，文化传统较易受到外部因素的破坏，如何让当地人在他们自己的文化框架内发现问题并解决问题，是设置此类教育项目时的首要考虑。

五、斐济国家发展教育优先计划

在斐济，政府直接所属的学校数量很少，目前只有13所。政府影响教育体制的主要方式是通过对课程、考试，以及政府拨款项目进行控制。比如在1985年斐济教育部门就宣布重新规划外部考试制度，在这之前的很多年里斐济采用的都是新西兰学校证书考试和新西兰大学入学考试，这两项考试后被十二年级的斐济离校证书考试和十三年级的中学七年级考试代替。斐济实行全国统一的课程和教材，再加上以此为基础的国家考试，从而保证了国家教学目标的统一性。

斐济政府在20世纪七八十年代提出的发展计划中曾阐述过教育的广泛目标，当时斐济作为刚刚独立不久的发展中国家，想要通过教育推动社会发展，提升斐济人的国家意识，其中主要包含以下四个方面：

• 提供教育项目时，需考虑学生个体的能力、兴趣和天赋，使个体在变动的社会中得到充分的发展。

• 开发斐济的人力资源，指导国民从事与国家发展相适应的工作，为经济提速。

● 鼓励斐济人建立更强的国家意识、自立的意识，以及作为斐济人的自豪感。

● 提高斐济人的文化认同感，促进斐济社会进步，加强斐济人与外部世界的联系。

我们看到在斐济最新的 2019—2023 年教育战略发展计划中，充分体现了 2018 年"改变斐济"五年和二十年国家发展计划中强调的教育部门的职责，这应当包括：减少失业，使所有斐济人都能享有受教育的机会，建设一个知识型社会，促进性别平等及融合，保护斐济的物质及非物质文化遗产。其中设立了一系列的教育发展优先项目：

● 为将失业率控制在 4% 以下，专门重点发展技能培训，将就业者转化为创业者。

● 在全国范围内普及高质量的教育，培养更多训练有素、具有世界水平的职业人士，能够在全球市场竞争中占有一席之地。

● 斐济愿意接纳数字学习及数字工作方式，以进一步提升教师的能力。

● 改进并保持师生比，加强教师的入职和在职培训，提高教学质量。

● 继续提供公车、渡轮等交通费用的补贴，提供免费的课本及其他财政支持，确保没有人掉队，所有人都能享受到优质的教育。

● 早期幼儿托管及教育会得到进一步改善，斐济全部有条件的小学都将设立附属的早教中心。

● 提高公民的读写能力、计算能力、数字技能及体育能力。

● 审查小学和中学课程设置，以支持国家融合，帮助斐济人适应快速转变中的斐济社会，鼓励创新学习和主动学习的方式，培养学生的创业技能、实践学习的能力，以及有效的同伴学习能力。这一整体方案旨在加强家长参与和家校合作。

● 进一步提升高等教育质量，以满足当前形势及未来发展的需求，其中包括未来就业市场的需求。

● 将斐济技术学院并入斐济国立大学，为实现终身学习的目标，不间断提供技术和职业培训的支持。

● 着手同时应对性别不平等和性别歧视问题，为女性参与家庭和社会生活提供更多的选择及自由。支持女性受教育，支持女性就业及其职业发展的意愿。

● 斐济要抓住机会利用目前的人口红利。斐济是一个年轻的国家，62%的人口年龄在34岁以下。政府将和相关行业、高等教育机构及开发伙伴紧密合作，为斐济培养技术熟练的劳动力，使其满足未来行业需求，尤其是新兴增长领域的需求。

● 支持优先领域的技术发展，例如，贸易和手工业、工程及信息技术相关行业、医疗保健服务行业、酒店服务业及老年人护理行业、外国语服务、资源型行业、教育行业，以及其他的服务行业。

● 进一步开发女性的智力和能力，鼓励女性拓宽职业选择，进入传统上男性主导的领域。

● 支持发展知识型社会，通过提高效率和生产力，加快传播和采用新技术，加强研究和创新，逐步形成对经济的积极助推作用。

● 通过支持教育事业，关注农村地区孕妇的健康状况，提供基本公用事业补助及基本医疗，实施精准帮扶。

● 为满足未来电力行业的人力资源需求，政府支持培养土木建筑、电力和水文工程师，以及行业需要的其他技术人才。继续对现有的技术人员进行在职培训。

● 根据国家非正式教育政策，拓展青年培训中心的培训计划，将其纳入非正式教育项目。

● 审查小学、中学及专科学校的体育课程设置。

● 国家文化政策及国家文化教育战略为保护和保存物质及非物质文化遗产提供了平台。进行中的文化地图项目和机制，旨在收集文化数据，是获取传统知识和遗产方面信息的重要举措。也将支持文化教育融入学校主流课程设置。

● 由斐济海事学院提供奖学金并审核培训模式，加强海员的教育和培训，以及行业所需的其他技术人员的职业发展。

在预测进入21世纪后斐济教育将面临的主要问题时，一般都会提到如何继续深化发展高等教育，同时加强技术培训，以及解决农村和城镇的差距这一老大难问题。总体来看，斐济的教育现代化依然面临严峻的考验，需要帮助学习者为适应斐济国内及全球范围内的变化做好准备，同时要深刻理解斐济语境下岛国的文化传统在教育方面依然扮演着至关重要的作用，而相关教育部门也需要制度和机构改革。

参考文献

[1] BABA T. Education in Small Island States of the South Pacific: A Search for Alternatives. Public Lecture[R]. Suva: The University of the South Pacific, 1986.

[2] Fiji's Eighth Development Plan, 1981–1985[R]. Suva: Fiji Government Printer, 1980.

[3] Fiji Islands Education Commission. Education for Modern Fiji: Report of the 1969 Fiji Education Commission [M]. Suva: Fiji Education Commission, 1969.

[4] Fiji Islands Education Commission. Learning Together: Directions for Education in the Fiji Islands. Report of the Fiji Islands Education Commission/Panel[M]. Suva: Government of Fiji (Ministry of Education), 2000.

[5] 5-Year & 20-Year National Development Plan, Transforming Fiji, 2018[R]. Government of Fiji, 2018.

[6] HEALEY N. International Branch Campuses, Management of [M]//The International Encyclopedia of Higher Education Systems and Institutions. Springer, Dordrecht, 2018.

[7] KEDRAYATE A. Why Non-Formal Education in Fiji?[J]. 2001.

[8] MANGUBHAI F. Language-in-education Policies in the South Pacific: Some Possibilities for Consideration[J]. Journal of Multilingual & Multicultural Development, 2002, 23(6): 490-511.

[9] MANGUBHAI F. Fiji: System of Education[M]// International Encyclopedia of Education. South West Normal University Press.

[10] MANGUBHAI F & MUGLER F. The Language Situation in Fiji. Taylor & Francis Online[EB/OL]. (2021-03-26)[2022-10-26] , 2003. https://doi.org/10.1080/14664200308668058.

[11] Ministry of Education, Heritage and Arts Strategic Plan 2019–2023, Education and Cultural Diversity for Empowered and Sustainable Futures for All[EB/OL]. (2019)[2022-10-35]. http://www.culture.gov.fj/wp-content/uploads/2020/07/MEHA-SP-2019-2023.pdf.

[12] SHAMEEM N. Multilingual Proficiency in Fiji Primary Schools[J]. Journal of Multilingual & Multicultural Development, 2002, 23(5):388-407.

[13] SHARMA A. A Strategy for Developing Effective Partnership in the Schools. Parent-Teacher Conference[C]. Suva: School of Humanities, The University of the South Pacific, 2009.

[14] BALDAUF R B J, KAPLAN R B. Language Planning and Policy in the Pacific, Vol. 1: Fiji, The Philippines and Vanuatu[J]. Multilingual Matters, 2006, 7(4):369-371.

[15] ANUDS C, WHITEHEAD C. Education in Fiji: Policy, Problems, and Progress in Primary and Secondary Education, 1939–1973[J]. Bmj, 1989, 298(6667):162-3.

基里巴斯教育政策研究

龙芸　汪阳＊

一、引　言

基里巴斯共和国（the Republic of Kiribati，简称基里巴斯），位于太平洋中部，是总统制共和制国家，跨赤道两侧，大致在美国的夏威夷和澳大利亚之间。基里巴斯陆地面积811平方公里，海洋专属经济区面积350万平方公里。虽然该国陆地狭小分散，但是海域辽阔，拥有世界最大的海洋保护区。全国33个大小岛屿中有21个岛有常住居民，分属吉尔伯特群岛（Gilbert Islands）、菲尼克斯群岛（Phoenix Islands）和莱恩群岛（Line Islands）三大群岛。首都塔拉瓦（Tarawa）是基里巴斯最大的城市。

公元前14世纪左右，斐济人和汤加人入侵，与当地人通婚，形成基里巴斯民族。基里巴斯曾受英殖民统治达87年，于1979年7月12日脱离英国独立。1980年6月25日，基里巴斯同中国建立外交关系。然而，由于基里巴斯在2003年11月29日不顾中国政府抗议，坚持与台湾当局建立所谓的"外交关系"，中国政府决定与基里巴斯断交。2019年9月20日，基里

＊龙芸，原贵州医科大学外国语学院教授、院长，现贵州中医药大学时珍学院基础课部主任，外语学科负责人。

汪阳，贵州商学院国际教育学院教授、副院长，大学外语教学部负责人。

巴斯政府宣布承认一个中国原则，断绝与台湾的所谓"外交关系"，同月，两国恢复大使级外交关系。基里巴斯等太平洋岛国是"一带一路"合作倡议的重要组成部分，中国与包括基里巴斯在内的"一带一路"沿线国家是命运共同体。在"一带一路"倡议下，本文尝试根据基里巴斯官方的资料和数据，从教育概况、教育体制及政策、教育现状等方面来进行基里巴斯教育政策研究。

二、教育概况

19世纪50年代基督教传教士进入吉尔伯特群岛，在传教的同时开展办学工作。因此，教会是最初在基里巴斯展开办学的。从那时起一直到20世纪50年代，教会都在小学教育中扮演着十分重要的角色。那时的教师在学校教学生，在社区同时作为传教者或牧师提供服务。教育是无偿提供的，但学生的父母需要付出劳动，如帮助维修教室等。20世纪50年代初期，新教撤出基础教育，由殖民地政府接管，政府在所有岛屿建立公立小学，而天主教会继续提供基础教育。从20世纪70年代开始，教会学校逐渐被吸收进公立的学校系统（徐美莉，2016:117）。

从1977年开始，吉尔伯特群岛和埃利斯群岛殖民地实行7年免费义务教育政策，使得6—12岁的儿童可以接受免费义务教育。1979年基里巴斯独立后，延长为9年免费义务教育，最初只有塔拉瓦（Tarawa）环礁和莱恩群岛的学生需要交纳一定的费用，2000年以后，为小学生和初中生提供免费教育。

基里巴斯6岁以下儿童的学前教育（Early Childhood Education）首先是由学生家长开创的。家长认识到学前教育的重要性，随之行动起来建立学前教育中心，在南塔拉瓦（Tarawa South）和外部岛屿有多个学前教育中心招收4—5岁的儿童，这些学前教育中心的组织和教师选拔工作完全由家长来做，通常他们在小学教师中寻找那些在完成公立学校教学任务之后愿意做额外工作的老师，如果找不到这样的老师，家长就从村子里挑选，特别是有兴趣教孩子的年轻姑娘。几乎所有这些学前教育中心都是将村子的集会房或教会的房子作为教室。政府意识到学前教育的重要，将之列入国家教育发展计划（徐美莉，2016:118）。

基里巴斯免费义务教育为期9年，由教育部管理，为6—14岁儿童提供基础教育。包括6年小学教育（一至六年级）和3年初级中学教育（七至九年级）。中学教育有三种形式：初级中学，学制3年；普通高级中学，学制4年；覆盖从初中到高中整个中学教育阶段的联合中学。中学教育由教育部和一些私立教会学校共同提供。教会学校提供的中学教育既包括普通高级中学，也包括初中和高中合并的联合中学。高中阶段的教育有四年（十至十三年级），针对年龄为15—18岁的学生。基里巴斯儿童入学率为93%。有公办小学约90所，中学（包括私立学校）约20所（中国外交部，2019）。

基里巴斯基础学校课程设置及其与现实的冲突具有发展中国家的特色。在基础教育的后一阶段，首要教学目的是教会孩子应对未来的社会生活，在教育者的立场上，基里巴斯孩子不仅必须接受学术教育，也需要接受实践课程教育，如捕鱼、编织垫子和建房屋，当孩子长大后，他们需要这些技能，但是家长们所期望的是他们的孩子能够进入中学，学校教授当地技能在孩子家长们看来是浪费学习时间，家长们坚持认为他们自己能教给孩子那些技能，他们希望学校将时间用于更重要的学术科目。但是，当孩子需要学习基里巴斯传统技能的时候，家长们实际上忽视了他们的责任。父母的期望使老师压力增大，有时候老师需要额外工作2—3个小时，为那些准备开学考试的学生进行特别的功课指导（徐美莉，2016:118）。

三、教育体制及政策

（一）教育部门

教育部为基里巴斯的最高教育管理机构。基础教育的教学大纲是由一个教育委员会开发的，委员会成员来自教育部各部门及不同的教会团体。教会代表参与教学大纲的制定，这使基里巴斯的教育别具特色。1977年，天主教（Catholic Church）和新教（Protestant Church）达成协议，将基督教教育纳入教学大纲，由与教会有关的人讲授。在拉比岛、巴纳巴人有自己的基础学校和中学。拉比岛高中处在一个董事会管理之下，董事会的职责是协助学校负责人管理学校。

基里巴斯教育部统一管理小学教育，而且教育部还是初中和高中教育的主要提供者。但初中和高中教育并不全是公办，各教会的私立学校也提供中学阶段的教育服务。根据基里巴斯教育部教育管理信息系统（Kiribati Educational Management Information System，KEMIS）的统计[①]，2014—2016年基里巴斯入学初中的学生中，有接近90%进入教育部管理的公立学校，其余的学生有8%左右进入天主教会学校，3%左右进入耶稣基督后期圣徒教会学校，剩余极少数学生进入基里巴斯新教教会学校和基督复临安息日会学校进行初中阶段的学习，见表1。在2016年，高中十至十三年级的教育有48%是由基里巴斯教育部提供的，与2015年相比增加了近10%。天主教会现在是除教育部以外提供高中教育的重要组织，2016年有近1000名学生接受天主教会的高中教育。2016年，基里巴斯新教教堂的学生人数减少了18%，只有149人，见表2。

表1 2014—2016年基里巴斯按教育部门划分的初级中学入学人数

部门	2014年 人数（人）	2014年 百分比（%）	2015年 人数（人）	2015年 百分比（%）	2016年 人数（人）	2016年 百分比（%）
天主教会	575	8.5	560	8.4	455	7.1
耶稣基督后期圣徒教会	228	3.4	228	3.4	163	2.5
基里巴斯新教教会	67	1.0	16	0.2	27	0.4
教育部	5879	86.6	5850	87.5	5744	89.4
基督复临安息日会	39	0.6	29	0.4	34	0.5
总计	6788	100	6683	100	6423	100

数据来源：KEMIS。

---

① 此部分数据均来自 *Digest of Education Statistics 2016*。

表2 2014—2016年基里巴斯按教育部门划分的高级中学入学人数

部门	2014年 人数（人）	2014年 百分比（%）	2015年 人数（人）	2015年 百分比（%）	2016年 人数（人）	2016年 百分比（%）
天主教会	943	37.0	976	37.0	996	45.2
基里巴斯新教教会	610	23.9	663	25.2	149	6.8
教育部	997	39.1	997	37.8	1059	48.0
总计	2550	100	2636	100	2204	100

数据来源：KEMIS。

基里巴斯目前的教育体制包括学前教育、小学教育、中学教育、高等教育。接下来，我们将分别从上述几个阶段具体分析基里巴斯现行教育体制政策及学生成绩评估制度。

（二）学前关怀及教育

基里巴斯针对学龄前儿童的学前关怀及教育（Early Childhood Care and Education，ECCE）由非政府部门提供，包括教堂和其他社区团体。ECCE的教育对象是3—5岁儿童，主要内容是为他们提供日间照顾及学前服务。基里巴斯教育部将学前教育列入国家教育发展计划，目标是通过制定相关政策和法规来促进ECCE的发展，并引入ECCE中心的注册、ECCE教师的专业发展，以及ECCE的课程开发。

为促进和支持国家与地方政府实施儿童学前关怀及教育服务，基里巴斯在2017年通过了《学前关怀及教育法案》（Early Childhood Care and Education Services Act 2017）。该法案为儿童学前关怀及教育的提供和运作建立了规范的框架。法案详细陈述了学前关怀及教育服务的目标、指导原则和运作要求。ECCE法案的目标主要有：确保儿童的安全、健康及福利；提升儿童教育和发展的成果；促进儿童的身体、社会和情感需要；尊重儿童个性、尊严，并激发他们的好奇心；提升儿童关怀及教育服务的供给质量并促进其持续改善，以造福儿童；增加关于获得儿童关怀及教育服务的知识和信息的途径。该法案强调，应当切实保障儿童的权利和利益，任何学前关怀及教育服务都不能因儿童的宗教、种族、性别、肤色或是否残障而产生歧视，学前教育提供方应当保证高质量的服务，并且充分尊重和支持父母和家庭在教育和照顾方面的作用。

根据 KEMIS 在 2017 年 11 月发布的数据，在所有新入学（入读一年级）的小学学生中，大多数都曾经接受过学前关怀及教育（ECCE），2015 年，入学新生中曾经参加过 ECCE 的人数和比例达到了顶峰，分别为 2452 人和 85.5%，见表 3。

表 3　2013—2016 年一年级新生中接受过 ECCE 的人数及百分比

年份	人数（人）				百分比（%）			
	2013	2014	2015	2016	2013	2014	2015	2016
男生	1081	996	1230	1061	75.4	65.3	83.6	69.6
女生	1138	1097	1222	1059	76.2	74.8	83.4	72.1
总数	2219	2093	2452	2120	75.8	70.0	85.5	70.9
GPI	—	—	—	—	1.01	1.15	1.00	1.04

数据来源：KEMIS。

注：GPI（Gender Parity Index，性别对等指数），指女生人数与男生人数的比例。值为 1 或接近这个值时表示性别对等，值超过 1 表明女性的比例高于男性；值小于 1 表明男性的比例高于女性，下表同。

（三）小学教育

基里巴斯的小学教育属于免费义务教育阶段，由教育部统一管理，小学教育共有 6 年（一至六年级），教育对象是 6—11 岁儿童，基里巴斯共有公办小学约 90 所（中国外交部，2019）。根据基里巴斯教育部教育管理信息系统在 2018 年 4 月初发布的统计数据，2015 年，共有 15163 名适龄儿童进入小学学习，其中，女生有 7642 名，男生有 7521 名，女生人数略高于男生；2016 年入学的儿童数量增加，共有 16880 名儿童升入小学，其中，女生有 8404 名，男生有 8476 名，在这一年入学的男生人数反超女生，见表4和表5。

从整体入学情况来看，基里巴斯从2007—2016年的小学入学率一直处于波动之中，并在2013年之前一直呈下降趋势。从2013年开始到2016年，小学入学情况走势向好，尽管数据仍有波动，但整体呈上升趋势。然而，持续的变化使得这十年间的整体趋势并不清晰。从小学入学的男女生人数比例来看，在2014—2016年三年内，小学入学男生和女生各自总人数的大致持平，虽然在不同年级会有差异，但性别比例差距不大。

表4 2007—2016年基里巴斯小学入学人数（单位：人）

年级	2007年	2008年	2009年	2010年	2011年	2012年	2013年	2014年	2015年	2016年
一年级	2736	2603	2692	2770	2903	2949	3015	3052	2900	3066
二年级	2697	2645	2428	2516	2528	2470	2728	3081	2710	2967
三年级	2807	2628	2632	2349	2536	2277	2367	2780	2659	2886
四年级	2613	2850	2655	2626	2345	2454	2290	2546	2506	2871
五年级	2604	2742	2720	2580	2565	2315	2121	2326	2296	2706
六年级	2449	2653	2706	2839	2591	2525	2176	2404	2092	2384
总数	15906	16121	15833	15680	15468	14990	14697	16189	15163	16880

数据来源：KEMIS。

表5 2014—2016年基里巴斯按性别划分的小学入学人数（单位：人）

年级	男生 2014年	男生 2015年	男生 2016年	女生 2014年	女生 2015年	女生 2016年	GPI 2014年	GPI 2015年	GPI 2016年
一年级	1560	1443	1560	1492	1457	1506	0.96	1.01	0.97
二年级	1494	1337	1493	1587	1373	1474	1.06	1.03	0.99
三年级	1439	1276	1445	1341	1383	1441	0.93	1.08	1.00
四年级	1327	1295	1413	1219	1211	1458	0.92	0.94	1.03
五年级	1163	1148	1382	1163	1148	1324	1.00	1.00	0.96
六年级	1203	1022	1183	1201	1070	1201	1.00	1.05	1.02
总数	8186	7521	8476	8003	7642	8404	0.98	1.02	0.99

数据来源：KEMIS。

（四）初中教育

基里巴斯的中学教育由基里巴斯教育部和一些私立教会学校共同提供，其中七至九年级的3年初中教育属于基里巴斯免费义务教育，教育对象是12—14岁的儿童，基里巴斯共有中学（包括私立学校）约20所（中国外交部，2019）。KEMIS在2018年发布的调查统计显示，从入学情况来看，基里巴斯初级中学（包括公立学校和私立学校）在2007—2016年十年间的入学率整体处于下降状态，每年的总入学人数在6000—7000，自2011年以来，七、八、九三个年级总入学人数减少了600余名，其中七年级学生降幅最大。2016年，从八年级升入九年级的人数骤然减少了284，在近十年来首次出现这种情况。从入学男女学生性别比例来看，2011—2016年，男女同学性别比例有持平的趋势，尽管自从2011年以来，进入初中学习的男女生人数都在减少，但其中减少的女生人数所占比例更大些。例如，2016年与2015年相比初级中学减少的近300名新入学的学生中，其中女生占比超过90%，而九年级减少的入学学生几乎全部都是女性，见表6和表7。

表6 2007—2016年基里巴斯初级中学入学人数（单位：人）

年级	2007年	2008年	2009年	2010年	2011年	2012年	2013年	2014年	2015年	2016年
七年级	2430	2173	2326	2415	2408	2248	2239	2122	2216	2152
八年级	2351	2366	2161	2351	2355	2187	2369	2205	2039	2127
九年级	2315	2361	2359	2264	2273	2365	2430	2461	2428	2144
总数	7096	6900	6846	7030	7036	6800	7038	6788	6683	6423

数据来源：KEMIS。

表7 2014—2016年基里巴斯按性别划分的初级中学入学人数（单位：人）

年级	男生 2014年	男生 2015年	男生 2016年	女生 2014年	女生 2015年	女生 2016年	GPI 2014年	GPI 2015年	GPI 2016年
七年级	1027	1079	1047	1095	1137	1105	1.07	1.05	1.06
八年级	972	982	1043	1233	1057	1084	1.27	1.08	1.04
九年级	1172	1087	1038	1289	1341	1106	1.10	1.23	1.07
总数	3171	3148	3128	3617	3535	3295	1.14	1.12	1.05

数据来源：KEMIS。

（五）高级中学教育

免费义务教育阶段九年级结束时，学生将参加竞争性考试，以确定学生是否有能力升入高中，成绩优异者才能继续进行高中阶段课程的学习。基里巴斯普通高级中学学制4年（十至十三年级），教育对象是年龄为15—18岁的学生。从2016年起，通过考试升入高中的学生可以免除十至十二年级学习的费用。学生们只有顺利通过十二年级和十三年级的考试，才能够继续进入技术学校或者接受高等教育。一个学生要想进入大学深造，文科生需要获得英语、数学、地理、历史四门课程的合格证，理科生需要获得英语、数学、科学和一门选修课的合格证。

通过分析 KEMIS 在2018年发布的统计数据可以发现，2016年基里巴斯高级中学的入学情况达到了过去10年的最高水平，2016年入学人数比2007年增加了819（18%），比2015年增加了382（8%）。比例增长最大的是从十二年级（高三）升入十三年级（高四）的学生人数，自2007的263增长到了586，增幅123%。从2014—2016年的三年间，男女生的高中入学人数都有所增加，但是在所有高中年级中，男生入学人数仍然远远低于女生。在2014—2016年的三年中，男生的入学人数有了小幅但较为显著的增长。例如，2015—2016年的男生入学人数增长了8%，而女生入学人数仅增长了4%，见表8和表9。

表8　2007—2016年基里巴斯高级中学入学人数（单位：人）

年级	2007年	2008年	2009年	2010年	2011年	2012年	2013年	2014年	2015年	2016年
十年级	1522	1775	1433	1632	1683	1654	1620	1650	1645	1717
十一年级	9	1719	1445	1577	1460	1513	1482	1604	1612	1579
十二年级	1049	1194	1069	1214	1222	1438	1124	1118	1241	1380
十三年级	263	288	308	422	533	513	519	588	482	586
总数	4543	4976	4255	4845	4898	5118	4745	4960	4980	5362

数据来源：KEMIS。

表9　2014—2016年基里巴斯按性别划分的高级中学入学人数（单位：人）

年级	男生 2014年	男生 2015年	男生 2016年	女生 2014年	女生 2015年	女生 2016年	GPI 2014年	GPI 2015年	GPI 2016年
十年级	717	727	744	933	918	973	1.30	1.26	1.31
十一年级	661	662	690	943	950	889	1.43	1.44	1.29
十二年级	479	509	579	639	732	801	1.33	1.44	1.38
十三年级	226	179	224	362	303	362	1.60	1.69	1.62
总数	2083	2077	2237	2877	2903	3025	1.38	1.40	1.35

数据来源：KEMIS。

（六）高等教育

基里巴斯的高等教育机构，包括南太平洋大学基里巴斯校区、基里巴斯师范学院、基里巴斯理工学院、塔拉瓦技术学院、基里巴斯海员培训学校、基里巴斯护士学校等，都设在首都南塔拉瓦。海员培训学校为基里巴斯与德国合办，基里巴斯每年向国外派留学生和进修生约170人（徐美莉，2016:117）。

除了由教育部管理的基里巴斯师范学院外，劳动和人力资源发展部负责基里巴斯高等教育的管理。基里巴斯的高等教育正在扩大，学生可以寻求技术、教师或航海培训，或到其他国家学习。迄今为止，大多数选择后者的人都去了斐济参加南太平洋大学，而那些希望完成医学培训的人已经去了古巴。

南太平洋大学是全球仅有的两所区域性大学之一，由12个国家共同所有，每个国家都有一个通过卫星连接的大学中心。南太平洋大学在基里巴斯首都南塔拉瓦设有一个远程并且灵活学习的校园，同时也为在其他校区获得证书、文凭和学位提供预备学习课程。基里巴斯师范学院为全国的基础学校培养教师，这所学院的课程覆盖基础学校学生所学的课程，最低入学资格是通过初中三年级阶段的学习。两年课程结束后，毕业生有资格教6—14岁的学生。塔拉瓦技术学院提供范围广泛的职业技术课程，包括建筑、木工、计算机课程、商业课程、成人普通教育课程、工程学课程、英语、会计和其他课程，这些课程根据主题可持续13—42周，每门课程结束后有测试，通过者被授予证书。海员培训学校招收16—25岁的年轻人，为他们日后在外国船只上工作提供培训。南太平洋大学的基里巴斯校区开设学分和非学分课程，帮助学生提高就业和工作能力，或者帮助学生进入更高水平的海外大学学习。

（七）学生成绩评估制度

基里巴斯学生的成绩是通过全国性的考试——基里巴斯标准化成绩考试（Standardized Tests in Achievement in Kiribati, STAKI）来衡量的，基里巴斯标准化成绩考试由教育部每两年在全国范围内对四年级和六年级的学生进行一次考试。从2015年起，这一制度已经扩展为一年一度的考试，并且将八年级的学生纳入考试对象中。在整个基里巴斯标准化成绩考试的结果评估中，需要考虑的因素有很多。每年的标准化成绩考试结果都可能会受到考试难度、学生群体能力或教学质量等各方面因素的影响。基里巴斯标准化成绩考试从小学到高中的具体情况如下。

小学：
- 四年级（年度STAKI考试）
- 五年级（年度STAKI考试）

初级中学：
- 八年级（年度STAKI考试）
- 九年级：初中结业证书考试（一年一度）

高级中学：
- 十一年级：基里巴斯国家考试合格证书（一年一度）
- 十二年级（年度STAKI考试）
- 十三年级（年度STAKI考试）

四、教育现状

基里巴斯处于不同阶段学生的基本情况和入学率等问题已经在上一部分进行了说明与分析。本部分将针对基里巴斯在现行的教育体制政策下的各阶段教育现状和师资情况等进行讨论与阐述。

（一）复读和升学

基里巴斯小、初、高各年级阶段学生的复读情况并不乐观。通过比较可以看出，高中生的复读人数占总人数的比例要明显比小学和初中的高。对于小学阶段而言，基里巴斯小学生2015年与2016年的复读率大致相等，接近3%。在各年级中分别对男生女生进行复读情况的比较，发现男生的复读率往往要比女生高。初中生的复读情况还是不容乐观的，从2014年到2015年，七至九年级的复读率攀升至6.9%；2016年的复读人数是402，比2015年（213）增加了189人。2015年，初中三个年级的学生复读率均有所增加。虽然传统上男生的复读比例明显高于女生，但2015年初中三个年级的女生复读人数都有显著增加。自2014年以来，高中学生复读率逐渐攀升，这主要是因为男生复读的人数增加。2015年主要的复读年级出现了变化，转向了十年级和十一年级，复读的男生仍然多于复读的女生，见表10、表11和表12。

表10 按年级和年份划分的小学各年级复读率（单位：%）

年级	男生 2013—2014年	男生 2014—2015年	男生 2015—2016年	女生 2013—2014年	女生 2014—2015年	女生 2015—2016年	总数 2013—2014年	总数 2014—2015年	总数 2015—2016年
一年级	2.4	3.7	2.4	1.6	3.8	2.5	2.0	3.7	2.4
二年级	1.2	1.9	3.3	1.3	1.2	2.1	1.2	1.6	2.7
三年级	2.7	1.7	2.1	2.8	1.4	1.0	2.7	1.5	1.5
四年级	1.7	3.0	3.3	1.4	1.6	2.8	1.7	2.3	3.0

续表

年级	男生 2013—2014年	男生 2014—2015年	男生 2015—2016年	女生 2013—2014年	女生 2014—2015年	女生 2015—2016年	总数 2013—2014年	总数 2014—2015年	总数 2015—2016年
五年级	1.4	2.8	3.0	1.4	2.6	2.1	1.4	2.7	2.5
六年级	5.6	5.8	4.3	2.4	3.4	2.8	4.0	4.6	3.5
总数	2.4	3.1	3.0	1.8	2.3	2.2	2.1	2.7	2.6

数据来源：KEMIS。

表11 按年级和年份划分的初中各年级复读率（单位：%）

年级	男生 2012—2013年	男生 2013—2014年	男生 2014—2015年	女生 2012—2013年	女生 2013—2014年	女生 2014—2015年	总数 2012—2013年	总数 2013—2014年	总数 2014—2015年
七年级	1.1	1.5	4.8	0.3	2.0	5.2	0.7	1.7	5.0
八年级	1.0	4.6	6.1	0.3	0.9	4.9	0.6	2.5	5.5
九年级	7.8	8.1	9.8	3.7	4.4	9.6	5.5	6.2	9.7
总数	3.3	4.9	7.0	1.5	2.5	6.8	2.3	3.6	6.9

数据来源：KEMIS。

表12 按年级和年份划分的高中各年级复读率（单位：%）

年级	男生 2012—2013年	男生 2013—2014年	男生 2014—2015年	女生 2012—2013年	女生 2013—2014年	女生 2014—2015年	总数 2012—2013年	总数 2013—2014年	总数 2014—2015年
十年级	5.4	7.7	8.6	0.6	0.8	2.1	2.3	3.4	4.7
十一年级	4.4	8.0	18.9	2.7	3.1	6.8	3.3	5.1	11.4
十二年级	4.1	5.6	3.8	3.9	8.0	3.1	4.0	6.9	3.4
十三年级	14.2	7.5	2.3	11.4	6.3	0.4	12.5	6.7	1.1
总数	6.2	7.3	9.5	3.6	3.9	3.5	4.6	5.3	5.8

数据来源：KEMIS。

从基里巴斯各阶段教育学生的升学情况来看，小升初（六年级升入七年级）的升学率普遍要比初升高（九年级升入十年级）的升学率高20%甚至更多。近年来，基里巴斯小升初的情况一直保持较好，整体升学率在

90%以上。在2014年至2015年，基里巴斯小升初升学率达到了99%。但是在2015年至2016年有所下降。但是从男女升学率的性别比较来看，虽然女生的小升初升学率在2016年接近100%，而男生的升学率仅仅在90%左右。

相比之下，基里巴斯初升高的升学率则没有达到这么高的数字，近年来一直徘徊在略高于70%的状态，并且在2013年至2016年的四年间，基里巴斯初升高的升学率一直在呈下降趋势，2016年的升学率较前三年均有所下降，是这四年中最低的一年。其中升入高中的男生比例仍然低于女生，见表13和表14。

表13 2013—2016年基里巴斯按性别划分的小升初入学率

年份	2012—2013	2013—2014	2014—2015	2015—2016
男生	94%	98%	94%	93%
女生	89%	107%	103%	97%
总数	91%	103%	99%	95%
GPI	0.95	1.09	1.10	1.04

数据来源：KEMIS。

表14 2013—2016年基里巴斯按性别划分的初升高入学率

年份	2012—2013	2013—2014	2014—2015	2015—2016
男生	72%	62%	70%	65%
女生	74%	79%	73%	74%
总数	73%	72%	71%	70%
GPI	1.03	1.27	1.04	1.14

数据来源：KEMIS。

（二）学生残障情况

根据报告，基里巴斯小学生、初中生和高中生的残障人数呈现出逐渐下降的趋势，这也与各年级总人数之间的差异有关。2016年，基里巴斯的小学中每1000名学生中有22名残障学生，占比为2.2%。最常见的残障类型是学习障碍，其次是听力障碍，以及语言和视力障碍。男性学生的残障情况显示比女性学生高。

初中生报告的残障比例为1.3%，低于小学生（2.2%）。与小学生相比，学习障碍并不是初中生中最常见的残障类型。首先是听力障碍，其次是视力障碍，学习障碍排名第三。最后，报告显示高中生很少有学生残障的情况，但是由于某些原因，很可能存在残障学生人数瞒报少报现象，真实的数字很可能不止如此，见表15、表16和表17。

表15 2016年基里巴斯按类型和性别划分的小学生残障情况（单位：人）

残障类型	男生	女生	总数	每1000名学生有
抓握障碍	7	6	13	0.8
精神残障	13	2	15	0.9
行动障碍	10	6	16	0.9
其他残障	6	3	9	0.5
多重残障	6	3	9	0.5
语言障碍	39	23	62	3.7
学习障碍*	72	44	116	6.9
视力障碍	35	27	62	3.7
听力障碍	43	30	73	4.3
总数	231	144	375	22.2

数据来源：KEMIS。

*这里指病理原因造成的"学习障碍"，包括Dyscalculia（计算困难）、Dysgraphia（书写困难）、Dyslexia（读写困难），下同。

表16 2016年基里巴斯按类型和性别划分的初中生残障情况（单位：人）

残障类型	男生	女生	总数	每1000名学生有
抓握障碍	—	1	1	0.2
精神残障	1	2	3	0.5
行动障碍	1	—	1	0.2

续表

残障类型	男生	女生	总数	每1000名学生有
其他残障	—	—	—	—
多重残障	—	—	—	—
语言障碍	7	7	14	2.4
学习障碍	10	6	16	2.8
视力障碍	15	4	19	3.3
听力障碍	17	6	23	4.0
总数	51	26	77	13.4

数据来源：KEMIS。

表17　2016年基里巴斯按类型和性别划分的高中生残障情况（单位：人）

残障类型	男生	女生	总数	每1000名学生有
抓握障碍	—	—	—	—
精神残障	—	—	—	—
行动障碍	1	—	1	0.5
其他残障	—	—	—	—
多重残障	—	—	—	—
语言障碍	—	—	—	—
学习障碍	9	5	14	6.4
视力障碍	1	—	1	0.5
听力障碍	3	—	3	1.4
总数	14	5	19	8.6

数据来源：KEMIS。

（三）师资情况

基里巴斯各年级的师资均存在不同程度的短缺情况。整体来看，小学、初中、高中的教师人数呈现依次减少的趋势。从KEMIS在2017年12月发布的数据来看，基里巴斯小学教师的人数持续增长，2016年的小学教师总人数已经达到了653。和退休教师重新签约是解决教师短缺情况的一个关键策略。小学教师性别比例悬殊，2014—2016年，女教师比例保持在82%左右。但值得注意的是，由于收集工作仍在不断变化，我们应当谨慎对待小学教师的统计数据。基里巴斯在2015年使用了一种新的电子调查数据收集方法，但是并未取得成功。记录表明，2014年和2015年的教师员工总数应在640—650人，其中包括150多名临时工作人员。

同样的，初级中学教师统计可能会和小学的师资情况统计一样出现误差。从2015年至2016年，初中教师人数从336增加到360，同样，临时的教师人数没有被统计在内。2016年，教师人数的增加使得该年初中学生与教师的比例有所改善。至少在一定程度上缓解了师资紧张的现象。

基里巴斯高级中学教师人数在2014—2016年三年之间呈现变化趋势不是很明显。其中2014年最多，接近160人，2015年和2016年的人数相仿，在130人左右。但是2016年高中固定教师的人数与2015年相比有较为明显的上涨。高级中学学生与老师的比例仍然是在变化的，这主要是由于教师人数的报告不固定所致，见表18、表19和表20。

表18　2014—2016年根据雇佣状态和性别划分的小学教师人数（单位：人）

雇佣状态	2014年			2015年			2016年		
	男性	女性	总数	男性	女性	总数	男性	女性	总数
长期	89	415	504	78	364	442	82	395	477
合同/其他	19	91	110	38	148	186	39	137	176
总数	108	506	614	116	512	628	121	532	653

数据来源：KEMIS。

表19　2014—2016年根据雇佣状态和性别划分的初中教师人数（单位：人）

雇佣状态	2014年			2015年			2016年		
	男性	女性	总数	男性	女性	总数	男性	女性	总数
长期	127	188	315	82	140	222	80	150	230
合同/其他	27	34	61	52	62	114	53	77	130
总数	154	222	376	134	202	336	133	227	360

数据来源：KEMIS。

表20 2014—2016年根据雇佣状态和性别划分的高中教师人数（单位：人）

雇佣状态	2014年			2015年			2016年		
	男性	女性	总数	男性	女性	总数	男性	女性	总数
长期	39	35	74	30	24	54	33	40	73
合同/其他	44	41	85	43	32	75	29	30	59
总数	83	76	159	73	56	129	62	70	132

数据来源：KEMIS。

五、结　语

综上，本文较为详细地从教育概况、教育体制及政策、教育现状等几个方面对基里巴斯教育情况进行了研究。基里巴斯共和国作为世界上最不发达的国家之一，自1979年独立以来，其教育体制不断得到进步和完善。虽然统计数据可能会由于各方面原因与实际情况有所出入，但并不妨碍我们了解并分析其各方面趋势并发现相应问题。

从教育体制和政策来看，基里巴斯教育部和教会等其他民间组织以保证青少年儿童的安全、健康及福利为己任；致力于为当地儿童提供全面的教育服务。整个基里巴斯的教育涵盖了从儿童学前教育、小学教育、初中教育、高中教育，到职业教育、高等教育等，建立了较为完善完备的教育体制。当地政府部门也切实为青年儿童未来发展着想，陆续制定并出台一系列政策措施，尤其是2017年出台的ECCE法案，表现出近年来基里巴斯希望通过各方努力、勠力同心为少年儿童谋福祉，提高国民整体受教育水平的坚定决心。

从教育现状来看，通过对官方统计数据的分析可以发现，目前基里巴斯教育系统仍然存在如师资力量不足、不同年级入学人数呈现减少趋势、复读情况不容乐观、小升初和初升升学率有待提高等问题。基里巴斯教育部门还应当继续秉持振兴教育的理念，将各项措施落到实处，将教育事业摆在重要的战略位置，不断向着为基里巴斯共和国的所有少年儿童提供优质教育的目标努力。

参考文献

[1] SNYDER T D, DILLOW S A. Digest of Education Statistics [M]. New York: Government Printing Office, 2016.

[2] 肖新新. 基里巴斯与台当局"断交"并将同中国复交, 外交部: 高度赞赏[N/OL]. 人民日报, 2019-09-20[2022-10-26].https://baike.baidu.com/reference/127160/40a1RGVau2rQG8K7oWqpe3rlbm1YQD0-i0bjKmJHrxf95nogwmclVZHaJZ1FxFRwJoHgorlwFoSZWF_xOJmmXYZmLRudCX90NAVvnts6.

[3] 徐美莉. 基里巴斯 [M]. 北京：社会科学文献出版社, 2016.

[4] 基里巴斯国家概况 [OL]. 中国外交部. https://www.fmprc.gov.cn/web/gjhdq_676201/gj_676203/dyz_681240/1206_681418/1206x0_681420/.

库克群岛教育政策研究

王雷宏*

库克群岛（The Cook Islands）位于南太平洋上，介于法属波利尼西亚与斐济之间，由15个岛屿组成，群岛上居住着库克群岛毛利人、混血库克群岛毛利人、以新西兰欧洲裔为主体的其他族群人。随着南太平洋岛国被欧洲人陆续发现，库克群岛一度沦为西方的殖民地。1888年，库克群岛成为英国保护地。1901年6月，库克群岛成为新西兰属地。1964年《库克群岛制宪法案》（Cook Islands Constitution Act）的通过标志着库克群岛内部开始完全自治，在享有独立立法权和行政权的同时仍需新西兰协助防务和外交事宜，1992年联合国承认库克群岛作为独立主权国家的地位（吴平等，2019:214）。自1997年中库两国建交以来，双方的友好合作关系始终健康稳定向前发展。包括库克群岛在内的诸多太平洋岛国是"21世纪海上丝绸之路"南线的有机组成部分，是"一带一路"倡议不可或缺的重要一环。在"一带一路"倡议背景下，研究库克群岛的教育政策有利于中库两国以教育合作为契机进一步深化文化交流，实现民心相通。

---

*王雷宏，北京语言大学语言学系语言学及应用语言学专业在读博士生。

一、库克群岛教育简史

（一）殖民入侵前的传统土著教育

库克群岛的土著居民为库克群岛毛利人，6世纪时从塔希提移民而来，土著生活完全依赖自然经济，以农业、捕鱼业为主，主要种植椰子、芋头、香蕉、甘蔗、面包果等热带和亚热带一年熟粮食作物，南部微型环礁主要种植热带水果，北部环礁主要捕鱼和种植椰子（Leslie, 1955:181-196）。库克群岛的传统土著教育模式以社会生活实践为载体，与现代化的庭院式教学完全不同。库克群岛土著居民的一切学习活动都基于社会生活实践，通过观察、模仿或者参加家庭与社团生活及各种仪式来实现（朱希璐，1996:31-33）。土著时期，库克群岛毛利人祖孙三代生活在一起——祖父母、父母、孩子。祖父母是孩子的第一任老师，负责抚养并教授子孙库克群岛的通用土著语言——毛利语。在西方殖民者抵达库克群岛之前，由于没有文字记载，任何有关库克群岛的故事、传说及库克群岛独具特色的文化与风俗都是通过口耳相传的方式得以继承。自古以来男女劳动分工有别，男子较多从事体力劳动，女子则较多负责家务劳动，土著时期的库克群岛也不例外。祖父母将孩子抚养长大后，劳动技能培训的使命就理所应当地由父母承担。与生活息息相关的基本技能均可跟随父母通过社会实践习得。通常情况下，女孩跟随母亲学做家务劳动，练习编织篮子、垫子等手工艺品，而男孩则跟随父亲学习犁地耕田、养殖家禽、航海、捕鱼、狩猎等技能（朱希璐，1996:31-33）。然而，若想习得有关木刻、农业、医药、独木舟制造等方面的技能，还需专门请教库克群岛上的"塔乌阿"（ta-u-nga），即专家，他们是库克群岛上不容忽视的德高望重者，掌握专业技术，可以在社会实践中指导子孙后代习得房屋建造，农作物的耕作、栽培与收割，独木舟制造，以及精工编织等技术。

（二）西人东渐的殖民地化教育

15—19世纪，欧洲航海家开启了太平洋岛国的新纪元，打破了太平洋岛国与世界各地的隔绝状态。1595年，西班牙航海家阿尔瓦罗·德·门达纳·德·内拉（Alvaro de Mendana de Neira）最早发现了库克群岛的普卡普卡环礁（Pukapuka）。1606年，葡萄牙航海家佩德罗·费尔南德斯·奎罗斯发现了拉卡杭阿环礁（Rakahanga）。自1773年起，英国航海家詹姆斯·库克（James Cook）通过历时十余年的太平洋探险陆续发现了库克群岛的另外五个岛礁，分别是马努瓦埃环礁（Manuae）、帕默斯顿环礁（Palmerston）、芒艾亚岛（Mangaia）、阿蒂乌岛（Atiu）和塔库特阿岛（Takutea）（Karen Mills, 1978:94-95）。18世纪80年代，英国航海家威廉·布莱（William Bligh）驾驶"邦蒂号"（Bounty）在收集面包果树苗的途中发现了库克群岛的艾图塔基岛（Aitutaki）和拉罗汤加岛（Rarotonga）等岛屿（Drury Low, 1934:17-24）。至此，欧洲人基本"发现"了库克群岛。自19世纪起，西方传教士和欧洲移民陆续到访库克群岛。

1. 基督教教育

19世纪20年代，西方传教士登陆库克群岛，标志着库克群岛近代教育的兴起。第一个抵达库克群岛的西方传教士是英国的约翰·威廉姆斯（John Williams），他是伦敦宣教会成员。继1817年在赖阿特阿岛（Raiatea）成立传教士定居点以来，西方传教士先后抵达库克群岛的艾图塔基岛等岛礁，在南北库克群岛的各岛礁传教。在英国传教士约翰·威廉姆斯的影响下，库克群岛的土著居民帕培哈（Papeiha）坚定地皈依基督教并成为库克群岛艾图塔基岛的青年传教士。库克群岛的土著居民传播基督教使得艾图塔基岛的基督教化教育取得巨大成功，进而鼓舞了西方传教士继续在库克群岛其他岛礁传播基督教。西方传教士把《圣经》和赞歌翻译成库克群岛的土著语，毛利语版本的《圣经》和赞美诗加速了库克群岛的基督教化，西方传教士在库克群岛的主岛拉罗汤加岛以毛利语宣讲布道，发放毛利语版本的基督教印刷品，潜移默化地使基督教深入人心（Kauraka, 1991:17-20）。此外，在库克群岛上存在等级制度，最高酋长"阿里基"负责统治各个岛屿。最高酋长拥有世袭的权力，岛上居民听从最高酋长的统治。在库克群岛最高酋长的支持下，库克群岛大肆兴建基督教教堂、开办基督教学堂，在库克群岛居民中广泛地宣传基督教教义、世界历史和地理，以及阅读与计算等知识，库克群岛上的基督教教徒激增。值得一提的是，太平洋岛国区域的第一所以培养神职人员为宗旨的神学院——塔卡摩亚神学院于1839年在拉罗汤加岛建立，神学院的建立有力地推动了库克群岛的宗教化教育。这一时期，除了西方传教士到访库克群岛以外，捕鲸船和买卖檀香木的商船也蜂拥而至，在一定程度上影响了库克群岛土著居民的生活。为了赢得更多库克群岛居民对基督教的拥护，也为了阻断捕鲸者和商贩对土著居民的侵扰，西方传教士并未在基督教教堂和基督教学堂以英语授课，而是采取库克群岛的土著语毛利语授课。库克群岛的基督教教育成效显著。据文献资料记载，到19世纪末20世纪初，在库克群岛上10岁以上的儿童几乎都可以用毛利语流畅地阅读和书写（王作成，2017:348）。

2. 英国的殖民地教育

1888年，库克群岛成为英国的"保护地"，接受英国的殖民统治。1893年，库克群岛开始接受英国在斐济设立的驻西太平洋高级专员公署的管辖。沦为英国殖民地期间，库克群岛成立了联合政府。1890年，英国政府委任弗雷德里克·莫斯（F. J. Moss）担任英国驻库克群岛的专员，统筹管辖库克群岛事宜。针对库克群岛大面积基督教化的现状，常驻专员莫斯大刀阔斧地开展适应欧洲工业革命的教育教学改革，以根治完全基督教化社会脱离现实世界的弊病。一方面，为了加强与欧洲的联系，莫斯认为不仅要在库克群岛进行毛利语教学，还应推行免费的英语义务教育。将英语纳入课程体系，实现双语教学的提议获得了库克群岛各酋长的支持与拥护，最终于1895年以《公立学校法》（Public School Act）的形式确立。另一方面，在各酋长的支持下，库克群岛的第一所中学——特里奥拉中学（Tereora College）于1895年建成，开启了库克群岛真正意义上的庭院式教学。虽然该中学收取一定的学费，但是库克群岛各酋长及有权势的家长争相送孩子入学学习。事实证明，莫斯实施的适应工业化的双语教学改革成效显著，特里奥拉中学为库克群岛培育了很多精英人才。然而，由于受英国殖民统治期间，库克群岛始终是自给自足的自然经济，主要依靠种植业、渔业，经济发展落后，教育经费匮乏，因而莫斯以双语教学全面推行义务教育的宏伟蓝图未能实现，但是莫斯的双语教学改革在一定程度上削弱了基督教与政权的联系，推进了库克群岛与欧洲社会的联系。

3. 新西兰的殖民地教育

1901年，英国将库克群岛的管理权让渡给新西兰，库克群岛沦为新西兰属地，新西兰委派格杰恩担任新西兰驻库克群岛的专员。格杰恩专员在任期间，通过成立岛屿土地法庭等多种方式强行削弱库克群岛各酋长的强势地位。与英国驻库克群岛专员莫斯和各酋长的教育教学政策不同，格杰恩认为双语教学模式下的特里奥拉中学虽然为库克群岛培育了众多精英式的人才，但是从该中学毕业的毛利人深受欧洲工业革命的影响，完全厌恶库克群岛的自然经济，试图逃离库克群岛移居新西兰，进而跻入白领阶层，显然不利于库克群岛的长远稳定发展。因此，与英国驻库克群岛专员莫斯的教育教学政策背道而驰，格杰恩再度将库克群岛的教育教学事业委托给伦敦宣教会，将毛利语和英语双语教学的政策还原为仅使用毛利语教学。政策方针的改变和教育经费的匮乏使库克群岛的第一所也是唯一一所中学特里奥拉中学被迫关闭，特里奥拉中学的停办使库克群岛的中等教学长期缺失。为了弥补中等教育的缺乏，库克群岛只得提供奖学金资助并选派优秀学生赴新西兰深造学习，新西兰土著事务部负责接洽库克群岛的留学生问题。受格杰恩教学教育政策改革的影响，格杰恩卸任后的几任土著事务部部长基本沿袭了他的教育教学理念，在课程设置上更加重视实际操作的一般性课程，对科技性和学术性的课程关注极度缺乏，一定程度上影响了库克群岛的教育进步。

1964年，《库克群岛制宪法案》（Cook Islands Constitution Act）的通过标志着库克群岛开始完全自治。20世纪60年代，刚自治不久的库克群岛基本自给自足，开办教育事业主要依靠税收、学费、社会团体捐赠和资金筹集（David Stone, 1966:168-178）。据资料显示，库克群岛1987年预算的35%以上依靠新西兰周济（朱希璐，1996:31-33）。建国后，库克群岛高度重视教育事业，致力于普及全民教育。库克群岛在1987年3月6日颁布了

《1986—1987年教育法》（Education Act 1986-87），该法的颁布标志着库克群岛教育部的建立。

二、库克群岛教育概况

（一）库克群岛的教育体制

库克群岛的教育体制分为学前教育（Early Childhood Education）、小学教育、中学教育、高等教育与特殊教育。库克群岛《教育法案（2012）》（Education Act-2012）第23条明确规定"库克群岛的所有家长或监护人须确保5—16岁的儿童少年接受小学教育和中学教育"（Ministry of Education, 2012）。由此可见，库克群岛的小学教育和中学教育均属于义务教育。据教育报告显示（Ministry of Education, 2019），2008—2019年，库克群岛每年的学生人数均在4000—4500。其中，2019年库克群岛的在校生共计4133人，其中男生2092人，女生2041人。就教育层次而言，幼儿园学生443名占比为12%，小学生1871名占比为45%，中学生共计1819名，其中初中生占比为28%，高中生占比为15%。

1. 学前教育

学前教育的对象是3—4岁的儿童。学前教育不仅是库克群岛教育部的首要任务，也是《教育总体规划（2008—2023）》的重要组成部分。据2019年教育报告显示（Ministry of Education, 2019），2009—2019年，库克群岛学前教育入学率比较稳定，师生比基本保持在1∶14至1∶19，只有2018年的师生比为1∶23，这一数据是近十年来的最低值，原因是2018年毕业的学前教育教师人数较少。2019年，库克群岛学前教育机构共有教师23人，学生443人，师生比为1∶19，恢复至正常状态。2019年学前教育的毛入学率（GER）为81%，净入学率（NER）也是81%。据库克群岛学前教育性别平等指数（Gender Parity Index，GPI）显示，2014—2019年GPI均大于1，说明女生在读人数多于男生，学前教育阶段不存在男女生因性别原因造成受教育机会不均等的现象。此外，值得注意的是，虽然南太平洋岛国的文化教育政策大同小异，但各岛国之间因经济发展水平不同导致各国的教育现状存在显著差异，以所罗门群岛和库克群岛为例，所罗门群岛能够接受学前教育的儿童人数较少，而库克群岛抓住了旅游业等第三产业发展的契机，越来越多的家庭主妇重新走入职场，家庭收入增加，儿童看护的问题使大量的学前教育机构应运而生（Ron Crocombe, Marjorie Tuainekore Crocombe, 1993:307-319）。

2. 小学教育

小学（一至六年级）的教育对象是5—10岁的儿童。据2019年教育报告显示（Ministry of Education, 2019），全国小学教师共有112人，学生1871人，师生比为1:17。2019年，库克群岛的毛入学率为111%，与2018年相比，毛入学率增长8%。2019年小学的净入学率为100%，表明100%的适龄儿童都接受了小学阶段的教育。据库克群岛学前教育性别平等指数显示，2014—2019年的GPI值近似或等于1，说明在小学教育阶段男女生比例非常均衡。2018—2019年库克群岛小学教育的着力点是提升学生的读写能力和计算能力，尤其是要提升毛利语的读写能力，保护和宣传毛利语和毛利文化。此外，还要不断完善教学方法。

3. 中学教育

中学包括初中和高中，初中（七至十年级）面向的是11—14岁的少年，高中（十一至十三年级）面向的是15—17岁的少年。据2019年教育报告显示（Ministry of Education, 2019），全国初高中教师共有123人，学生18191人，师生比为1:15。2019年，库克群岛初高中的毛入学率为98%，与2018年相比，毛入学率增长9%。2019年初高中的净入学率为91%，与2018年相比，净入学率增长8%。据库克群岛学前教育性别平等指数显示，2014—2019年的GPI值在1.02—1.20，说明在中学教育阶段，女生人数多于男生人数。此外，就学校性质而言，更多的学生就读于公立学校而非私立学校。就区域而言，拉罗汤加岛的初高中学生人数和教师人数最多，南库克群岛的次之，北库克群岛的最少。中学阶段的教育为学生获得知识、技能和职业资质奠定基础。库克群岛教育部为中学提供的项目支持包括三种类型：生活技能培训项目

（如传统工艺、汽车修理、烹饪等）、可选桥梁课程①（Pathway Program，如建筑、商贸、服务业、园艺等）和教师职业技能培训项目。

4. 高等教育

库克群岛的高等教育培训机构（The Cook Islands Tertiary Training Institute, CITTI）于2013年建立，为拉罗汤加岛和外岛（Pa Enua）学生提供全日制或兼读制职业课程或者各种各样的社区教育课程，通过扩大继续教育，增加职业资质种类的方式，提升库克群岛学生的技能水平，以期将课程知识与当地产业的需求相联系。据库克群岛高等学校各专业入学率显示（Ministry of Education, 2019），2014—2017年，最受学生青睐的专业是贸易与技术，旅游服务专业和护理专业紧随其后。2018年，旅游服务专业学生激增，一跃成为最热门专业。

5. 特殊教育

特殊教育是教育部专门为因生理或心理残疾而导致学习障碍的学生提供的。库克群岛教育目标（Cook Islands Education Goals）中明确提出学校有义务为有特殊需求（需要补习或被延期的学生）和残疾人提供教育关怀，以满足上述学生的接受特殊教育的需求。那库帖尔（Nukutere）学院是库克群岛特殊教育的典型代表。

（二）库克群岛的学校、课程、师资

库克群岛既有公立学校也有私立学校，但以公立学校为主。据教育报告显示（Ministry of Education, 2019），库克群岛共有31所公立学校，分别是1所独立幼儿园，11所初中（其中10所初中有附属幼儿园），4所高中，14所地区学校②（Area School，均有附属幼儿园）和1所高等院校。此外，

---

① 桥梁课程也叫作快捷课程或学分课程，英文称作 Bridge Program 或 Pathway Program。总体上看，这个课程的定位和目标与前面讲的双录取是类似的，但也有区别。

② 地区学校（Area School）在同一种管理机制下提供从幼儿园到中学阶段的教育。地区学校通常是公立学校，接收从一至十三年级的学生。在大城市没有这种学校，多见于人口稀少的农村地区。

库克群岛有 8 所私立学校，其中 5 所为教会学校，3 所为独立院校。同公立学校一样，私立学校所获得的国家教育经费与招生人数挂钩。按照规定，公立和私立学校均需公开教育评估报告和财务审计报告。管辖方面，虽然公立学校隶属于库克群岛教育部管辖，但是每个学校均设有利益相关者委员会（Stakeholder Committee）和学校委员会（School Committee），上述委员会有权依照学校政策、战略计划和年度目标作出各自的决策。与公立学校不同，私立学校由学校董事会管辖。

库克群岛的课程包括幼儿教育课程，以语言（毛利语和英语）、科学、数学、艺术（视觉和表演艺术）、身体健康、社会科学和企业为基础的课程。库克群岛既重视科技课程，也设法提高其他相关课程的教学，如海洋研究、双语和双语教育、识字、算术、全纳教育、职业生涯指导，以及生活技能的培训。库克群岛的课程和教研项目体现了教育战略的延续性和战略性，库克群岛一直关注学生读写能力（Literacy）和计算能力（Numeracy）的培养。库克群岛所有课程相关的文件都强调库克群岛毛利人语言、文化、传统和历史的重要意义。通过促进协作学习，提供语言活动，营造学习毛利语的环境、端正学习态度、树立正确的价值观，这与适应库克群岛的家庭和社区生活紧密相关。因此，教育部设想推广和实施有效的扫盲方案，利用一切机会让孩子接触到毛利语文字，确保利用学校、地方图书馆、国家图书馆和其他资源为毛利语教师提供有关最新教学方法的咨询和指导。据 2013—2018 年国家教育成就证书（National Certificate of Educational Achievement，NCEA）过关结果显示，库克群岛学生的毛利语读写能力已高于预期目标，英语读写能力在预期指标上下波动。就算术能力而言，2013—2015 年未达到预期目标，2016—2018 年略高于预期目标（Ministry of Education, 2019）。

库克群岛始终重视师资的培养。师资方面，库克群岛教育部继续加强与南太平洋大学（University of the South Pacific）的合作，鼓励库克群岛教师前去深造学习攻读幼教文凭、学士学位、硕博士学位。南太平洋大学成立于 1968 年，是一所位于南太平洋诸岛国的区域性高等学府，是全球仅有的两所国际间区域性大学之一，该大学在包括库克群岛在内的多个太平洋岛国均设有分校。目前，库克群岛教师可以通过在线学习（DFL）、网络课程、寒暑期学习班、面对面强化班等多种形式攻读相关学历学位的课程。据统计，2014—2019年，虽然拥有教师资格证的教师比例始终在90%以上（2018年具备教师资质的教工比例高达98.8%），但是教师学历学位提升缓慢，拥有高学历学位的教师比例始终在40%左右徘徊。

三、库克群岛的现行教育政策

教育政策是一个国家为实现一定历史时期的教育发展目标和任务，依据国家在一定历史时期的基本任务、基本方针而制定的关于教育的行动准则。库克群岛的教育政策有三种类型，分别是战略政策（Strategic Policy）、议题政策（Issue Policy）和运营政策（Operational Policy）。

（一）战略政策

战略政策是教育部根据国情制定的总方针。教育是兴邦之本，教育关系国运兴衰，库克群岛战略政策的制定始终围绕《库克群岛教育总规划（2008—2023年）》（Cook Islands Education Master Plan 2008-2023）的关注点和目标要求，体现教育部的主要意图和首要任务。

《库克群岛教育总规划（2008—2023年）》以《教育部门政策框架》（Education Sector Policy Framework）为基础，以《国家可持续发展计划》（National Sustainable Development Plan）和《库克群岛千年发展计划》（Cook Islands Millennium Development Plan）的目标要求为关注点，在充分考虑教育部门审查意见的基础上，提出了2008年至2023年的教育战略方向，进一步明确了在"学习者""学习与教学""学习与社区"，以及"基础设施与支持"方面的教育目标及实现方式。具体而言，就"学习者"而言，需要强化学习者作为库克群岛居民的身份意识，对于库克群岛的归属感应植根于人们的语言、文化、思维和愿景。在培养库克群岛学习者归属感的同时，"学习与教学"和"学习与社区"的跨语言、跨国境的培养模式为学习者实现抱负与理想奠定坚实的基础。为鼓励学习者积极参与学习并保证学习者获得优质教育，库克群岛教育部提供基础设施、经费、政策等方面的支持。《库克群岛教育总规划（2008—2023年）》明确指出库克群岛的教育目标是"培养人民的技能、知识、态度和价值观，以确保库克群岛经济、语言和文化的可持续发展，以确保库克群岛人民在生活的各个领域做到各尽其才"（Ministry of Education, 2008）。

基于《库克群岛教育总规划（2008—2023年）》确立的教育目标及四个焦点领域，在"高效、平等、卓越、伙伴关系、质量、相关性和可持续性"原则的指导下，库克群岛教育部制定了相应的战略政策，分别是：治理、管理与规划政策（Governance, Management and Planning）, 平等、机会与参与政策（Equity, Access and Participation）, 学习与教学的质量和相关性政策（Quality and Relevance of Learning and Teaching）, 社区、伙伴与交流政策（Communities, Partnerships and Communication）, 以及毛利习俗政策（Akonoanga Maori）。

1. 治理、管理与规划政策

治理、管理与规划政策（Governance, Management and Planning）由库克群岛发展规划司制定，该司负责库克群岛教育的统筹规划、综合协调和宏观管理等有关工作，该政策旨在通过有效的治理、管理与规划为库克群岛提供优质的教育服务（Ministry of Education, 2016），教育部致力于实现《库克群岛教育总规划（2008—2023年）》"终身学习"的教育目标、《国家可持续发展计划》2020年愿景，以及公共服务法案（The Public Service Act）的教育目标。

2. 平等、机会与参与政策

平等、机会与参与政策（Equity, Access and Participation）意味着库克群岛的所有居民，不论其能力、性别、财富、地域、语言或宗教信仰的差异，均有机会获得优质教育（Ministry of Education, 2016）。因此，《1986—1987年教育法》第31条规定，"任何儿童的家长或监护人如无正当理由而未让适龄儿童入学学习则属违法行为"（Ministry of Education, 1987）。

库克群岛教育部于 2002 年颁布《特殊需要教育政策》（Special Needs Education Policy）以确保特需学生（students with special educational needs）在主流班级（mainstream classes）①上课并接受特教培训（Page, Boyle, McKay, Mavropoulou, 2019:81-94）。《库克群岛 2008—2023 年教育总体规划》将振兴教育摆在重要的战略位置，该规划强调"库克群岛上的所有人从出生开始都有平等的机会获得高质量的学习机会"（Ministry of Education, 2008）。库克群岛《全纳教育》（Inclusive Education）政策强调教育系统应是包容的、公平的、公正的，库克群岛的所有学习者都有权利接受教育（Ministry of Education, 2017）。教育部必须贯彻落实该政策，创造学习的环境，减少任何社会、文化、经济、身体健康方面的限制条件。然而，库克群岛的人口分布在 15 个岛屿和环礁之上，最远的岛屿距离该国 1400 公里，只有三分之二的人居住在主岛拉罗汤加岛，该政策的实现面临巨大的挑战。库克群岛的《外岛学生教育资助政策》（Pa Enua Students' Education Assistance Grant Policy）为外岛适龄学生继续接受高中教育提供经济援助的保障（Ministry of Education, 2014）。

3. 学习与教学的质量和相关性政策

学习与教学的质量和相关性政策（Quality and Relevance of Learning and Teaching）涉及改善教育管理、设施与设备、教师能力与专业发展、课程资源开发，加强以学习者为中心的模式，以及提升成年人的学习能力等诸多方面（Ministry of Education, 2016）。提升教育质量是库克群岛教育部实现学生各阶段卓越发展的重要手段，高水平的知识与技能既是积极的公民身份、强大的社会凝聚力的必然要求，也是实现个人发展的敲门砖。库克群岛教育部致力于从师资、领导权、教育系统、学习环境和素质教育项目方

---

① 主流班级（mainstream classes）指的是没有生理和心理缺陷的孩子就读的常规班级。库克群岛倡导"全纳教育"，若有生理或心理缺陷的孩子并不会对其他孩子造成威胁，则安排有学习障碍或特需学生随班就读。在主流班级，特需孩子有机会得到的支援有：社工与特教老师定期跟进评估，一些特别的工具（如给视障儿童使用发声 iPad），公开考试特别安排，一对一老师，小组辅导，定期约见语言治疗师和职业治疗师等。

面提升教育质量。

4. 社区、伙伴与交流政策

社区、伙伴与交流政策（Communities, Partnerships and Communication）指出，提供优质教育的任务不可能由政府单独承担，而是需要家庭、社区、公立和私立教育机构，以及区域和国际层面合作伙伴的共同努力（Ministry of Education, 2016）。这与《库克群岛教育总规划（2008—2023年）》的论述相匹配，总规划指出，"教育不是某一个团体的责任，库克群岛只有通过合作才能充分利用机会摸索出教育事业发展的新思路、新举措。教育事业的繁荣有利于库克群岛人成就卓越"（Ministry of Education, 2008）。

5. 毛利习俗政策

毛利习俗政策（Akonoanga Maori）是库克群岛重要的教学与学习理念。鉴于库克群岛的现行教育系统深受殖民历史的影响，尤其是与新西兰的教育系统存在历史渊源，该政策主张培养库克群岛的价值观和自豪感，保护毛利民族的各个方面（Ministry of Education, 2019）。基于《库克群岛国家文化战略（2017—2030）》（The Cook Islands National Cultural Strategy and Policy 2017-2030）和《毛利文化基础》（The Foundation of Maori Culture），毛利习俗政策提出应强化毛利语言的使用，保护毛利族的艺术形式和名胜古迹，通过政府与社团的共同努力使毛利语和毛利文化得以延续。

基于该规划的战略政策是国家在教育方面做出的长期承诺，战略政策目标的实现需要库克群岛教育部、社区、公立和私立教育结构，以及合作伙伴的共同努力。

（二）议题政策

议题政策描述了教育部为实现库克群岛教育中心任务和战略方向采取的措施。议题政策通常列出具体的目标、预期的结果和明确的时刻进程表，以便教育部监控贯彻落实政策的进度。这些政策详细地表述库克群岛教育事业的发展轨迹。库克群岛教育部通常以五年为一个周期实施相应的议题政策，为使议题政策更具有针对性，议题政策通常由若干框架政策支撑。

《库克群岛意向书（2015—2019）》[Statement of Intent (2015–2019)]是议题政策的典型代表，该意向书概述了库克群岛教育部2015年至2019年的工作重点，为利益相关者详细阐述了教育部的工作重心、工作目标、具体要求、预期成果，以及明确的进程安排（Ministry of Education, 2015）。这些工作重点反映了库克群岛的教育现状，是库克群岛可以优先实现的教育目标。2015—2019年教育部重点工作的完成可以在一定程度上实现库克群岛的教育愿景并为实现国家、区域与国际层面的教育目标奠定基础。库克群岛教育部珍视库克群岛的独特性并致力于有效地管理其教育事业，以期通过创造充满活力的学习氛围实现库克群岛居民终身学习的目标。

《库克群岛意向书（2015—2019）》涉及的五个教育部工作重点，分别是识字能力与读写能力、教师队伍、学习环境、高等教育、教育管理。

1. 识字能力与读写能力

识字能力与读写能力至关重要，既是最基本的学习技能，也是获得生活技能的必备条件。以读写能力为例，库克群岛的通用语为英语和毛利语。库克群岛的电台用英语和毛利语广播，转播澳大利亚和新西兰电台的国际和地区新闻。库克群岛的主要报纸，如《库克群岛新闻日报》用英文和毛利文出版。因此，库克群岛拟采取多种措施提升居民的识字能力与读写能力，比如，通过教育资源的优化配置确保母语习得的优势，鼓励教学中灵活切换毛利语与英语，推行库克群岛国家教育成就证书（NCEA）考试，在中学阶段开设识字与读写课程等。该议题的预期目标是确保80%的四年级学生、85%的八年级学生达到预期的识字与读写水平，进一步提升学生在国家教育成就认证考试中的识字与读写版块的分数。

2. 教师队伍

师资水平是影响学生学业成绩的重要因素，教育部需要反思在教师招聘、教师教学、教师培训等方面的不足之处，全面加强教师队伍建设，创新教师管理体制，加强教师工作的薄弱环节。库克群岛采取的措施有吸收高水平毕业生加入教师队伍、开展教师培训，以及创造条件提升教师学历。该议题的预期目标是确保75%的学生通过国家教育成就认证考试，确保

80%的十一年级学生、74%的十二年级学生继续接受中学教学，研修高等教育培训机构课程，提升教师参与培训和提升学历的比例。

3. 学习环境

良好的学习环境有利于开发学习者的潜力，库克群岛教育部不仅关注教育相关的基础设施建设，而且尤为关注师生的互动交流。库克群岛教育部通过信息与通信技术的融合（ITC integration），强化"教牧关怀"（pastoral care systems）[1]等措施不断改善学生的学习环境，以期减少学生退学、留级的现象，确保80%的十一年级学生、74%的十二年级学生继续接受中学教学，研修高等教育培训机构课程。

4. 高等教育

优质的高等教育可以为库克群岛居民提供学习机会，使其获得生活与工作所需的知识与技能。这就要求库克群岛教育部综合考虑所有的利益相关者、学习者、职场与社区等因素，以满足学习者获得优质教育的需求。库克群岛教育部通过斡旋培训机会、融入毛利语言与文化课程、制定合理的管理体系、加强"教牧关怀"等方式以期确保库克群岛高等教育的入学率与毕业率，增加外岛学生的学习机会，创造学生实习实践的机会。

5. 教育管理

库克群岛是一个充满活力的社会，教育部门应该积极应对不断发展变化的形势，管理与规划应具备前瞻性，以满足学生的发展需求。因此，库克群岛教育部在教育管理过程中非常重视利益相关者的知情权和参与决策的权利。此外，教育决策的制定必须基于全面的教育监督评估体系（Monitoring and Evaluation Framework）、质量保障体系（Quality Assurance Systems），促使库克群岛教育部在教育管理的过程中不断反思经验与教训。

---

[1] "教牧关怀"（Pastoral Care），也称"人文精神关怀"。原意指宗教活动中牧师或主教给予教民在精神上的关心与帮助。但如今，Pastoral Care 几乎不再涉及宗教，更多的是以一种专业的护理模式和教牧关怀的形式出现。"教牧关怀"泛指学校在学生学术以外的关怀，包括课业辅导、生活照顾和身心健康支持。

（三）运营政策

运营政策通常比较具体，适用范围较狭窄，有些运营政策仅适用于某个部门，比如学校有专门针对学校的运营政策。运营政策一般以手册或员工手册的形式规定日常职责、办事程序、行动指南、风险管理、突发事件的处理办法等事项。

库克群岛学校运营政策的制定符合《库克群岛教育指导方针》（Cook Islands Education Guidelines）的文件精神。《库克群岛教育指导方针》节选自《库克群岛管理手册》（Administration Manual）第三章，在阐述库克群岛教育目标（Cook Islands Education Goals）的基础上，明确了库克群岛的教育体系，以及如何在库克群岛管理方针（Cook Islands Administration Guidelines）的指导下实现既定的教育目标（Ministry of Education, 2001）。库克群岛教育部以终生学习为理念，致力于为库克群岛的所有人提供优质的学习机会。基于公平、效率、质量、相关性和伙伴关系的原则，库克群岛教育部力求实现十大教育目标。教育体系涵盖了学习领域、技能（读写和计算）培训、态度与价值观的培养和课程设置等诸多方面。

库克群岛的学校运营政策涉及学校管理、校长、教师、学生等事宜。

1. 学校相关的运营政策

在《1986—1987年教育法》和1989年修正案、1992年修正案的基础上，库克群岛制定了《学校指南手册》（Manual-General Instructions to Schools），该手册适用于库克群岛所有的学前教育阶段、小学教育阶段和中学教育阶段的公立和私立学校，并对学生的入学年龄、学时、课程设置、教育计划、教育语言、考核方式、突发事件处理等诸多方面做了详细的说明（Ministry of Education, 2012）。

2. 校长相关的运营政策

库克群岛于2010年出台了库克群岛独立幼儿园校长绩效发展系统（Performance Development System for Cook Islands ECE Principals of

Independently Managed ECE Centers），采用 PDS 系统①（Performance Development System）评估校长的领导能力，以及升迁准备度（Ministry of Education, 2010）。通过有效管理校长的绩效表现，为优秀的校长提供更为广阔的发展空间。

3. 教师相关的运营政策

库克群岛要求所有教师均需接受 PDS 系统的评估，并先后颁布了库克群岛教师绩效发展系统——教师课堂守则（Performance Development System for Cook Islands Teachers–Classroom Teacher Handbook）、新教师守则（Beginning Teacher Handbook）、任课教师守则（Classroom Teacher Handbook），以及资深教师守则（Experienced Classroom Teacher Handbook），以期通过个人规划、评估、认证和反思等流程指引教师教学生涯的专业发展（Ministry of Education, 2010）。此外，库克群岛颁布了学生身心健康保护守则（Manual-Student Well Being Abuse），禁止教师辱骂或者以带有歧视、侮辱的言行贬损等侵犯学生人格尊严的行为（Ministry of Education, 2012）。

4. 学生相关的运营政策

为规范学生行为，确保正常的教学秩序，保证教学质量，库克群岛先后出台了学生学籍管理相关的手册（Ministry of Education, 2012），如入学、转学、退学手册（Manual-General Enrolment, Transfer, Withdrawal Docs）及休学、开除手册（Manual-Student Well Being Suspension Expulsion）等。

四、库克群岛现行教育政策存在的问题和走向

尽管库克群岛教育部将振兴教育摆在重要的战略位置，以终身学习为理念，致力于为库克群岛的所有人提供优质的学习机会，制定详尽的战略政策、

---

① "PDS" 系统，即"绩效发展系统"，是指通过有效管理绩效表现，促进雇员的绩效表现和个人发展。绩效四级评估系统分为四个等级：杰出表现、良好表现、需改进的表现、不能接受的表现。

议题政策和运营政策，并通过《教育部年度报告》（Ministry of Education Annual Report）、《教育数据报告》（Education Statistics Report）、《年度审计报告》（Ministry of Education Audited Financial Statement）、《教育部门利益相关者报告》（Education-sector Stakeholders Report）审视库克群岛教育事业的发展及不足，但不可否认库克群岛在教育经费、师资、本土文化教育方面仍旧存在问题。

首先，库克群岛的财政收入主要依靠外援，教育事业的建设也不例外，国际援助主要来自新西兰和澳大利亚等强国及太平洋岛国论坛等国际组织。据《库克群岛教育总规划（2008—2023年）》显示（Ministry of Education, 2008），新西兰和澳大利亚政府承诺在2008年至2023年继续支持库克群岛教育事业的发展。据统计，2009—2010财年，库克群岛接受外援3000万新元，同比增加43.8%。2011—2012财年，新西兰援助库克群岛1900万新元，澳大利亚计划援助库克群岛440万澳元。2014—2015财年，新西兰援助库克群岛1400万新元，澳大利亚援助库克群岛400万澳元。2015—2016财年，新西兰援助库克群岛2520万新元，澳大利亚援助库克群岛350万澳元。2016—2017财年，新西兰援助库克群岛1930万新元，澳大利亚援助库克群岛340万澳元。2018—2019财年，新西兰向库克群岛援助预算为1136万新元。由于库克群岛曾是英国殖民地、新西兰属地，现仍为新西兰自由联系国，教育建设经费高度依赖外援国家，因此，库克群岛的学校课程与考试制度被深深地烙上了殖民主义的印记。据2019年教育报告显示（Ministry of Education, 2019），库克群岛自2002年以来一直使用新西兰国家教育成就证书（National Certificate of Educational Achievement，NCEA）资质作为评价学生学业水平的标准。学生到十一年级（15—17岁）开始修读新西兰中学教育成绩一级证书，十二年级为NCEA二级证书，而十三年级为NCEA三级证书。

其次，20世纪90年代库克群岛遭遇严重的经济危机，教师工资待遇急剧下降，大量优秀教师跳槽周边国家，优质师资流失严重。据库克群岛公共服务委员会办公室（The Office of the Public Service Commissioner）统计，

1996年库克群岛居民人数为19103，公职人员为3002，公职人员占总人口数的15.71%（Ministry of Finance and Economic Management，2019）。1998年库克群岛居民人数为16601，公职人员为1741，公职人员占总人口数的10.49%。2001年库克群岛居民人数为18027，公职人员为1708，公职人员占总人口数的9.47%。从1996年至2001年，库克群岛为应对经济危机，大量削减公职人员的数量以减少开支，2001年的公职人员人数仅为1996年公职人员的60.3%。教师不仅遭遇大批量裁员，教师的薪资待遇也引起了全国教师的普遍不满。一篇名为"教师罢工是万不得已"（Teachers Strike Is a Last Resort）的报道引起了库克群岛教育部的再度关注，库克群岛教育部承认存在教师薪资过低的问题，目前所有教师的基本工资都在30846美元至41950美元之间，库克群岛承诺将在2021—2022财年适度增加教师薪资（库克群岛新闻网，2012）。

最后，随着主岛拉罗汤加国际机场的建成，库克群岛移民人数逐年增加。据库克群岛生命统计与人口普查报告（Vital Statistics and Population Estimates）的数据显示（Ministry of Finance and Economic Management，2019），2014—2019年，库克群岛的总人口分别是19700、20500、17400人、21800、20200、20700，然而常住人口分别是12700、12200、14800、14900、15900、17700。作为一个总人口约两万的国家，库克群岛每年的移民人数在3000—8000，居高不下的移民率导致库克群岛本土文化教育的危机。Christina Newport（2017:127-134）指出人口危机（depopulation）已经成为困扰库克群岛政府的头等大事并演变为"政治足球"[①]。再者，由于英语是世界上最多国家使用的官方语言，也是使用最为广泛的第二语言，移居新西兰、澳大利亚等国的学生接触最多的当属英语，因此，库克群岛学生的本土语言（毛利语）的水平急剧下降，研究表明库克群岛存在毛利语

---

① "政治足球"（a political football）指的是"各党派政治家争论并试图利用以获取好处的问题"。

"失语症"①现象（Amberber, 2011:601-618）。库克群岛毛利语言委员会（Cook Islands Maori Language Commission）强调，"如果毛利语消亡了，那毛利文化也会随之消亡"（Melina, 2020），因此库克群岛一直采取措施积极应对本土语言文化遭受冲击的萧条状况，比如，早在1987年颁布的《1986—1987年教育法》中就有明文规定，"学校的所有课程由教育部长审核批准，但所有学校必须开设库克群岛语言与文化相关的课程"（Ministry of Education, 1987）。正如联合国教科文组织所言，"教学语言的使用既可以赋予某种语言权利与威望，也可以强化某种语言表达的共同价值观和世界观"（古雯鋈, 2016:68-74）。2003年，库克群岛颁布了《毛利语法案（2003）》（TeReoMaori Act 2003），通过法律的形式确立了毛利语与英语一样重要的地位（Ministry of Education, 2003）。但是毛利语与毛利文化的教育并非一朝一夕之事，需要长期贯彻落实双语文化教育政策，提升毛利民族的自豪感和身份意识。

尽管库克群岛在教育经费、师资和本土文化教育上面临巨大的挑战，令人欣喜的是库克群岛在世界全球化浪潮的推动下紧抓机遇谋发展，积极开展与各国的交流与合作，因时、因地、因利地发展库克群岛的教育事业。

一方面，据统计，2018年旅游业成为库克群岛经济增长的主要驱动力，游客人数达到17万，创历史新高，游客主要来自新西兰（约61%）和澳大利亚（约13%）（新西兰外事与贸易网，2020）。由于通往主岛拉罗汤加的航班增多，预计2020—2021年游客人数会持续增长。旅游业已经成为库克群岛的支柱产业，旅游业的迅猛发展极大地拉动了库克群岛的GDP增长。据统计，2019年库克群岛的人均GDP为1.88万美元，国内生产总值为3.79亿美元（中国领事服务网，2023）。旅游业既带动了库克群岛的经济发展，也为库克群岛注入了新的思想观念（John, 2001:70），因此，库克群岛以旅

---

① "失语症"(aphasia)，就医学角度而言，指的是由于脑损害引起的语言能力受损或丧失，即因大脑局部病变导致的语言障碍；就认知神经语言学而言，1933年，Weisenburg和McBride的四种失语类型分类得到广泛认可并使用到20世纪后半叶，它们是表达性失语、接受性失语、表达接受性和遗忘失语。

游服务业的兴旺发展为契机，在高等教育阶段开展相关的职业教育课程。据 2013—2018 年全国高等教育"全时当量"学生①（FTE students）各专业入学率显示（Ministry of Education, 2019），旅游服务（Hospitability and Services）专业学生的人数增长最快。2013 年旅游服务专业学生的入学率仅为 15%，2017 年增长为 22.02%，2018 年激增至 71.9%，增幅高达 49.88%。一支高水平、高素质、专业化的旅游人才团队有助于推动库克群岛的旅游产业走出国门走向世界，在世界旅游产业的道路上越走越远。

另一方面，自中国与库克群岛 1997 年建交以来，中国始终秉持"真、实、亲、诚"的理念发展中库两国的关系，两国保持高层和各级别交往，经贸与经济技术合作稳步推进，人文交流日益增多，在可持续发展、气候变化等国际和地区问题上进行了有效沟通与协调（中国外交部，2012）。近些年，通过开展孔子课堂、文化交流、旅游年等活动，中国和库克群岛迎来了教育与文化发展的新机遇。中国援建"你好"学校、中国交响乐团在阿皮尼考学校的表演是中库两国人民友谊的证明（陶社兰，2019）。以"一带一路"倡议为契机，汉语在南太平洋岛国的传播既存在"拉"力（经济合作触发的互动愿望和身份认同），又存在"推"力（语言推广机构）（吴平等，2019:34）。截至目前，中国已在大洋洲的七个国家建立了 20 所孔子学院，101 个孔子课堂（王新，2022）。在南太平洋岛国，孔子学院最早落户斐济的南太平洋大学的苏瓦校区，由于该大学是分布于 12 个岛国的区域性大学，库克群岛由此建立了孔子学堂。孔子学院通过开展汉语教学、中外教育、文化交流与合作，增进世界各国（地区）人民对中国语言文化的了解，加强中国与世界各国教育文化交流合作，发展中国与外国的友好关系，促进世界多元文化发展，构建和谐世界，成为各国学习汉语言文化、了解当代中国的重要场所，受到了库克群岛的热烈欢迎。据报道，中国语

---

① "全时当量"学生，即"FTE students"，是"Full-time Equivalent Students"的简称形式，字面意思是"等同于全日制"。因此，"全时当量"学生指的是对于非全日制或参与速成学习的学生，需要完成全日制要求的所有时段的学习任务。

言文化已经远播重洋，孔子学院已将汉语教学纳入南太平洋大学的学校课程体系，中文课已正式成为南太平洋大学苏瓦校区的全校公共选修课，并被纳入学分体系。此外，孔子学院正在大力推动将中文课由学分课程转变为辅修课程并设立中文师范专业，以实现中文教育在当地的可持续发展（李佳彬，2015）。中国语言文化在南太平洋地区的传播由此翻开了新篇章，中文教育和中国文化在斐济的成功推广为库克群岛孔子学堂的发展提供了范式。

参考文献

[1]AMBERBER A M. 2011. Adapting the Bilingual Aphasia Test to Rarotongan (Cook Islands Maori): Linguistic and Clinical Considerations [J]. Clinical Linguistics & Phonetics, 25(6-7): 601-618.

[2]NEWPORT C. 2017. Cook Islands [J]. The Contemporary Pacific, 29(1), 127-134.

[3]Cook Islands Ministry of Education. Education Act [R]. Avarua: 1987.

[4]Cook Islands Ministry of Education. Cook Island Education Guidelines [R]. Avarua: 2001.

[5]Cook Islands Ministry of Education. TeReoMaori act [R]. Avarua: 2003.

[6]Cook Islands Ministry of Education. Learning for Life, Cook Islands Education Master Plan 2008-2023 [R]. Avarua: 2008.

[7]Cook Islands Ministry of Education. Performance Development System for Cook Islands ECE Principals of Independently Managed ECE Centers [R]. Avarua: 2010.

[8]Cook Islands Ministry of Education. Performance Development System for Cook Islands Teachers, Classroom Teacher Handbook [R]. Avarua: 2010.

[9]Cook Islands Ministry of Education. Education Act [R]. Avarua: 2003.

[10]Cook Islands Ministry of Education. 2018/2019 Education Statistics Report [R]. Avarua: 2019.

[11]Cook Islands Ministry of Education. Manual-General Instructions to Schools

[R]. Avarua: 2012.

[12]Cook Islands Ministry of Education. Manual-Student Well-being Abuse [R]. Avarua: 2012.

[13]Cook Islands Ministry of Education. Manual-General Enrolment, Transfer, Withdrawal Docs [R]. Avarua: 2012.

[14]Cook Islands Ministry of Education. Manual-Student Well-Being Suspension Expulsion [R]. Avarua: 2012.

[15]Cook Islands Ministry of Education. Pa Enua Students' Education Assistance Grant Policy [R]. Avarua: 2014.

[16]Cook Islands Ministry of Education. Statement of Intent (2015-2019) [R]. Avarua: 2019.

[17]Cook Islands Ministry of Education. Governance, Management and Planning [R]. Avarua: 2016.

[18]Cook Islands Ministry of Education. Equity, Access, and Participation [R]. Avarua: 2016.

[19]Cook Islands Ministry of Education. Quality and Relevance of Learning and Teaching [R]. Avarua: 2016.

[20]Cook Islands Ministry of Education. Communities, Partnerships and Communication [R]. Avarua: 2016.

[21]Cook Islands Ministry of Education. Inclusive Education [R]. Avarua: 2017.

[22]Cook Islands Ministry of Education. TE PEU E TE AKONOANGA MAORI [R]. Avarua: 2019.

[23]Cook Islands Ministry of Finance and Economic Management. Vital Statistics and Population Estimates [R]. Avarua: 2019.

[24]STONE D. 1966. Self-Government in the Cook Islands 1965 [J]. The Journal of Pacific History, 1(1): 168-178.

[25]LOW D. Traditions of Aitutaki, Cook Islands. 1. The Story of Ru's Canoe and the Discovery and Settlement of Aitutaki [J]. The Journal of the Polynesian

Society, 1934, 43(1) (169): 17-24.

[26]TAYLOR J E. Tourism to the Cook Islands: Retrospective and Prospective [J]. Cornell Hotel and Restaurant Administration Quarterly, 2001, 42(2): 70-81.

[27]MILLS K. 1978. Captain Cook and the Islands of the Pacific[J]. African Arts, 12(1): 94-95.

[28]KAURAKA K. Thinking about Cook Islands Native Religion [J].Pacific Arts, 1991 (4): 17-20.

[29]KELLY L G. Cook Island Origin of the Maori [J].The Journal of the Polynesian Society, 1955, 64(2): 181-196.

[30]PAGE A, BOYLE C, MCKAY K, & MAVROPOULOU S. Teacher Perceptions of Inclusive Education in the Cook Islands [J]. Asia-Pacific Journal of Teacher Education, 2019, 47(1): 81-94.

[31]CROCOMBE R, CROCOMBE M T. Scale, Sovereignty, Wealth and Enterprise: Social and Educational Comparisons Between the Cook Islands and the Solomon Islands. Comparative Education, 1993, 29(3): 307-319.

[32] 古雯鋆, 国家利益视角下的巴西语言教育政策研究 [J]. 语言政策与语言教育，2016(2):68-74.

[33] 王新, 新时代背景下国际中文传播的若干思考[J]. 山西大同大学学报（社会科学版），2022, 36(5):151-155.

[34] 王作成，库克群岛 [M]. 北京：社会科学文献出版社，2017.

[35] 吴平，岳晶晶，孙昊宇. 太平洋岛国国情研究 [M]. 北京：时事出版社，2019.

[36] 朱希璐，南太平洋岛国教育 [J]. 外国中小学教学，1996(1):31-33.

[37] 库克群岛新闻网. Reform not a Repeat of 1996 [R/OL]. (2012-02-11) [2023-04-20]. https://www.cookislandsnews.com/national/reform-not-a-repeat-of-1996/.

[38] 库克群岛新闻网. Letters: Talks to Address Teacher Pay [R/OL]. (2020-01-28) [2023-04-20]. http://www.cookislandsnews.com/opinion/letters-to-the-editor/

item/75711-letters-talks-to-ad dress-teacher-pay.

[39]MELINA E. Written Maori Secures Future [R/OL]. (2020-01-21) [2023-04-20]. http://www.cookislandsnews.com/national/education/item/75639-written-maori-secures-future.

[40] 新西兰外事与贸易网.Cook Islands [R/OL]. [2023-04-20]. https://www.mfat.govt.nz/en/countries-and-regions/pacific/cook-islands.

[41] 中国领事服务网.库克群岛国家概况 [EB/OL]. [2023-04-20]. http://cs.mfa.gov.cn/zggmcg/ljmdd/dyz_658636/kkqd_659196/.

[42] 李佳彬.中国语言文化远洋传播 [N]. 光明日报，2015–08–19(12).

[43] 陶社兰.库克群岛上的中国乐章 [R/OL]. (2019-10-28) [2023-04-20]. http://www.chinanews.com/gj/2019/10-28/8991436.shtml.

[44] 中华人民共和国外交部.崔天凯出席中国与库克群岛建交15周年庆祝活动 [R/OL]. (2012-08-30)[2023-04-20]. https://www.mfa.gov.cn/gjhdq_676201/gj_676203/dyz_681240/1206_681468/xgxw_681474/201208/t20120831_9377156.shtml.

密克罗尼西亚教育情况研究

孙洪波　孔小菡 *

一、教育体系

密克罗尼西亚联邦（the Federated States of Micronesia, FSM）的教育体系是以美国模式为参照，共分为四个层次：3—5 岁的学前教育（Early Childhood Education, ECE），6—13 岁的小学教育（一至八年级），14—18 岁的中学教育（九至十二年级）和高等教育。

虽然按照太平洋地区的标准，密克罗尼西亚小学教育的入学率相对较高，能够覆盖到很多学生，但其中学教育的入学率却很低。产生这种现象主要有两个原因：一是强制性教育只到八年级（或 15 岁）；二是由于八年级的高中入学考试会淘汰掉一批学生，导致入学人数较少。

此外，密克罗尼西亚教育部负责制定课程标准，而课程和教学指导则由地方教育部门负责。因此，标准与课程的不统一也是造成高中阶段入学率相对较低的原因之一。

---

* 孙洪波，菏泽学院外国语学院教授。
　孔小菡，菏泽学院外国语学院讲师。

（一）学校教育

1979 年密克罗尼西亚联邦政府成立后，设立了教育部门，并将其作为社会服务部的内设部门。1992 年，密克罗尼西亚国会通过了 PL 7-97 条例，要求建立一个完整、独立的教育部。1991 年，国会通过了《全国扫盲法》，两年后，密克罗尼西亚成人教育项目获得创建许可。该项目旨在为密克罗尼西亚的成年人提供成人教育和识字培训。

密克罗尼西亚于 1999 年 10 月 19 日加入联合国教科文组织，并受该组织设在萨摩亚阿皮亚的办事处管辖。截至 2006 年 9 月，密克罗尼西亚共有 3 所学校加入了联合国教科文组织的联系学校项目网络（Associated School Project Network，ASPnet）。

1. 学前教育

自 2005 年以来，国家教育部门有效地承担了公共幼儿教育的责任。2009 年，全国共设有 71 个幼儿教育中心。在教育部门的监督下，幼儿教育专家负责幼儿教育相关政策的制定、执行、监控和报告等，并在课程标准制定方面提供技术援助。

2. 初等教育

2009 年，密克罗尼西亚共有 155 所小学。学生从 6 岁开始，可接受长达八年的免费小学教育。学习科目包括科学、数学、语言艺术、社会研究和体育等。一些宗教团体也创办了私立小学，为学生提供教育服务。

3. 中等教育

2009 年，密克罗尼西亚联邦设有公立和私立共 28 所中学。学生可在中学阶段完成科学、数学、语言艺术、社会研究和体育等课程。私立中学一般供经济条件允许的学生就读。

4. 民办学校

民办教育是密克罗尼西亚教育体系的重要组成部分。民办教育中，教会学校占比很高。教会学校主要由罗马天主教会、基督复临安息日会和加略山浸信会承办，一些新教教派也活跃在这一领域。政府为教会学校提供部分资金，并对其进行全面监督控制。

一些私立学校，如波恩佩农业和贸易学校（Ponape Agriculture and Trade School，PATS）和耶稣会在丘克开办的泽维尔高中（Xavier High School），都享有极高的声誉。虽然这两所学校同属于四年制高中，但前者更注重职业教育，而泽维尔高中旨在为未来的社会领袖提供学术教育。

此外，办学方必须向政府申请特许，才有资格开办私立学校。

（二）职业教育及培训

在雅浦州，渔业和海事管理委员会管理着一个渔业和海事研究所（Fisheries and Maritime Institute，FMI）。研究所可提供为期两年的航海、海洋工程和渔业技术的课程，学生通过考试后可获取相应职业证书。尽管渔业和海事研究所自1999年便已成立，但由于人们对其课程的需求度非常低，2009年，其注册学生只有37人。

波恩佩农业和贸易学校可为中学生提供建筑和建筑贸易、机械、农业科学及水产养殖方面的职业技术教育与培训（Technical and Vocational Education and Training，TVET）课程。

（三）高等教育

高等教育主要由密克罗尼西亚联邦学院（The College of Micronesia-Federated States of Micronesia，COM-FSM）提供。密克罗尼西亚联邦学院拥有多个校区，在波恩佩有一个主校区，并在全国的每个州都有州立校区。该学校提供多个科目的准学士学位和证书级别课程，以及短期培训项目。

密克罗尼西亚联邦学院还与关岛大学合作，该校两年制的大学学生毕业后，可转到关岛大学再读两年，最后可获授基础教育文学学士学位。

1. 高等教育改革

密克罗尼西亚联邦学院受到了来自美国西部学校与学院教育联盟（Western Association of Schools and Colleges，WASC）和社区及初级学院认证委员会（the Accrediting Commission for Community and Junior Colleges，ACCJC）的警告，要求该学校采取多项措施，以改善其制度效能，提高管理水平，并要求学院在通信、财政、技术、预算规划和设施管理等多个领域拟订相应计划或规定。

2. 高等教育的未来发展方向

对于密克罗尼西亚来说，其高等教育未来的发展方向充满了不确定性。虽然该国尝试建立现代通信技术，通过远程教育手段向偏远地区和一些外岛屿提供成人教育课程，但是目前远程教育只能在部分州中心地区进行，只有这些地区有电力供应并配备了其他相关必要技术。密克罗尼西亚的一些州已经修建了通往偏远村庄的公路。而在其他州或岛屿，如楚克的环礁湖群岛，以及楚克、波恩佩和雅浦的外岛，则仍需要依靠船只通行。大部分外岛是没有电力系统的，因此，要想在这些地方有效地建立起现代通信技术，是十分困难的。即使这些地方有发电机，运行也不是很可靠。除了船只能够每月（有时间隔时间更长）访问外岛屿外，无线电（前提是可以使用）仍然是其唯一的通信手段。

目前，密克罗尼西亚联邦管理学院正在进行改组，预计此举将会导致一些工作人员的流失。此外，该学院还面临着失去美国西部院校联盟认证的风险。这种情况以前也有发生。2004 年，学校收到了美国西部院校联盟的警告，但该警告于 2005 年被撤销。但 2004 年该联盟指出的其治理和规划方面存在的制度缺陷似乎并没有得到纠正，并成为 2010 年对其再次警告的主题。

3. 远程教育

目前，密克罗尼西亚联邦并没有将实施远程教育作为工作重点。没有证据表明密克罗尼西亚联邦有开展学校层面的远程教育；也没有哪个当地的远程教育机构能够替代南太平洋大学在其 12 个太平洋成员国中的角色。十多年来，密克罗尼西亚联邦一直使用泛太平洋教育和文化实验卫星（PEACESAT）为医疗工作人员、教师和技术人员提供专业发展课程。在许多地方，网络的带宽限制了在线培训同步传输的可行性。然而，网络会议软件包如"Elluminate Live!"，已经在小范围内获得成功使用。

由美国西部学校与学院教育联盟认证的密克罗尼西亚联邦学院目前可

以提供远程教育服务，以克服岛屿之间的距离。这包括但不限于传统的邮政航空信、传真、电话，以及电子邮件、互联网、视频会议甚至短波发射机等新技术。目前，学院正试图将整个校园联网，这意味着其向在线学习和视频会议又迈进了一步。

通常来说，许多美国大学通过与密克罗尼西亚联邦学院合作，在密克罗尼西亚提供远程教育课程。有许多合作是在试点基础上进行的，除此之外还有许多更具实质性的计划。密克罗尼西亚联邦学院与关岛大学合作，可授予学生基础教育文学学士学位。另外，美国圣地亚哥州立大学太平洋研究中心也可通过远程教育方式为该学院学生提供特殊教育教师培训。

多年来，美国夏威夷大学在密克罗尼西亚和太平洋地区国家开设了电信和信息资源管理（Telecommunications and Information Resource Management，TIRM）研究生课程。

此外，设在夏威夷的太平洋教育和学习资源项目（Pacific Resources for Education and Learning，PREL）及其伙伴组织提供了一些关于专业发展的短期课程。

4. 远程教育计划

在教育评估领域，太平洋教育和学习资源项目与夏威夷大学教育学院合作开发了一个为期两年的远程在线学习项目：区域教育评估硕士在线培训项目。该项目由美国国家科学基金会（National Science Foundation，NSF）资助，旨在培养太平洋地区教育工作者对教育项目进行正式评估并将评估结果应用于实践的能力。同时，此项目也是专门为满足太平洋地区评估人员的需要而设计的。区域教育评估硕士在线培训项目已交付给密克罗尼西亚高级教育工作者，并在太平洋地区美国附属岛的能力建设过程中发挥了重要作用。

5. 管理和资金来源

密克罗尼西亚教育的主要资金来自美国政府，其数额按照自由联合契约的规定提供。针对15岁或八年级以下的学生，向其提供免费的公共教育。据联合国教科文组织报告，2005年，密克罗尼西亚在教育上的投入超过其GDP的6%。

尽管有美国的财政支持,但目前密克罗尼西亚的教育体系的财务状况仍处于紧张状态。另外,其教育体系存在颇多问题,其中一个就是缺乏训练有素的教师。据统计,2009 年有 36% 的教师达不到合格标准。此外,学校的教育设施配备情况参差不齐,一些新建的学校条件相对较好,其他学校的教学环境则非常恶劣。

另外,国家级教育部门的工作对整个教育体系有着重要影响,各州之间学校制度存在着细微差别。科斯雷州的小学涵盖一至九年级,该州唯一的中学科斯雷高中包括十至二十年级;而在楚克州的 8 所中学则教授一至十年级课程。不同州的学校标准和学校条件的差异非常明显。

二、密克罗尼西亚教育发展历程

密克罗尼西亚现代教育特殊性的产生根源在于其历史背景。在经历了早期欧洲传教士的影响、日本的世俗教育和美国的教育模式之后,密克罗尼西亚也开始积极探索适合自己的教育模式。

当今的密克罗尼西亚联邦政府非常重视发展教育事业,宪法规定应对 5—14 岁儿童实行义务教育,政府每年在教育上投入经费占其总年度预算的 20% 左右。私立教育机构在整个教育系统中也扮演着十分重要的角色。据统计,密克罗尼西亚有公立学校 218 所,私立学校 25 所,在校学生约 3 万人,文盲率约为 11%。

密克罗尼西亚现代教育的发展与其历史背景密不可分。据此,我们可将密克罗尼西亚的教育发展分为四个阶段。

(一)第一次世界大战前(1565—1914)

密克罗尼西亚的教育最早起源于欧洲传教士的传教活动。传教士的工作通常都受到两种因素的影响:一是他们的原籍国,二是他们传教的特殊目的。在密克罗尼西亚传教的过程中,欧洲传教士很少教授欧洲语言。他们教授阅读的主要目的是使当地人能够阅读《圣经》,教授算术则是为了使当地人能够应付日常生活中必要的活动。传教士自己的民族语言，以及这些语言的拼写方式很大程度上影响了当地语言的拼写。即使是发音，也会受到来自传教士母语的语言习惯的影响。比如，西班牙人往往会漏掉某些发音，或者错误地将它们联系起来。他们倾向于使用西班牙语的拼写法，而且在某些情况下还会重读不同类型的元音。而德国人则创造了另一套完全不同的拼写系统。

1. 西班牙统治时期

1519—1521年，费迪南德·麦哲伦（Ferdinand Magellan）在环球航行中第一次记录了欧洲人与密克罗尼西亚的联系。不久，其他探险家沿着麦哲伦寻找香料的路线，穿越太平洋，由此发现了密克罗尼西亚的其他群岛。在此期间，大多数密克罗尼西亚人并未受到欧洲探险者的影响，过着相对平静的生活。1565年，西班牙的航海者在关岛的阿加纳建了一座堡垒，使这里成为横渡太平洋船只的停靠港。就此西班牙开始了对密克罗尼西亚的殖民统治。船只在航行到墨西哥或菲律宾之前，可以在阿加纳补充食物和水。不幸的是，西班牙人带来了致命的"西方疾病"，由于当地人对此病缺乏免疫力，导致大量人口感染死亡。马里亚纳群岛（Mariana Islands）的10万查莫拉人由此骤减到9000人。

西班牙在密克罗尼西亚的殖民政策指导原则为和平及基督教化。西班牙在密克罗尼西亚建立了殖民权力中心，同时为西班牙舰队提供维护安全的港口。西班牙希望通过其殖民政策，在西太平洋建立起一支友好合作的力量，从而扩张西班牙帝国，使更多人皈依基督教。受原籍国及传教的特殊目的的影响，传教士的传教活动很少关注欧洲语言的教学，也没有对开展欧洲世俗标准所能接受的教育产生重视。

2. 德国统治时期

19世纪末，密克罗尼西亚因其椰子肉干的利润丰厚，吸引了其他欧洲国家的目光。1885年，受到南太平洋岛屿的商业价值的吸引，德国派遣了一支小规模的海军部队，占领了许多岛屿，并宣称这些岛屿为德国的属地。当时密克罗尼西亚的统治者西班牙同意将和德国的贸易冲突提交教皇利奥十一世（Papa Leo XI）解决，一场潜在的国际争端得以避免。在一项外交决定中，教皇确认西班牙对这些岛屿享有主权，但将其贸易权授予了德国。

随着美西战争的结束，西班牙对密克罗尼西亚的影响逐渐消失。1898年，美国购买了关岛，第二年，西班牙撤出密克罗尼西亚，以450万美元的价格将其剩余的属地出售给德国。

在接下来的15年里，密克罗尼西亚一直处于德国的统治之下。德国通过促进和增加椰子肉干的生产来扩大其在该地区的商业贸易。密克罗尼西亚最早的公共教育便开始于此，当时的德国殖民者推出了一项教育计划，旨在塑造岛上居民的公民意愿和职业道德，以激发他们对经济利益的渴望。根据当时的规定，儿童从6岁开始接受教育，并至少持续至13岁。

德国对密克罗尼西亚的影响在第一次世界大战开始时结束，当时德国被迫重新巩固其国内势力，从而放弃了对密克罗尼西亚的统治。

（二）第一次世界大战至第二次世界大战期间（1914—1945）

1914年，日本利用德国介入第一次世界大战的机会，接管了密克罗尼西亚的许多岛屿。1920年，国际联盟授权同意日本"托管"密克罗尼西亚。与之前的统治者不同，日本在密克罗尼西亚立足之后，迅速取得了对这些岛屿的控制权。他们在此建造道路、疏浚港口、建立供水系统、建设水力发电，并引入新的食物、衣服，这些举措对密克罗尼西亚人的行为产生了影响。

1922年，日本人在帕劳的科罗尔建立了政府。这个政治机构拥有了对这些岛屿的控制，鼓励日本平民移居到这些岛屿并进行商业开发，同时建立了一套公共教育体系。与以往的侵略者不同，日本人占领密克罗尼西亚群岛的目的是扩大他们的政治、教育和商业控制权。

这一时期，日本统治者废除了当地语言的教育，将本族语逐出学校。自此之后，在帕劳，当地语言的发音发生了显著的变化。目前，帕劳共使用三种发音系统，但没有一种能够代表真正地道的当地发音。

日本统治者将日本教育作为一个完整的体系引入南太平洋群岛。日本教师提供教育，并使用日本教科书。在日本教育开始的头两年，帕劳当地人便可以在学校里做翻译，以帮助刚入学的孩子学习日语；之后，当孩子们被认为已经掌握了足够多的日语，即可以用日语这种媒介来继续他们的教育。单单就日语的阅读而言，有些学生似乎做得很好。但大多数学生觉得日语书写困难，他们除了会使用简单的片假名字符外，几乎没有任何进步。帕劳可以作为日本教育制度成果的一个很好的范例。

日本人占领之前，在东部岛屿，特别是波纳佩岛和马绍尔群岛，教育就已经取得了很大的进步，因为这里的传教工作开始得要比西密克罗尼西亚早得多。例如，在波纳佩岛，教育的起源可以追溯到19世纪50年代末。相比之下，雅浦就大大不同了，当地人们一直在默默且坚定地抵制西方文化的进入。

日本占领密克罗尼西亚并在那里建立了自己的公立学校系统后，日语学习成了密克罗尼西亚学校课堂教学的重点。日本在六个岛屿群中都建立了学校，并要求当地8—14岁的儿童至少需要接受三年的教育。每日上课时间约为6个小时，课程范围从日语扩展到道德和职业教育、数学、地理和体育等。与之前的统治者目的相同，日本当局希望当地人采取并接纳日本的价值体系。

日本人建立的学校提供时长约为三年的教学课程，包括阅读、写作、数学、日语和风俗习惯。所有的教学语言均为日语。另外，面向当地儿童开设的学校也完全由日本人管理并由他们负责教学，而且只准许年幼的儿童上学。虽然公立学校的目的是为当地所有儿童提供三年的教育，但据日本公布的资料显示，密克罗尼西亚只有不到一半的儿童有机会上学。对于有天赋的学生，他们有时会在接受三年基础教育之外，额外获得两年的学校教育。这个"天才项目"由一名日本教师负责，他试图用死记硬背的方法和极有限的教学素材来对八名本地儿童进行教学。

到20世纪20年代末，有50%的学龄儿童在学校就读。这一事实印证了岛上居民的普遍认知：教育是实现财富和权力的一种手段。

1941年，日本偷袭珍珠港，全世界的注意力聚焦到了太平洋。对于密克罗尼西亚人来说，在第二次世界大战爆发的前几年，他们处于严重的社会动荡时期。密克罗尼西亚群岛在美国和日本大陆之间形成了一道天然屏障。在此期间，日本利用密克罗尼西亚的劳动力继续控制密克罗尼西亚群岛。直到1944年，美国和盟军才开始采用系统的军事行动，将这些岛屿从日本人手中解放了出来。由于美国和日本之间的冲突加剧，密克罗尼西亚人在这段时期里遭受了更多的苦难。

密克罗尼西亚的岛屿和居民很少有人能躲过太平洋战争的毁灭性打击。在冲突中，许多人流离失所，亲人离散，更有甚者受伤或失去了生命，教育项目和商业贸易都被迫停止了。密克罗尼西亚许多地区的人们遭受着饥饿，营养不良是他们普遍面临的状况。当地没有政府机构，医疗服务水平也很差。1947年，联合国签署了《太平洋岛屿托管协议》（*Trust Territory of the Pacific Islands*，TTPI，下称托管协议），要求美国成为密克罗尼西亚的托管国。

（三）第二次世界大战后至联邦成立（1947—1979）

根据托管协议的部分要求，美国必须承担促进太平洋岛屿居民教育的任务。

最初，密克罗尼西亚的托管工作由美国海军管理局负责，为了重振密克罗尼西亚在第二次世界大战期间中断的教育系统，他们采取了一系列措施。首先，密克罗尼西亚的酋长们从在日本学校接受过教育的年轻人中挑选出了一批有天赋的年轻人，对他们进行英语初级课程的培训，把他们培养成最初的乡村学校的教师，然后将他们分配到了各乡村学校。教学语言采用英语，教材使用的是美国的旧教科书。每个村庄都建造了属于自己的学校，并负责支付教师的工资。学校通常是使用当地的材料建造的，简单实用。教师的薪水虽然不多，但在密克罗尼西亚社会中，却是一个享有声望的职位，因此，教师工作在当时主要被分配给男性。

在肯尼迪政府之前，美国并没有很成功地完成托管协议中所设置的目标。联合国关于托管进展情况的一份报告提出，美国有必要作出更多的承诺，在政治、经济和教育活动方面对密克罗尼西亚人进行协助。此份报告发布之后，美国总统约翰·肯尼迪于1962年确立了"小学加速建设项目"，将托管协议的教育预算从当年的750万美元提高到了1963年的1500万美元，1964年再次提高到1750万美元。1964年，密克罗尼西亚第一所公立高中建成。在此之前，密克罗尼西亚唯一的一所中学是教会学校。

密克罗尼西亚的学校按照美国的模式进行了重组，各村庄配备了全职教师。学校的课程得到了扩充，教师也得到了更好的培养。密克罗尼西亚学生获得了新的接受教育的机会，他们有资格获得贷款和资助进入美国的学院和大学。这些政策的实施效果显著，密克罗尼西亚小学入学率增加了近一倍，人数从20世纪初的15119名学生增加到1970年的28906名学生。在同一时期，中学招生人数从335激增至5726，大学毕业生人数从117增加至595。

20世纪60年代中期以来，美国在其托管领地开展了教师培训计划。学校学年从9月开始到次年的5月结束，共9个月，学生们从6月到8月放暑假。学年结束后，教师们还需在三个月的暑假期间参加专业发展培训项目，因此密克罗尼西亚的教师可享受12个月的工资。

整个托管领地都采用传统的美国教育模式。孩子们6岁开始上小学一年级，接触传统学科的学习，如阅读、写作、数学、历史、地理和英语。而密克罗尼西亚的教育模式有两个重要的例外值得注意。第一，有关密克罗尼西亚历史的课程得到了补充；第二，这种教育模式将英语作为教学语言，一年级的非英语儿童必须学习英语。一般来说，英语学习采用的是以英语作为第二语言（English as a Second Language，ESL）方法。一种比较典型的状况是一年级老师面对二三十名学生，这些学生会说几种不同的语言，但不会说英语。所以，学生在最初的几年里花费了大量的时间学习英语的读、写、说，并且他们使用的也是英语教科书。但是老师和学生在课外都不说英语。因此，对密克罗尼西亚的孩子来说，源自美国的教材中的人物、情节和背景是完全陌生的。孩子们的经验背景也无法帮助他们理解基于美国文化而编写的教材中的词汇和概念。

对于完成八年级课程的学生来说，能否通过考试直接决定着自己的教育未来。在过去,只有大约10%的学生有机会继续读高中。值得庆幸的是最近这个数字已经增长到约40%。原因大致有三点:(1)有更多的学生有继续读书的意愿;(2)有更多合格的教师可以教授高中课程;(3)有更多的高中被筹划建立起来。通过八年级毕业考试的学生可以继续他们四年的高中生活,学习美国中学里普遍开设的基本课程。

自20世纪60年代以来,教师的培训工作一直在开展。一般来说,教师培训主要采取讲习班的形式,由当地的课程专家或从美国引进的"专家"对教师进行授课培训。当时,美国在密克罗尼西亚设立了一所太平洋岛屿教师培训学校,为托管领地六个区的教师提供教育发展机会。20世纪60年代中期,该培训学校发展成为密克罗尼西亚教师教育中心,并于1970年发展成为密克罗尼西亚社区学院。该中心在改善密克罗尼西亚教育方面发挥了巨大的作用。

1978年7月12日,托管领地(帕劳、雅普、特鲁克、波纳佩、科斯雷和马绍尔群岛)六个地区的全体公民投票通过了《密克罗尼西亚联邦宪法》。1979年5月10日,密克罗尼西亚联邦正式成立,但其在财政和军事防御等方面依旧严重依赖于美国的支持。

1981年,夏季教师培训活动范围扩大到了托管领地内的每个州。通过培训,教师们能够掌握他们所负责的教学主题,学习有效的课堂教学方法。这些培训活动的总体目标是提高教师的教学能力,进而提高学生的学习能力。

根据《托管地公共法规》的规定,所有教师必须在特定的时间内完成准学士学位,这是获得教师资格认证的最低学术要求。

1986年,密克罗尼西亚联邦成为一个完全自治的实体,但其学校设置仍然模仿美国的模式。

(四)联邦成立后(1979至今)

1979年,密克罗尼西亚联邦政府成立之初,教育部隶属于社会服务部。1986年,第三任总统、来自雅浦(Yap)的约翰·哈格莱尔加姆(John R.

Haglelgam）将社会服务部改为人力资源部，此时教育部仍然是人力资源部的一个内设部门。1992年，在第四任总统贝利·奥尔特（Bailey Olter）任期内，密克罗尼西亚国会通过了PL 7-97条例，创建了教育部。按照PL 7-97条例的规定，教育部除秘书办公室外，还设置了四个主要部门，分别负责课程、标准、测试和评估，高等教育和奖学金，职业教育的人力开发和培训，以及全国的"社区和外国援助项目"。

在密克罗尼西亚，时长8年的公共教育是强制性的。大约有76%的居民都接受过某种形式的公共教育。密克罗尼西亚1994年的人口普查结果显示，有30.3%的人接受过小学教育；15.1%的人完成了一定程度的高中学习，13.6%的人持有高中文凭；7.5%的人完成了一定程度的大学学习，有6.1%的人持有肄业学位，3.1%的人持有学士学位，1.6%的人选择继续完成研究生学习。

学生从6岁开始接受免费的小学教育。8年的课程包括科学、数学、语言艺术、社会研究和体育。学校由政府投资的公立学校和宗教团体建立的私立学校组成。

中学阶段，公立中学教育是免费的。公民也可以就读私立中学，这类学校有波恩佩农业和贸易学校和泽维尔高中等。作为该国唯一的高等教育机构，密克罗尼西亚联邦学院提供各种两年制或三年制的准学士学位课程。

密克罗尼西亚在借鉴了德国、日本、美国的教育模式后，开始探索适合自己的教育模式：什么样的教育才能真正最好地满足本国人民的需要？密克罗尼西亚的经济一开始并不能满足教育系统不断增长的成本，国家一直在努力维护教育设施，向教师支付足够的酬劳和购买教育所需素材。但毕业生很难利用之前所接受的教育找到适合他们的工作，导致了许多人移居到其他国家。一些学者认为，密克罗尼西亚应该缩减教育投资以适应当地经济的发展水平，而另一些人认为不应该牺牲岛民受教育的权利。21世纪初，美国俄亥俄大学在政府的资助下，开始研究如何制定最适合密克罗尼西亚联邦的课程。

三、密克罗尼西亚的著名学校

密克罗尼西亚著名学校不多，本小节仅简要介绍最主要的两所学校。

（一）泽维尔高中（Xavier High School）

1953年，耶稣会创办了泽维尔高中。这里原本是一座德国教堂，1940年日本将其占领，并修建了一座类似堡垒的战时通信中心。该学校主楼由600毫米的钢筋混凝土墙和拱形钢门窗组成，曾奇迹般地躲过了美国轰炸机的两次直接袭击。

（二）密克罗尼西亚联邦学院

密克罗尼西亚联邦学院是一所多校区学校，拥有六个校区。国家校区位于帕利基尔（Palikir）和波恩佩（Pohnpeikh），另外在每个州都设有一个州立校区。位于雅浦的渔业和海事学院也隶属于该学校。

密克罗尼西亚联邦学院作为一所高等教育机构，秉承以学生为中心的宗旨，其提供的学术、职业和技术教育项目以持续改进和最佳实践为特点，在一定意义上促进密克罗尼西亚联邦的发展。

2005年，密克罗尼西亚联邦学院在校学生2400多人，教师约100人，并聘用了部分外籍教师。密克罗尼西亚学院设有6个学系，分别是农学系、商学系、教育系、语言文学系、自然科学和数学系、社会科学系。密克罗尼西亚学院提供两年制的准学士学位课程和一年制的证书课程，其中准学士学位课程包括文科、卫生保健、教育、传媒学、会计、农业基础、工商管理、计算机信息系统、幼儿教育、酒店和餐饮管理、海洋科学、密克罗尼西亚研究、小学师范教育、特殊教育、师范教育等；证书课程包括小学教育、特殊教育、教育领导学、社区卫生健康助理、社区卫生医疗办公室助理、通识教育、幼儿园师范教育、职业教育项目等。同时，密克罗尼西亚学院获得了西部学校与学院教育联盟下社区学院和大专学院评估委员会的认证。

四、国家最低能力测试政策

2006年2月，密克罗尼西亚联邦政府制定了密克罗尼西亚联邦国家课程标准。国家课程标准开发工作组成员由来自国家教育部，卫生、教育和社会事务部，四个州教育部与太平洋教育和学习资源的代表组成。这些标准为小学和中学特定年级的学生在语言艺术（英语和本国语）、数学和科学方面的学习成果设定了最低期望值。

国家最低能力测试（National Minimum Competency Test，NMCT）是国家级标准工具，用于评估中小学生相较于国家课程标准的学业表现。国家教育部，四个州教育部与太平洋教育和学习资源部在2010年共同制定了这些评估内容。国家最低能力测试包括两个部分内容：六年级、八年级、十年级的英语测试和四年级、六年级、八年级、十年级的数学测试。

以国家最低能力测试设定的标准为最低限度，每个州都可以拥有自己州的课程标准，并且各州可以测试他们各自的课程。各州也可进行包括高中入学考试，学业能力倾向测验（Scholastic Aptitude Test，SAT）、托福和职业倾向综合测验（Armed Services Vocational Aptitude Battery，ASVAB）在内的其他标准考试。所有申请密克罗尼西亚大学的学生还需要参加密克罗尼西亚大学入学考试（College of Micronesia Entrance Test，COMET）。

五、国家职业发展与技能培训政策

2010年1月26日，密克罗尼西亚联邦政府为保障高中阶段学生能够接受职业教育和其他技能培训，出台了国家职业发展和技能培训政策。主要规定了职业发展与技能培训相关课程的设置要点，并对相关项目的拨款来源作了说明。

（一）职业发展与技能培训要求

根据2008年密克罗尼西亚职业与技术教育课程标准和国家能源部的职

业和技术教育（Career and Technical Education，CTE）课程框架，密克罗尼西亚联邦政府国家教育部决定在全国公立学校开展职业发展和技能培训课程。针对不同年级，此类课程的培训侧重点也不相同。

针对四年级学生，注重其职业意识的培养。国家教育部应根据国家能源部的职业和技术教育课程框架或职业与技术教育课程标准，为四年级制定并实施培养职业意识的基本教学课程和活动。

对于五至八年级学生来说，职业探索能力尤为重要。国家教育部应根据国家能源部的职业和技术教育课程框架或职业与技术教育课程标准，为五至八年级开发并实施支持和促进职业探索的基础教学课程和活动。

就九至十二年级学生而言，职业路径的规划则应作为课程重点。国家教育部应按照以下要求为九至十二年级开发和实施职业和技术教育课程：（1）基础和过渡性技能——高中应重点向职业和技术教育领域招收的一、二年级学生提供语言艺术、数学、应用科学、技术和其他与职业发展和技能相关的课程。（2）职业学习——大三和大四学生应专注于选定的职业或职业领域，获得相应的既定学分。（3）申请职业和技术教育专业的新生，其小学成绩单的平均分数（Grade-Point Average，GPA）应不低于2.0。（4）对于学业水平有风险的学生，高中学校有权推荐他们参加职业技能培训，并对学生的学习能力和学习行为进行监控。（5）高中学校应帮助高年级学生通过职业和技术能力测试，以便他们在大学阶段继续接受职业和技术教育，或者进入当地或关岛的劳动力市场。

而关于上述各年级段的职业培训相关课程，其内容应包括但不限于以下方面：汽车技术，建筑施工，核算，电子产品，家庭与消费者科学，农业系统和产品，小规模捕鱼业，科学技术、工程和数学，旅游等，各学校应根据学生需求，进行职业培训相关课程的设置。

此外，根据密克罗尼西亚教师证书政策的规定，教授职业和技术教育课程的高中教师必须获得认证。凡符合其所在职业和专业学业要求的优秀学生，除学校颁发结业证书外，还会由国家教育部颁发职业和技术教育特殊证书。

（二）学校改进计划及拨款来源

为完善职业教育改进计划（Vocational Education Improvement Program，VEIP）和劳动力发展及技能培训（Workforce Development & Skills Training，WDST）补充教育，州教育部门应向高中提供资金支持，并将其他国内事业的发展和职业教育活动融入高中的学校改进计划。

六、教师资格认证法规

为建立教师资格认证的专业标准，密克罗尼西亚应制定教师认证法规。在与适用法律相一致的前提下，还可将其作为审批教师就业资格的决定依据。教师资格认证法规应适用于所有已获得政府许可或寻求许可的教师个人，并须按照密克罗尼西亚联邦法律中所载的相关行政程序要求颁布。

（一）国家教师资格认证要求

为贯彻密克罗尼西亚的教育方针，在教师资格的认证方面，当地政府制定了一系列规定和要求，用以保障教师队伍的教学水平，条款较多，本文罗列了教师资格认证较重要的三条标准：

● 必须获得密克罗尼西亚国家教育部颁发的国家教师证书，否则任何人不得在密克罗尼西亚联邦的任何一所中小学担任教师。

● 该证书将免费发给教师，其形式由秘书决定。

● 每一州的教育主任应确保密克罗尼西亚联邦公立和私立学校的所有教师都应按照法律及其本条例的要求获得正式认证并持有有效教师证书。对于未持有有效证书的教师，依照法律、法规规定，学校秘书有权保留或取消对这些教师的资格认证。

由此看来，密克罗尼西亚对于教师资格认证的标准比较完善，教师须持通过正规程序领取的有效教师证书才能到岗上任。

（二）申领资格要求

密克罗尼西亚联邦政府为保证教育质量，对国家教师资格证书申领资格提出了相关要求，主要涉及两方面。

一方面是最低学历限制。密克罗尼西亚所有学校要求教师（除职业技术教师外）的最低学历应达到文科准学士、理科准学士或应用科学准学士学位；而对于密克罗尼西亚所有学校的职业和技术教育教师来说，其最低学历应满足以下条件之一：（1）文科准学士、理科准学士或应用科学准学士；（2）获得高等教育机构认证的一年期职业和技术教育学院证书，并有四年相关工作经验；（3）熟练工人证书和两年相关工作经验。

至于非学位文化课教师、幼儿保育与发展教师、教师助理、学校图书馆员及其他符合国家规定要求的教师或助教，则可申请领取国家特殊教师证书。

另一方面，教育部长与国家教育主管部门合作协商设立了国家教师标准化考试（National Standardized Test for Teachers，NSTT）。该考试可用来审查申请特定类型的国家教师证书的候选人资格和某些特殊教学职位的候选人资格。

（三）国家教师资格证书的种类

密克罗尼西亚将国家教师资格证书分为六类。分别为国家临时教师资格证、国家基础教师资格证、国家中级教师资格证、国家高级教师证书（一级）、国家高级教师证书（二级），以及国家特殊教师资格证书。本小节将对其做相关介绍。

（1）国家临时教师资格证：对于一些只在特定时期执行短期教学任务的教师或具有大专以上学历的志愿者（如JOCV、World Teach、Peace Corps），可领取专门的临时证书，据规定，临时证书的使用年限为两年，且不得续期。

（2）国家基础教师资格证：初级证书颁发给具有准学士学位并通过国家教师标准化考试的教师，或具有职业和技术教育考试资格并通过国家教师标准化考试的职业和技术教育教师。有效期为四年，之后可根据国家规定更换新证。

（3）国家中级教师资格证：持有密克罗尼西亚联邦学院三年制教师预备（基础教育）证书并通过国家标准考试者，可领取中级证书。中级证书有效期四年，之后可经各自的州教育主管的推荐更换新证。

（4）国家高级教师证书（一级）：具有学士及以上学位并通过国家标准考试者，可领取国家一级高级证书。一级高级证书有效期四年，之后可经国家主管部门的推荐更换新证。

（5）国家高级教师证书（二级）：具有学士及以上学位，或具有专业知识，并通过国家标准考试者，可领取国家二级高级证书。二级高级证书有效期六年，之后可经国家主管部门的推荐更换新证。

（6）国家特殊教师资格证书：非学位文化课教师、幼儿护理与发展教师、教师助理、学校图书馆员或其他符合国务院规定要求的教师或辅助教师，可领取特殊证书。这种证书的有效期为两年，之后可根据各自的州教育主管的建议进行更换。

基于上述关于教师资格证书种类的详细划分，密克罗尼西亚建立了较为完善的教师资格证书申领体系。相关人员可根据自身情况及个人意愿申请特定类别的教师资格证书。对于不同的教师群体，密克罗尼西亚将按照以上标准将其归类并进行管理。

（四）国家教师资格证书的颁发

经过前期的证书申请、测试、资格认定及审核等程序后，最后为国家教师资格证书的颁发阶段。密克罗尼西亚国家教育相关部门履行法定职责，负责国家教师资格证书的颁发。为保证公平，密克罗尼西亚在此环节提出了一些要求。

首先，国家教师资格证书颁发前须经国家教育部长推荐，以保证其权威性；其次，国家教师资格证书应由国家教育部门颁发；最后，国家教育主管部门应确保所有申请资格认定的教师均符合规定的最低要求。

参考文献

[1] ABDULLAH K. Teaching with Educational Technology in the 21st Century: The Case of the Asia-Pacific Region[J].Turkish Online Journal of Distance Education, 2006, 7(2):321.

[2] TAREG A R C, MODESTE N N, LEE J W, et al. Health Beliefs About Tobacco with Betel Nut Use Among Adults in Yap, Micronesia[J]. International Quarterly of Community Health Education, 2015.

[3] BALLENDORF D A. Coming Full Circle: A New School for Micronesia [J]. British Journal of Educational Technology, 1974, 5(2):81-88.

[4] BEST B, BOUGHTON G J, KAROLLE B, MARTINEZ V, CAMACHO-DUNGCA B. The University of Guam's Experience in Delivering Distance Education in Micronesia[J]. Innovations in Education and Teaching International, 1990, 27(3): 253-256.

[5] CAPELL A. Education in Micronesia [J]. Educational Forum, 1950, 15(1): 79-92.

[6] SALVATORE C L. Cultural Heritage Care and Management: Theory and Practice[M]. London: Rowman & Littlefield Publishers, 2018:3-9.

[7] COLE G. South Pacific & Micronesia[J]. Lonely Planet, 2006.

[8] SANDY A J,et al. Mathematics and Culture in Micronesia: the Structure and Function of a Capacity Building Project[J]. Mathematics Education Research Journal, 2012, 25(1):43-56.

[9] ECLAC. Millennium Development Goals. Progress towards the Right to Health in Latin America and the Caribbean[J]. Libros y Documentos Institucionales, 2008.

[10] FALCONER G R , Peattie M R. Nan'yō : the Rise and Fall of the Japanese in Micronesia, 1885-1945[J]. Pacific Affairs, 1989, 95(3).

[11] MILLER F D, MICHAEL J M. Environmental Health Education in

Micronesia[J]. Asia-Pacific Journal of Public Health, 1989, Vol. 3, No. 1.

[12] Hamar R. A Plan for Development of a Career Education Model Tailored for Micronesia[J]. Journal of Career Development, 1982, 8(3):192-198.

[13] O'NEILL J G, SPENNEMANN D H R. Education and Cultural Change: a View from Micronesia[J]. International Journal of Educational Development, 2008, 28(2):206-217.

[14] KITALONG K S. American Anthropology in Micronesia: An Assessment by Robert C. Kiste, Mac Marshall. Pacific Affairs, 2001, 74(1): 148-149.

[15] WERLE K J S. Landscape of Peace: Mechanisms of Social Control on Lamotrek Atoll, Micronesia[J]. Springer VS, 2014.

[16] MONNIG L A. Steadfast Movement around Micronesia: Satowan Enlargements beyond Migration[J]. Pacific Affairs, 2011, 84(4): 821-822(2).

[17] BUEL R Jr. Making Micronesia: a Political Biography of Tosiwo Nakayama[J]. Pacific Affairs, 2014, 49(4):188.

[18] RODDY K. Sketch Grammar of Satawalese: The Language of Satawal Island, Yap State, Micronesia[D]. Honolulu: University of Hawaii at Manoa, 2007.

[19] NEICH R, ETHNOLOGY C O, MUSEUM A. The Pacific Arts of Polynesia and Micronesia[M]. NC: Oxford University Press, 2008.

[20] JAMES S. World Education Encyclopedia: A Survey of Educational Systems Worldwide (2nd edition)[J]. Reference Reviews, 2002, 16(8):18-19.

[21] MARLOWFERGUSON R . World Education Encyclopedia: A Survey of Educational Systems Worldwide [J]. 2002.

[22] TERRELL J E. The Archaeology of Micronesia. Paul Rainbird [J]. Journal of Anthropological Research, 2005, 61(2):276-277.

[23] RODY N. Things Go Better with Coconuts—Program Strategies in Micronesia[J]. Journal of Nutrition Education, 1978,10(1):19-22.

[24] NEICH R, ETHNOLOGY C O, MUSEUM A. The Pacific Arts of Polynesia and Micronesia[M]. London: Oxford University Press.

[25] SAIPAN, ISLANDS M, MICRONESIA. MCH Division Issues Guidelines on Programs of Continuinq Education for Nurse Clinicians. Ajn, American Journal of Nursing, 1975, 75(3): 368-379.

[26] BATES R. Handbook of Teacher Education: Globalization, Standards and Professionalism in Times of Change[J]. Zeitschrift fur Padagogik, 2007.

[27] VORSTMAN E L P. Social Justice through Multilingual Education [J]. Sociolinguistic Studies, 2012(6).

纽埃教育政策研究

陈颖[*]

作为国土面积最小的国家之一的南太平洋岛屿国家，纽埃（Niue）地处新西兰的东北方向，东邻汤加，南毗萨摩亚，西为库克群岛，领土面积大约 261 平方公里，人口约为 1600 人。受其人口规模的限制，教育相对于南太平洋地区其他国家而言略显落后。教育水平和成就是一个国家发展和生活质量水平的重要指标，与其人口因素、经济因素和社会因素紧密相连，高水平的教育也能够带来更好的劳动力和经济表现，教育对国家的发展起着至关重要的作用。

一、纽埃的教育现状

（一）纽埃的教育体制及学校概况

根据新西兰历史学家玛格丽特·伯恩特（Margaret Pointer）的研究，纽埃出生的英国传教士后裔马拉玛·海德（Malama Head）通常被称为"纽埃教育之母"。20 世纪初，马拉玛曾于 1915 年依托她协助筹建的基督复临安息日教会，首次在纽埃开办周日学校，使学校教育成为纽埃国民社会生活

---

[*] 陈颖，铜仁学院国际学院教授。

中的重要组成部分（吴平等，2019:125）。1901 年，纽埃成为新西兰的殖民地，公立学校才逐渐代替教会学校。1909 年，纽埃政府建立了第一所公立小学。

现在，纽埃政府非常重视教育，教育部是最大的政府部门，拥有 64 名雇员。依照法律规定，纽埃对 5—14 岁儿童实行免费义务教育，教育体制分为学前教育、小学教育、中学教育、高等教育和特殊教育。学前教育适龄儿童年龄为 4 岁，入学第一年至第六年为小学教育，第七年至第十三年为中学教育。不过，在纽埃的一些村庄学前教育中心可以接收 4 岁以下的儿童入学，也被正式列入国家教育系统。除此之外，纽埃一些村庄仍然存在周日学校，举办各种宗教学习（Niue Census of Population and Households, 2011）。

目前，纽埃共有三所正式的教育机构，其中包括学前教育和纽埃小学（Early Childhood Education/Niue Primary School）、纽埃高中（Niue High School）两所公立学校，以及南太平洋大学纽埃分校，通过当地教师面授和互联网课程、网络公开课程等形式开展高等教育。纽埃小学是纽埃岛唯一的一所小学，位于首都阿洛菲。在 20 世纪 50 年代至 70 年代，纽埃共建有 8 所小学，但是由于儿童数量的减少及教师的流失，1989 年纽埃政府将 8 所小学合并成一所，并命为名纽埃小学。纽埃小学采用新西兰的教育体制，引进新西兰的课程体系，并实行纽埃语和英语双语教学。儿童 4 岁开始学前教育，5 岁进入纽埃小学，直至完成 6 年小学义务教育。纽埃小学的师资大部分为传统的纽埃人，小学教学比例为 1:18。

纽埃教育系统不仅采用新西兰的教育课程体系，同时也遵循新西兰的教育分级，比如，中学教育水平资格，采用新西兰资格认证局（New Zealand Qualifications Authorities）的国家教育成就证书（National Certificate of Educational Achievements, NCEA）的 1 级、2 级、3 级，以及高等教育院校等资格，类似于联合国 1997 年的国际标准教育分级。为了配合新西兰中高等教育的评价机制，纽埃中学课程采用新西兰的中级教育体制和课程设置，学生应当在七至九年级取得旅游二级大学入学证书后，在十年级获得十年级证书或国家教育成就证书的 1 级，并且需要分别在十一年级、十二年级、十三年级取得国家教育成就证书的 1 级、2 级、3 级，新西兰教育认证机构承认纽埃学生在纽埃境内的学业成绩。基于新西兰的课程体系，纽埃的中学教学同时也增加了一些符合太平洋岛屿教学环境而特别设置的课程。和小学相比，高中的外籍教师相对较多，占所有高中教师的40%，他们主要来自新西兰和菲律宾等其他太平洋岛国，中学的教学比例为1∶20（New Zealand Ministry of Foreign Affairs and Trade, 2015）。

纽埃境内没有专门的高等教育学校，通过与新西兰等附近国家合作，由政府设立奖学金或提供教育贷款鼓励和推荐学生到国外大学学习。在高中最后一年获得新西兰资格认证局的国家教育成就证书3级水平和大学入学证书的学生，由政府的奖学金资助到新西兰、斐济或其他南太平洋国家接受高等教育。回国后可成为医生或护士、工程师、技师、教师和机械师等，也可到政府部门工作。

特殊教育是为了满足有特殊教育需要的学龄儿童受教育，旨在发展他们的潜能，使他们增长知识、获得技能、完善人格，增强社会适应能力，成为对社会有用的人才。针对患有身体或心理残疾的儿童，《纽埃教育法》（Niue Educational Act, 1989）明确规定，学校和父母有责任为有特殊教育需求的儿童提供有效和适当的教育，可采取措施将孩子送往特殊学校、特殊班级或能提供特殊教育的其他机构。

纽埃教育体制情况，见表1。

表1 纽埃教育体制

教育等级	类型	年级/证书
基础	幼儿保育教育	0—4岁
学前教育（纽埃小学）	4—5岁	
小学教育	一至六年级	六年级证书
中学教育	中学七至九年级	旅游2级大学入学证书
十年级		十年级证书至国家教育成就证书1级
十一年级	国家教育成就证书1级	
十二年级	国家教育成就证书2级、旅游2级证书	

续表

教育等级	类型	年级/证书
十三年级	国家教育成就证书3级、大学入学	
高等教育和培训	高等教育	基础研究文凭证书（2—3年） 学士学位（4年） 硕士学位（2—4年） 博士学位（4年）

数据来源：Pacific-Leads: Niue, 2015。

（二）纽埃的儿童入学率

纽埃的教育部门由学前教育、小学教育和中学教育（7—13岁）组成。1989年的《纽埃教育法》规定的纽埃儿童学龄为5—16岁，有些中小学学生年龄可达21岁。虽然法律规定入学年龄为5岁，但在20世纪90年代中期纽埃政府也同意学前教育中心接收4岁儿童入学，但因不是所有0—4岁年龄段的儿童具备入学条件，所以4岁以下儿童的入学率在18%；针对5—14岁的儿童，纽埃政府为其提供免费的义务教育，并且要求适龄儿童必须接受学校教育。所以尽管教育法的第29条规定，儿童到达14岁父母或监护人可以让儿童不再接受学校教育，但纽埃5—14岁的儿童的入学率仍高达100%；15—16岁年龄段的青少年不再强制性入学，所以入学率只有90%；处于高中最后一年的17岁青少年入学率大概在64%，甚至低于18岁及以上的学生入学率。因为教育法规定适龄儿童必须入学，所以纽埃的入学情况几乎不存在任何性别差异。2011年的纽埃人口普查学龄儿童入学率情况，见表2。

表2 学龄儿童群体入学率（按性别）

学龄段	学校入学人数（人）			总人口	入学率
	男	女	共计		
学前教育 0—4岁	14	11	25	138	18%
小学（Y1-Y6）5—16岁	69	87	156	156	100%
中学（Y7-Y9）11—13岁	33	39	72	72	100%
高中（Y10-Y13）14—17岁	46	35	81	90	90%
高等教育（Y14+）18岁以上	15	8	23	73	32%
总计	117	180	357	554	64%

数据来源：Niue Census of Population and Households，2011。

（三）纽埃的学历层次及教育成就

纽埃的多年义务教育促进纽埃人口受教育比例的提升，成效比较高。根据 2011 年的纽埃人口普查（Niue Census of Population and Households, 2011）中的教育学历层次数据，尽管学龄儿童入学率达 100%，但还有非常小的一部分纽埃人和居住者没有受过正式教育。就纽埃人口的教育学历层次而言，人口普查结果也并不像人们认为那么高。15 岁及以上年龄的居住者有 80% 取得某种形式的初级、中级和高等教育学历，20% 未获得任何正式的学历，在这 80% 的人当中，10% 的人拥有初级以上学历，36% 的人获得大学入学证书或国家教育成就证书（NCEA）的 1 级、2 级、3 级证书，还有 11% 的人拥有技能测试证书，大学学历仅占 25%。近年来，受高层次学历给人们带来的显著收入差异影响，纽埃的高等教育和学历水平都有所上升。

（四）新西兰对纽埃教育的支助

纽埃是世界上受援助最多的国家之一，国外援助高达其国内生产总值的 80%，而大部分援助来自新西兰。1974 年，纽埃正式独立为自治国家，与新西兰保持自由联系，应纽埃政府要求，新西兰政府可协助处理其防务和外交事务。根据 1974 年的纽埃宪法法案及有关纽埃独立的相关文件的规定，新西兰有义务向纽埃提供必要的军事、防务、外交及经济援助，有权向纽埃派出高级专员，协助纽埃政府处理相关事务。在以纽埃政府自治的前提下，新西兰的协助和参与主要通过向纽埃提供公平和有效的公共服务方面的合作来保证纽埃人民能够享有繁荣、健康和安全的生活。两国政府在 2019 年签署了伙伴关系，制定了两国在共同优先发展领域的合作原则和优先事项。作为自由联系国家，新西兰与纽埃政府在公共服务上的长期合作对纽埃的教育发展也产生了深远的影响。

纽埃教育部从 1995 年开始实行新西兰的课程体系，不仅学生可获得新西兰的国家教育成就证书，教师也可得到新西兰的培训。

另外，纽埃教育部的预算非常有限，大部分的拨款都用于支付部门职员的工资。比如，纽埃 2012 年的教育年度预算为 174 万纽币（约 102 万美元），仅占政府年度预算的 5.6%，预算中还包含教育部 60 多名职员的薪金支付，以及纽埃境内两所公立学校的运营费用（New Zealand Ministry of Foreign Affairs and Trade, 2015）。新西兰每年通过教育支援计划向纽埃提供 20 万纽币（约 12 万美元）的部门预算支持，用于继续改善和维持纽埃的学前、小学和中学教育质量，加强教师培训和绩效管理、提高教学质量、改善信息和通信技术（Information and Communication Technology）、提供步入职业生涯的学习途径、制定政策、制订特殊教育计划和提供设备等。

新西兰对纽埃的支助相当灵活，每年在收到纽埃政府的年度工作计划和详细预算之前就会以适当的业绩指标为其提供部门预算支助。新西兰每年 20 万纽币的持续教育支助基本上是纽埃教育部可动用的唯一重大非薪金支出，对纽埃教育质量的提高非常关键。针对新西兰后续的支助方案进展和纽埃教育问题，新西兰外交部和纽埃教育部的高级代表还专门在 2015 年举行过焦点小组讨论（New Zealand Ministry of Foreign Affairs and Trade, 2015）。

二、纽埃的教育政策

（一）战略政策

高质量教育是改善人们生活和可持续发展的基础，纽埃政府充分意识到教育对国家发展的重要性，并致力于全面优质国家教育，促进全民终身学习。纽埃政府以《纽埃可持续发展计划》《纽埃千禧年发展目标》《联合国教科文组织全民教育目标》等为依据，结合国际、国内、区域政策的发展方向，分别制订纽埃国家战略计划和纽埃教育战略计划，对教育发展提出了具体的发展目标和实施策略。

1. 纽埃国家战略计划

国家战略是一个国家对未来发展方向作出的中长期规划，是为实现国家总目标而制定的总体性战略概括。2016—2026 年的纽埃国家战略计划（Niue National Strategic Plan 2016-2026）围绕"共同保护人民和环境"的战略主题，提出了"繁荣纽埃"的愿景和七个国家发展支柱（金融和经济发展、善政、基础设施、环境、社会、Taoga Niue 和私营部门），为纽埃政府各部门规定了发展方向和优先事项。纽埃政府始终坚持终身学习是国家通向繁荣的道路，教育是促进和实现国家发展的重要手段，也是实现繁荣纽埃愿景的关键。教育被列为政府的主要财政优先事项之一。

秉承全面优质教育，促进终身学习的理念，国家战略计划将教育的总体目标定为"在安全的学习环境中为儿童提供优质均衡的教育服务，使儿童成为自信、有能力的学习者和沟通者，成为健康、快乐和负责任的社区成员，并为学校和社会做出宝贵贡献"。战略计划将环境、教育服务、学习能力、社会参与等多重因素作为关注点，强调教育应该营造健康的儿童学习环境、培养儿童的学习能力、沟通能力和参与社会贡献社会的能力。

2. 纽埃教育战略计划

纽埃政府始终将教育放在国家重要的战略位置，认为教育是培养儿童学习能力、提高国家儿童学习成就和实现国家民族志向的关键途径。纽埃教育战略计划（Niue Education Strategic Plan 2005-2010）提出"终身学习是通向繁荣的道路"愿景，将"使学习者能够应对变化，作出适当的道德选择，成为终身学习者和负责任的公民"作为教育服务的目标，制定国家教育的三个战略目标：（1）提高教育质量和儿童的学习成就；（2）确保和提升纽埃人民的独特身份意识；（3）提高教育系统治理和管理的有效性。基于战略目标，计划还分别从教育课程、教学质量、儿童学习能力和公平教育；纽埃语和纽埃文化的教育；教育服务、人力资源管理，以及教育部门、父母和社会之间的联系等方面对实现战略目标的具体策略进行了详细的描述，并细化到多条具体实施行为及其相对应的预期成果指标。

纵观纽埃国家战略计划和教育战略计划，纽埃政府不仅强调优良教育环境下儿童知识能力和学习能力的培养，同时在一些具体的策略实施行为中将本土语言和文化、技术教育融入课程体系，重视学生对本土文化的掌握和使用，以及社会技能的培养。

结合纽埃国家的战略领域，太平洋共同体秘书处人类发展方案专门制定了《纽埃国家青年政策2003—2008》,后经过修改和补充,形成了《纽埃国家青年政策2009—2013》(Secretariat of the Pacific Community, 2009-2013),这也为纽埃政府和相关利益者对推动青年的发展提供了政策实施行为的指导依据。该方案提出了八个政策目标,反映到教育和文化领域的目标是提高青年劳动力的技能和增强青年对纽埃文化和精神价值观的意识、接收和推广。

虽然纽埃政府将文化和技能培训仍纳入新时期的国家战略计划中,其实,从纽埃现行的教育政策中我们发现,纽埃已经在语言教育和信息与通信技术培训方面制定了相关政策,投入于具体的实施当中,并已初见成效。

(二)纽埃的本土语言教育政策

1. 纽埃的语言使用情况

纽埃于1974年正式独立为自治国家,与新西兰保持自由联系,应纽埃政府要求,新西兰政府可协助处理防务和外交事务,纽埃人同时享有纽埃和新西兰双重公民身份。纽埃在19世纪和20世纪上半叶先后为英国和新西兰的殖民地,现为使用纽埃语和英语的双语国家,英语作为纽埃人对外交流的官方语言,纽埃语为日常生活用语。据统计,纽埃整个国家使用纽埃语和英语两种语言的人占全国人口30%,只使用英语的人占总人口的11%,而纯纽埃语使用者高达总人口的46%。

受本国自然条件、经济水平和教育水平等问题的影响,不少纽埃人移民新西兰。随着纽埃与其他国家交流日益频繁,尤其是随着新西兰与纽埃之间一系列外交政策的出台,大量的纽埃人以新西兰为中心,移民海外。根据新西兰官方统计,生活在新西兰的纽埃人当中,仅有28%的人能够使用纽埃语交流,而且这个数字正逐年减少(刘凤山,2014)。

2. 纽埃双语教育及课程体系中的纽埃语教育政策

纽埃语起源于西波利尼西亚语族,是一种独特的波利尼西亚语。它与西波利尼西亚语族的汤加语、萨摩亚语和普卡普坎语语言有许多相同的特点,但与汤加语的关系更密切。纽埃语在19世纪50年代最早被记录成书面语，1970年正式出版纽埃语字典，而后还出版了由沃尔夫冈·B. 斯珀利奇（Wolfgang B. Sperlich）编纂的纽埃语和英语双语版的纽埃语字典，现仍有专家对纽埃语字典进行进一步的编纂和修改。这一重大成就无疑对阻止纽埃语语言和文化的消逝起着重要的作用。

语言作为文化的载体，在一个国家的文化传承和延续中不可或缺。作为母语学习者，学习语言可以更好地了解国家的传统语言，建立他们的身份意识和民族文化价值观，参与社会和接触社会团体。纽埃政府把纽埃语作为其民族文化的重要组成部分。Fisk（1978:11）提出，"纽埃需要通过延伸纽埃语的学校教授，以及鼓励对纽埃语历史、神话、传统、音乐的记录和编纂纽埃的习俗和法律，加强纽埃本土价值观的传承"。

纽埃的学校教育一直采用新西兰课程体系，英语是教学语言。纽埃政府为了保护国家的传统语言和文化传承及沿袭，极力推进纽埃语学习教育政策。虽然学校教育采用新西兰课程体系，但纽埃儿童在入学之后一直学习纽埃语，直到小学第4年之后，英语才成为教学语言。这种双语教学模式现也已成为纽埃的教育特点之一（New Zealand Ministry of Foreign Affairs and Trade, 2015）。2004年，纽埃教育部部长塔瓦·通加图勒（Tiva Togatule）进一步提出，希望将纽埃语和纽埃文化融入新西兰的课程体系中，从而提升纽埃语在本国正规教育体系中的地位。新西兰资格认证局也同意在证书评估中引入纽埃语，并将纽埃语和纽埃文化纳入新西兰课程体系。2007年，新西兰教育部正式出版《新西兰课程体系中的纽埃语》（New Zealand Ministry of Education, 2007），作为指导性文件为纽埃的学前教育、初级学校和中级学校制定纽埃语教学计划提供了依据。

《新西兰课程体系中的纽埃语》强调培养学生在交际中的纽埃语语言实际运用能力，它对学习者在纽埃语学习过程中应获得的基本技能目标进行了具体的描述，其中包括利用纽埃语进行交际、计算、表达信息、解决问题、社交和合作、工作和学习等实际的运用技能。纽埃语学前教育课程体系框架和学校教育课程体系框架也都反映了学习者在口语、写作和视觉语言技能，以及文化学习方面的交际需求。

《新西兰课程体系中的纽埃语》为学前教育阶段的纽埃语教育提供了整体框架，提供了将纽埃语和文化融入学前教育的方法，并从健康、归属感、贡献、沟通和探索五个方面设定了对学前儿童的语言学习期望。针对初级教育和中等教育学校，《新西兰课程体系中的纽埃语》将纽埃语学习划分为八个等级，从而体现纽埃语学习在学校教育中的进展和连续性。而且，从语言目标（集中体现在口语、书面语和视觉语言），文化目标（体现在文化学习），以及交际目标（基于学习者可能在日常生活中所处的语境和正式语言使用的特殊场合）三个方面对学习者在不同等级的成就目标进行了阐释，明确了学习者在学习纽埃语的每个阶段将达到的基本语言技能和知识技能要求，其中包括听、读、看的输入技能，说、写、呈现或表演的输出技能，以及掌握技能使用的语境知识。它强调了纽埃语教育中语言与文化之间的联系，同时也强调学校教育与社会团体（家庭、教堂和社会环境）之间的联系在拓展纽埃语的教学上的重要性。

《新西兰课程体系中的纽埃语》同时还推行师生在纽埃语学习中使用信息与通信技术（ICT）以获得更多的语言学习机会，鼓励教师通过ICT使用更多的混合式教学手段，如让学生进行小组学习和同伴评价。希望纽埃语学习者使用文字处理程序，通过网络访问交互式语言学习程序获得信息，并通过互联网与其他语言学习者建立联系，把纽埃语网络交流作为日常生活的部分。

（三）纽埃的信息与通信技术（ICT）教育政策

为了促进国内的经济发展，增加就业机会并保留纽埃的居民数量，纽埃政府曾提出ICT产业发展的政策愿景，并在1999年正式成立纽埃国家信息技术委员会，专门向纽埃政府就创建ICT产业的战略提供咨询意见。纽埃政府也制定了相应的教育政策来培养、训练和保留国内的ICT人员，以期通过教育能从ICT经济带来的机遇中受益。

虽然纽埃的互联网访问受限频繁，但所有公立学校的学生都能接触到电脑技术，学校针对七至十二年级的中学生的课程大纲还专门设置了计算机课程。除正规的学校教育外,纽埃政府还通过各种非正规的教育部门开展一系列的信息与通信技术能力培训:(1)在新西兰的一些大学的纽埃教师培训中,纳入信息与通信技术培训内容;(2)纽埃网络用户协会(IUSN)制作互联网培训视频免费向公众开放;(3)通过南太平洋大学(USP)中心给公众提供短期课程,内容涵盖微软办公软件培训和有关数据库的课程;(4)政府举办的网页设计研讨会,公众同样可以参加;(5)持续的培训和发展需求在 2001 年被确定为纽埃国家信息与通信技术战略,利用纽埃高中、USP 中心和政府等现有机构优先培养员工;(6)邀请顾问和专家开办工作坊与信息和通信技术培训班,并且经常应政府要求由援助机构派送到纽埃岛进行公众培训;(7)专门特设纽埃网络用户协会志愿者,协助纽埃政府信息系统办公室进行软件和数据库的开发,同时还需负责培训当地员工,学习编程、个人电脑的网站创建和维护等技术。

三、纽埃教育存在的问题

尽管纽埃强调全面优质国家教育,促进全民终身学习的理念,将教育放在国家的重要战略位置,并制定详尽的教育政策对教育发展和实施进行统筹计划,但有限的教育经费、落后的经济发展和恶劣的自然环境使得纽埃的教育面临各种挑战。纽埃教育仍然存在以下几方面问题。

(一)教学环境恶劣

纽埃位于南太平洋地区飓风带的边缘处,每年 12 月到次年 4 月之间经常遭受台风、飓风的袭击。据统计,平均每隔七年,纽埃就要遭受一次大规模飓风的袭击(刘凤山,2019// 吴平,2019)。灾害和气候是阻碍纽埃国家平等获得高质量教育的因素之一。纽埃 2010 年国家灾害规划(Niue National Disaster Plan, 2010)概述,在"黄色警报"(预警阶段 2,风暴警报)期间,应在学校将儿童集中管理或在开学前将其留在家中。2003 年,飓风"赫塔"几乎将整个岛屿摧毁,纽埃小学受损严重。2015 年 11 月,澳大利亚投资 420 万澳元捐建的新小学落成，2016 年 1 月正式开放，后续监管和其他教育帮扶项目由新西兰承担，以保护学校和学生免受未来影响沿海地区最多的自然灾害的影响。

（二）依赖政府开发援助（Official Development Assistance）

纽埃受其自然条件及经济条件的限制，不得不寻求国际社会的财政支持和经济援助，虽然一直积极探求国际合作，谋求经济发展，但收效甚微。纽埃的教育发展一直严重依赖官方发展援助，先后接受澳大利亚、新西兰等国的资金援助。澳大利亚教育部门对纽埃资助的增加更是让纽埃的官方发展援助从 2011 年纽埃政府自身教育支出的占比约 75% 猛增至 2012 年的近 250%（New Zealand Ministry of Foreign Affairs and Trade, 2015）。尽管如此，政府教育拨款预算的绝大部分用于教师工资，教育部门仍然受有限财政资源的限制，无法为教育发展提供资金支持。此外，援助资金的管理、报告和烦琐的采购审批流程给纽埃教育部职员增加了沉重的工作负担，导致方案执行延误。

（三）人口流失严重，师资缺乏

自 1966 年以来，纽埃民族先后经历了几次移民浪潮，致使人口一直下降，人口流失严重。究其原因，一是受本国自然条件、经济水平、教育水平等问题的影响，人们为了寻求更好的生活或为子女得到更好的教育；二是新西兰提供了非常便利的移民政策和大量的就业机遇；三是受全球气候变化的影响，纽埃经常遭受严重的自然灾害；四是交通的便利（刘凤山，2014）。根据南太平洋新闻 1997 年发布的数据，青年是移民的主体，这也意味着纽埃岛上的适龄劳动青年大大减少（Southpac News, 1997）。

移民导致纽埃人口流失，同时，纽埃教师的留存成为纽埃教育存在的另一大问题。为了保证高质量的教学，纽埃教育部通常与新西兰合作进行纽埃教师的职业技能培训，提升教师的教学技能和知识。然而，随着教师技能的持续提高，越来越多的教师迁往或留在新西兰。根据纽埃国家方案评估（New Zealand Ministry of Foreign Affairs and Trade, 2015）数据，在新西兰接受培训的纽埃教师中，大约只有十分之一的教师会返回纽埃，其主要原因还是薪资的提高。这导致纽埃的教学力量大大流失，教育部不得不大量雇用外籍教师，特别是中学教师，大约40%的教师来自太平洋其他岛屿、菲律宾和新西兰。受教育人群和技术人才的流失严重阻碍了纽埃发展目标的实现。

（四）纽埃语和文化意识的衰退

语言不仅是交流的工具，更象征着人们及团体间维持关系的文化核心价值观。纽埃语是纽埃身份和纽埃文化的一部分，在纽埃被看作是重要的财富。纽埃分别在19世纪六七十年代和20世纪前半叶先后经历英国和新西兰的殖民时期，殖民等不断变化的因素对纽埃语言的存续产生了重大影响，英语成为纽埃学校教育的教学语言和对外交流的官方语言，这对本土语言和文化的发展起到一定的阻碍作用。同时，纽埃经历的几次移民浪潮不仅致使纽埃岛的人口骤减，也对纽埃语和纽埃文化的发展产生了消极影响，一定程度上造成了纽埃人的语言、文化意识、民族精神价值的衰退和缺失。虽然2011年的人口普查数据显示纽埃岛的纽埃语使用者人数呈现喜人的趋势，但根据新西兰官方统计，生活在新西兰的纽埃人当中，仅有28%的人能够使用纽埃语交流，而且这个数字正逐年减少。移民后代对纽埃文化知之甚少，对自己新西兰身份的认同超过对纽埃身份的认同（刘风山，2014）。

四、未来的发展

尽管纽埃教育面临综上所述的诸多问题，但在世界全球化的趋势下，纽埃积极保持和开展与各国的交流合作，并进一步寻求新的合作和发展机遇，为纽埃走向繁荣的未来奠定基础。纽埃独特、未受破坏的原始沿海环境被国际社会公认为可持续发展的环境实践的灯塔，得天独厚的地理环境和自然风光为纽埃旅游业发展奠定了良好的基础。近年来，在新西兰的帮助下，纽埃的旅游收入有了显著的增长，并成为纽埃的第二大收入来源。2012—2014年，纽埃旅游入境人数增长了2869，增长率为43%，2013年，旅游业为纽埃经济创造了530万纽币（约313万美元）的收入，约占当年国内生产总值的25%；高于2010年的220万新西兰元（New Zealand Ministry of Foreign Affairs and Trade, 2015）。此外，中国政府提出"一带一路"倡议以来，南太平洋地区成为"21世纪海上丝绸之路"的自然延伸，这也为纽埃带来了发展机遇，赴纽埃旅游的中国游客数量的增加，在某种程度上也推动了其旅游业的发展，给纽埃国内的经济发展注入活力（吴平等，2019:140）。

旅游业的持续增长被纽埃政府视为经济发展的动力，这无疑也给纽埃的教育带来了新的发展机遇。一方面，纽埃在教育战略计划的制定上，大力发展职业教育与培训，根据太平洋区域提供基础教育项目倡议制定技术和职业教育及培训课程框架，解决学生在技能型专业优先领域的学习问题。培养对技能型专业感兴趣并具备必要技能的年轻人，从而满足国家经济发展的人力资源需求。另一方面，随着纽埃与世界各国的多元合作，作为纽埃人的独特身份意识的加强对纽埃在国际社会的发展也变得更为重要。在经历几次移民浪潮后，新西兰已经成为纽埃人远离家乡的新家园，这一事实也使得纽埃政府意识到国家必须在语言和文化复兴上做出努力。纽埃认为文化知识是成功学习的基础，纽埃文化的浸润是未来纽埃语言再生驱动力的一个关键因素，因此在《纽埃国家战略计划2016—2026》中，纽埃政府将纽埃语和纽埃文化作为七大发展支柱之一，并计划在将来纽埃的学前教育直至中学教育中进一步发展语言和文化课程，以确保和提升纽埃人的身份认同。为了纽埃语言的未来和纽埃的独特文化遗产，纽埃其他事务都会让步于加强纽埃语言和文化的学习和发展，将其作为国家发展的驱动力。

参考文献

[1] Niue Education Strategic Plan (2005–2010) [Z]. Department of Education, 2005.

[2] Education Act 1989. Niue Laws [Z]. Vol. 2, 2006.

[3] FISK E K. Island of Niue Development or Dependence for a Very Small Nation[J]. 1978.

[4] Niue Census of Population and Households 2011[Z]. Government of Niue, 2011.

[5] Vagahau Niue in the New Zealand Curriculum[Z]. New Zealand Ministry of Education, 2007.

[6] Evaluation of the Niue Country Programme[Z]. New Zealand Ministry of Foreign Affairs and Trade，2015.

[7] Niue[R]. Pacific-LEADS: Niue, 2015.

[8] Wikipedia, the Free Encyclopedia. Niue[EB/OL].(2021–04–02)[2022–09–20]. https://en. wikipedia.org/wiki/Niue# Government_ and_ politics.

[9] Niue Moves to Expand Niuean Culture in Education[R]. Pacific Islands Report, 2004.

[10] Department of Education. Niue National Strategic Plan (2016–2026)[Z]. 2016.

[11] Secretariat of the Pacific Community. Niue National Youth Policy (2009-2013)[Z]. 2009.

[12] Niue: Awareness Workshop on Population and Development[J]. Southpac News, 1997, Vol. 5(1).

[13] 刘风山. 纽埃的社会变迁及其民族、文化的迷失 [J]. 太平洋学报, 2014, 22(11): 63-69.

[14] 纽埃国家概况 [EB/OL]. 中国外交部 .(2019-10-01)[2022-12-15]. https: //www.fmprc.gov.cn/web/gjhdq_676201/gj_676203/dyz_681240/1206_681616/1206x0_681618/.

[15] 吴平，岳晶晶，孙昊宇. 太平洋岛国国情研究 [M]. 北京：时事出版社，2019:120–140.

萨摩亚教育状况概览

张旭*

一、引 言

萨摩亚独立国（the Independent State of Samoa，简称萨摩亚），原称西萨摩亚，占据萨摩亚群岛的西部及大部，与由美国统治的东萨摩亚共属同一文化。虽然面积不大，但西萨摩亚曾经在国际事务中发挥过远超其体量的重要作用（Berendsen，1936），作为南太岛国中史上首个取得独立、现今法制程度较高的国家，其国家和教育现状在诸多太平洋岛国中都具有典型性和代表性。本文试图对萨摩亚的国家教育状况做综述性概览，以期对南太地区的整体教育现状提供宏观参考。

二、国家概况

萨摩亚独立国陆地面积 2820 平方公里（其中可耕种土地占 43%）（Samoa Bureau of Statistics，2018），海洋专属经济区面积 12 万平方公里，位于太平洋南部萨摩亚群岛西部，由乌波卢（Upolu）、萨瓦伊（Savaii）

---

* 张旭，北京语言大学英语学院副教授，太平洋岛国研究中心研究员。

两个主岛和附近的马诺诺（Manono）、阿波利马（Apolima）、努乌泰雷（Nuutele）、努乌卢瓦（Nuulua）、纳木瓦（Namua）、法努瓦塔普（Fanuatapu）、努乌萨菲埃（Nuusafee）、努乌洛帕（Nuulopa）等八个小岛组成。首都阿皮亚（Apia）是全国政治经济文化中心，也是萨摩亚唯一的城市。官方语言为萨摩亚语，通用英语。

根据萨摩亚统计局2016年人口与住房普查数据（Samoa Bureau of Statistics，2018），萨摩亚有人口195979，77%人口居住在乌波卢岛，其中25%在首都阿皮亚市区，其他人口多分布在海岸沿线的小村庄。萨摩亚人口绝大多数为萨摩亚人，属波利尼西亚人种；还有少数其他太平洋岛国人、欧洲人和华裔，以及混血人种，少数族裔多集中在阿皮亚。多数居民信奉基督教。

萨摩亚历史上曾有多次被占领、被殖民的经历。据资料记载，3000年前已有萨摩亚人在此定居。约1000年前萨摩亚曾被汤加王国征服；19世纪中叶，萨摩亚先后被英、美、德国侵入，后西萨摩亚沦为德国殖民地，东萨摩亚由美国统治；第一次世界大战爆发后，西萨摩亚被新西兰占领，直到1954年开始内部自治。1962年，西萨在太平洋岛国中率先独立，定国名为"西萨摩亚独立国"。1997年，更名为萨摩亚独立国。

萨摩亚至今仍保留了浓厚的波利尼西亚传统文化气息，社会结构上还是部落制，很大程度上保留了20世纪著名人类学家玛格丽特·米德（Margaret Mead）1928年笔下所描绘的充溢着的"普遍的随和性"（2008），但是在全球化的浪潮冲刷中，萨摩亚社会也在快速向现代化转变，成为传统与现代相融合的社会。

2018年，萨摩亚被联合国从最不发达国家（Least Developed Countries）名单中除名，现今的萨摩亚为中等收入国家，2017年人均GDP为11030塔拉（相当于5700美元）。根据联合国开发计划署2018年人类发展报告（United Nations Development Programme，2018），萨摩亚人类发展指数在187个国家排名第104位，居中等人类发展组别。

萨摩亚大约37%的劳动年龄人口从事正式有偿工作，其他劳动力从事农村基本农业活动①，这也是萨摩亚经济的主要部分。萨摩亚国内生产总值（GDP）多来自旅游业（25%）、侨汇（25%）及国外援助（Ministry of Education, Sports and Culture, Samoa Qualifications Authority, & National University of Samoa, 2020:21）②。虽然萨摩亚是个独立国家，但仍然大量依赖主要来自澳大利亚和新西兰的国外援助，经济依赖进口，贸易逆差明显。

萨摩亚的经济增长曾因为渔业和建筑业的大幅改善及一次性大型体育赛事的举办，在2015—2016年达到8.1%的峰值。2016—2017年，增长率回落至2.5%，2017—2018年为1.8%。建筑业、农业和旅游业被视为国内消费、出口和创造就业的增长潜力行业。萨摩亚财政部部长在2019/2020年度预算讲话中曾提到，全球经济变化及气候变化都给萨摩亚经济带来风险（Ministry of Education, Sports and Culture, Samoa Qualifications Authority, & National University of Samoa, 2020:21）；作为一个小岛屿国家，萨摩亚经济很容易遭受自然灾害的影响，频繁的飓风和洪水对其交通和通信基础设施、农业、能源、旅游业及教育服务业都造成严重破坏，其经济状况密切反映了自然灾害造成的破坏、灾后重建和恢复的周期。

三、基本教育数据

虽然经济增长受限，但在太平洋岛国中，萨摩亚被广泛认作是国家治理的一个模范，其教育水平在南太岛国中也属于比较高的，1997年人口识字率已达98%，居太平洋岛国首位（倪学德，2015:125）。

萨摩亚的教育体系分为四个层级：幼儿教育、初级教育、中等教育、继续教育与培训。《2019—2024年教育部门规划》（Ministry of Education,

---

① 2011年的统计数据是22%的人口从事正式有偿工作，三分之二劳动力从事农村基本农业活动（Ministry of Education, Sports and Culture, Samoa Qualifications Authority, & National University of Samoa, 2013: 9）。

② 此部分数据除特别标注，均来自Education Sector Plan 2019–2024（Ministry of Education, Sports and Culture, Samoa Qualifications Authority, & National University of Samoa, 2020）。

Sports and Culture, Samoa Qualifications Authority, & National University of Samoa, 2020）在扉页列出了萨摩亚教育的基本数据，可为萨摩亚教育状况提供总体概览，见表1。

表1　萨摩亚教育基本数据

阶段		幼儿教育	初级教育	中等教育	继续教育与培训
根据教育程度划分的年龄组		3—5岁	5—12岁	13—17岁	16岁及以上
教育培训机构数量（个）		126	168	42	26
接受正规教育学生人数（人）		5111	42706	16000	4777
接受正规教育学生比例（%）		8	62	23	7
教学人员人数（人）		435	1406	1026	435
教学人员比例（%）		13	43	31	13
学生性别分布	男	48%	52%	48%	45%
	女	52%	48%	52%	55%
教学人员性别分布*	男	2%	21%	43%	54%
	女	98%	79%	57%	46%

*《萨摩亚教育体育与文化部2016—2017年度报告》(Ministry of Education, Sports and Culture. 2017）提出，虽然女性教师不管是在初级教育还是中级教育系统中都占据了大多数，但管理和权力岗位基本为男性所掌控，只有中央办公室的管理职位女性多于男性。

根据该规划数据，2019/2020财政年度政府的教育花费为1.10亿塔拉，占政府年度预算14.7%。

四、国家教育政策的制定

（一）教育在国家战略中的重要性

尽管萨摩亚人口年增长率只有0.9%（高移民率是部分原因），但是大约 56% 的人口为 25 岁以下青年人，15 岁以下人口占 38%。[①] 因此教育系统压力巨大。2008 年有报告提出，"很多农村年轻男子没有接受良好的教育，只能做最低收入的工作，甚至没有工作。贫穷会被固化。因此教育是一个最关键的问题"。《萨摩亚困难和贫穷报告：2013/2014 年度家庭收入和支出调查分析》（Samoa Bureau of Statistics & UNDP Pacific Centre, 2016）也提到，中小学教育水平低的人贫穷程度较高。尤其是生活在城市地区的男性，如果没有接受过继续教育与培训，最易受贫困影响。在阿皮亚城市地区，小学教育程度的妇女中约有 28%（全国为 16.1%）、男子有 30%（全国为 16.5%）生活在贫困线以下（Ministry of Education, Sports and Culture, Samoa Qualifications Authority, & National University of Samoa, 2020:21）。这些社会问题都凸显了教育的重要性。

萨摩亚政府充分认识到教育在其社会和经济发展中的重要作用。

萨摩亚发展战略（The Strategy for the Development of Samoa, SDS）是萨摩亚政府各部门、各企业制订计划和绩效目标，建构发展规划的基础。2016—2020 年萨摩亚发展战略描画了此期间萨摩亚政府的发展重点，其主题是"促进可持续发展，扩大所有人的机会"，愿景为"改善所有人的生活质量"。萨摩亚发展战略认为，要实现战略发展的愿景，教育问题是关键。该发展战略在教育方面的主要预期成果是"提高教育和培训质量"，目标是增加和扩大受教育的机会，使萨摩亚的每个人都能接受教育并富有生产力。

发展战略的第七条计划与教育直接相关，即"进一步关注受教育机会，关注培训和学习成果"，立志利用正式或非正式教育机构，让更多人接受从幼儿教育到继续教育与培训的教育机会，确保全纳教育（inclusive education）的逐步融合。该发展战略预计，这些战略领域政策的成功实施将有助于改善人民营养状况，增加谋生机会，最终减少社会犯罪活动。

---

① 根据《2013—2018 年教育部门计划》（Ministry of Education, Sports and Culture, Samoa Qualifications Authority, & National University of Samoa, 2013），2011 年萨摩亚人口年增长率为 0.8%，大约 56% 的人口为 25 岁以下青年人，15 岁以下人口占 15%。

这些政策从立法上突出了教育的重要性。

（二）教育规划

"萨摩亚国家政治生活中的法制化的水平明显高于许多发展中国家"（倪学德，2015:2），正如教育的重要性在国家发展战略上已被明确定位一样，萨摩亚政府从政策的制定到实施都对教育问题进行了详尽的规划。

萨摩亚政府对教育政策的实施和执行机构不断进行整合，推进制定了一系列教育规划。过去，针对实施萨摩亚发展战略的教育部门由萨摩亚教育体育与文化部（MESC）、萨摩亚学历管理委员会（SQA）和萨摩亚国立大学（NUS）的相关规划和管理单位分别负责。2011年，为专门应对萨摩亚教育部门的发展需求，萨摩亚教育体育与文化部、萨摩亚学历管理委员会和萨摩亚国立大学三方代表组成了教育部门工作小组，制定了《2012—2016年教育部门规划》（Education Sector Plan），后修订为《2013—2018年教育部门规划》。2020年2月初，新一版《2019—2024年教育部门规划》正式发布，将教育列为萨摩亚发展战略的关键，认为教育可以改善就业前景，缓解限制私营企业发展的技术劳动力缺乏的问题。

萨摩亚教育政策的制定，还充分考虑到了教育之外的政府、区域和国际政策的战略方向，使得每条教育规划都最大限度地符合国家或国际战略规划。比如，除了《2016—2020年萨摩亚发展战略》国家五年规划，《萨摩亚2040》（Samoa 2040）的长期规划也为2019—2024年规划提供了依据；除了国内战略，区域性规划2018—2030年太平洋地区教育框架（PacREF）、2030年可持续发展议程等区域和国际框架也为萨摩亚教育政策的制定提供了政策依据和基础。2019—2024规划对此作出了详细说明（Ministry of Education, Sports and Culture, Samoa Qualifications Authority, & National University of Samoa, 2020:22-24）。

萨摩亚教育规划对教育的愿景、目标和预期做了清晰的描绘。以2019—2024年规划为例，新规划紧随2013—2018年规划之后，覆盖自2019年7月至2024年6月。规划调动全社会教育力量，力图通过提高教育成就标准及增加对经济和社区的生产参与，来改善萨摩亚人的生活质量，以为所有萨摩亚人提供高质量、易获得和相关性强的教育列为工作重点。

新规划愿景是"萨摩亚所有人都受过教育并富有生产力"，使命宣言是"提供和促进高质量的教育和培训，以实现萨摩亚的国家、经济、社会和文化目标"。教育部门的规划中还列出了教育目标和预期成果，见表2。

表2 2019—2024教育部门规划目标及预期成果

序号	目标	预期成果
1	提高所有学习者的教育和培训质量	各级学习成果均得到改善
2	为每个人提供优质的教育和培训机会	各级教育参与和完成率得到提高
3	使教育和培训更符合国家需求和劳动力市场需要	毕业生就业率提高
4	提高部门规划、监测和报告的效率	用更多数据分析研究、政策和评论协助决策
5	开发可持续地管理教育部门资源的方法	有效管理所有教育部门之间的职责协调

这五个目标分别针对不同的教育阶段，各有不同的侧重点。其中，目标1和目标2关注从幼儿教育到继续教育与培训包括全纳教育的教学和学习质量；目标3侧重于帮助学生从学校顺利过渡到就业或继续教育；目标4和目标5着重通过有效规划和管理资源，为高质量的教育和培训创造适当的环境。新规划同时列出了五个优先事项：全纳教育、幼儿教育、技术和职业教育与培训、信息通信技术、员工能力发展。

教育规划的制定也关注计划的具体实施和执行，一方面结合考虑了萨摩亚教育体育与文化部、萨摩亚国立大学及萨摩亚学历管理委员会三个执行机构的计划，对三个机构内部的责任划分做出了明确规定；另一方面详尽规划了政策的具体实施。新规划以第一份《2013—2018部门规划》的成就为基础，吸纳借鉴其经验教训，并为确保规划如期进行，且在必要时为响应萨摩亚的国家需求而进行政策调整，进一步规定了年度、中期和终期需进行三次审核。规划列出了五个目标，每个目标下都细化了三到五条具体战略，又分别细化到活动的形式和方式，以落实具体实施。每个优先事项相关活动的工作计划和预算每年会提交教育部门咨询委员会，以保障计划有序实施。第一份《2013—2018 部门规划》临近结束时，萨摩亚政府还聘请了新西兰专业咨询公司，对教育部门支持项目的实施做了专业评估，发行了详细评估报告（Allen+ Clarke，2018）。

五、教育部门的构成

在萨摩亚，教育部门由正式及非正式的教育和培训机构，以及负责政策、规划、集资和质量保障的政府机构组成，具体执行机构有三个：萨摩亚教育体育与文化部、萨摩亚学历管理委员会及萨摩亚国立大学。

具体涉及的教育部门包括政府公立或非官方性质的私立小学与中学、幼儿教育中心、继续教育培训机构，其中萨摩亚国立大学为最大官方教育机构；政策、规划和管理部门中，教育体育与文化部负责学校和幼儿教育，学历管理委员会负责继续教育和培训。

本文将从教育机构、执行机构、发展伙伴三方面分别展现其教育状况。

（一）教育机构

萨摩亚教育机构分四个层次：幼儿教育、初级教育、中等教育、继续教育与培训（Post School Education and Training，包括高等教育、技术和职业教育与培训、非正式学习）。根据《2019—2024 年教育部门规划》提供的数据，萨摩亚全国有 362 个幼教中心、中小学和继续教育机构，负责向近 6.4 万名学生（约占萨摩亚人口的 33%）提供优质教育服务（Ministry of Education, Sports and Culture, Samoa Qualifications Authority, & National University of Samoa, 2020）。教育机构及注册学生和教师数据情况，见表3、表4、表5。

表3 2018年萨摩亚幼教中心、学校及继续教育与培训机构情况（单位：人）

层次	类型	政府公立	教会*	私立	其他	总计
幼教	幼教中心	—	79	47	—	126
学校	初级学校	144	18	6	—	168
学校	中等学校	23	16	3	—	42
继续教育培训机构	正式注册机构	3	17	2	4	26
总计		170	130	58	4	362

*教会学校在萨摩亚很常见。萨摩亚几乎全民笃信宗教，宗教已成为人们日常生活不可或缺的精神支柱。据2011年萨摩亚人口普查，全国有99.8%的人口信仰宗教，绝大多数岛民信奉基督教（石莹丽，2018）。

表4 萨摩亚各级教育机构及师生数量

	幼教	小学	中学	总计
学校数量（个）	126	168	42	336
教师数量（人）	435	1406	1026	2867
学生数量（人）	5111	42706	16000	63817

数据来源：Education Statistics at a Glance, 2020。

表5 萨摩亚各级教育机构学生数量统计表（单位：人）

注册人数	女	男	总计
幼儿教育	2654	2457	5111
小学	20637	22069	42706
中学	8298	7702	16000
继续教育与培训	2698	2079	4777
总计	34287	34307	68594

下面将逐一对萨摩亚四个阶段的教育状况分别概述。

1. 幼儿教育

萨摩亚原《2009教育法案》（Ministry of Education, Sports and Culture,

2009）仅规定5—14岁儿童一年级到八年级的学习为义务教育，并未对低于5岁儿童的教育做出规定；2016—2017年，萨摩亚教育体育与文化部（Ministry of Education, Sports and Culture, 2017a）开始将4岁儿童也纳入义务教育范围；《2017年教育修订法案》（Ministry of Education, Sports and Culture, 2017b）首次从立法上规定，儿童4岁之前必须开始接受幼儿教育。法案凸显了幼儿教育对儿童发展的重要性，也直接带动了幼儿教育的快速发展。

萨摩亚的幼儿教育由国家幼儿教育委员会（National Council of Early Childhood Education）负责，教育体育与文化部提供协助。幼教中心一般由各教会或宗教团体和组织的董事会具体管理（Ministry of Education, Sports and Culture, 2019）。2013年，萨摩亚有97所幼教中心，共注册有2—6岁学生3630名（含1909名女孩、1721名男孩）（Ministry of Education, Sports and Culture, 2014）；到2018年，萨摩亚幼教中心则已经增加到126所，2—6岁注册学生达5111名（含2654名女孩、2457名男孩，见表3）（Ministry of Education, Sports and Culture, 2020），规模增长显著。预计随法案的进一步实施，五年内注册人数还会进一步增长。

根据《2013—2018年教育部门规划》，2013年的幼教中心管理形式各异，有的由牧师的夫人经营，有的由当地社区学校理事会管理，还有的为私人所有。虽然萨摩亚教育体育与文化部也进行一些幼教活动，但幼教领域基本由名为萨摩亚幼儿教育全国委员会（the National Council of Early Childhood Education for Samoa, NCECES）的非政府机构负责。《2013—2018教育部门规划》称，幼儿教育因为缺乏规范和资源，没有政府发展政策框架支持，无论是教会、社区还是私立性质的教育机构，在萨摩亚都不普遍（Ministry of Education, Sports and Culture, Samoa Qualifications Authority, & National University of Samoa, 2013）。《萨摩亚教育体育与文化部2015—2016年度报告》写道，这些幼教机构的教育质量如何尚少有数据，有传闻认为幼教机构良莠不齐，教育质量往往不尽如人意（Ministry of Education, Sports and Culture, 2016）。

几年之后的《2019—2024年教育部门规划》则描画了一幅大不相同的景象：非政府机构萨摩亚幼儿教育全国委员会仍然为幼儿教育提供指导，但五年来，曾经活跃的村庄和社区幼教组织已逐步退出舞台，从2010年2月生效的《2009年教育法令》颁布以后，政府充分认识到了对幼教中心进行规范的重要性，教育体育与文化部在幼教领域的作用在逐步增强，开始制定规章制度规范幼教中心的建立和注册，协助幼教课程资源管理，培训幼教教师。可以预见，萨摩亚的幼儿教育领域将随着立法的推进和制度的完善，迎来更大发展。

2. 初级教育

初级教育指针对5—14岁儿童的一至八年级教育。直到2019年前，法律规定5—14岁的儿童必须接受义务教育。2019年《教育修正法案》将义务入学年龄降低至4岁，但初等教育的义务教育年龄仍从5岁开始算起。

根据联合国《新千年发展目标》（the Millennium Development Goal），萨摩亚承诺实现初级教育毕业普及，现在除了少数特例，义务教育普及已基本实现，大多数儿童能够完成八年小学教育的完整周期。近几十年来，萨摩亚小学辍学率一直很低，根据教育体育与文化部2016年度报告数据，2013年辍学率为零（Ministry of Education, Sports and Culture, 2016）。

萨摩亚初级教育原来实行八年级全国考试，现在小学实行两种全国性评估：萨摩亚初级教育识字水平（SPELL）和萨摩亚初级教育证书（SPECA），前者检验初级教育结束时学生的识字和算术水平；后者原来为能力测试，2017年开始改为成绩测试。

尽管萨摩亚的初级教育入学率很高，家庭和政府都很重视基础教育，但近年来，人们开始担忧小学教育的质量，学生萨摩亚语和英语的识字率及计算能力已成为一个令人关注的问题。

3. 中等教育

中等教育包括九至十三年级。2019年《教育修正法案》在将入学年龄降低到4岁的同时，还将中学毕业的最早年龄从14岁延长到16岁。学生完成十二年级的课程学习后，参加校内考试和萨摩亚学校证书全国考试，在全国考试中成绩优秀的学生可以升入十三年级，经过一年学习，参加萨摩亚中等毕业证书考试。

2012年，萨摩亚共有43所初级学校（包括初级中等联合学校），在校学生有16574名（含8604名女生、7970名男生）；2018年，有注册学生16000名，分布在42所中学（Ministry of Education, Sports and Culture, Samoa Qualifications Authority, & National University of Samoa, 2020）。

虽然萨摩亚小学净入学率多年来一直维持较高水平，但随着学生进入中学阶段，辍学率开始有所上升，尤其是男孩的辍学率上升尤为明显。只有大约70%的儿童小学毕业后进入九年级。整个中学教育周期中，辍学率显著。十二至十三年级辍学率最高，此时，竞争激烈的考试（萨摩亚学校证书和中等毕业证书考试）将大多数人挡在了继续求学大门之外。但正如《2019—2024教育部门规划》提出的，无论在各个教育阶段，家庭的经济状况都是学生辍学的最可能原因。

4. 继续教育与培训

在萨摩亚，中等教育之后的教育阶段不是独立的高等教育，而是范畴更广的继续教育与培训，涵盖了大学高等教育、技术和职业教育及培训、岗前和在职专业教育、神学和宗教教导、学徒训练、非正式在岗培训等种类繁多的领域。

在十三年级获得萨摩亚中等毕业证书的学生可以参加由萨摩亚国立大学提供的为期一年的课程，为在萨摩亚国立大学或斐济、新西兰和澳大利亚的地区机构的本科学习做准备。萨摩亚国立大学还提供继续教育与培训初级证书，为不符合继续教育与培训入学要求的学习者设置桥梁课程。十二年级和十三年级毕业后，学生可以接受广泛多样的技术和职业教育培训课程，以及符合学历管理委员会质量要求的非正式学习活动。非正式学习提供了技术和职业教育培训和高等教育之外的第三条渠道，是对萨摩亚终身学习的有力支持。2018年，有193名学员（50%为女性）参加了116项非正式学习活动。2014—2018年继续教育与培训课程注册学生人数情况，见表6。[1]

表6　2014—2018年注册继续教育与培训课程的学生人数（单位：人）

注册人数	2014年	2015年	2016年	2017年	2018年
非正式学习	—	780	953	336	193
证书课程	3167	3119	2929	2626	2247
学历课程	556	617	519	430	443
学士学位课程	1759	1749	1826	1810	1920
本科学历与证书课程	39	22	37	25	25
研究生学历与证书课程	146	118	101	105	112
硕士与博士学位课程	—	—	—	—	30
总计	5667	6405	6365	5332	4970

2018年，萨摩亚有26个注册的正式继续教育与培训机构，包括3所大学、10个宗教性质组织、13个技术和职业教育与培训机构。三所大学中除了萨摩亚国立大学，还有两所地区性高校提供继续教育与培训，即南太平洋大学（the University of the South Pacific）阿拉富阿（Alafua）校区、澳大利亚太平洋技术学院（the Australian Pacific Technical College, APTC）。

2018年，共有4777名学生（55%为女性）参加了继续教育与培训课程，其中61%的学生参加本科学位课程。2014—2018年不同类型继续教育与培训机构中注册的学生人数（此数据不包括非正式学习），见表7。

---

[1] 此部分数据来自《2013—2018教育部门规划》（Ministry of Education, Sports and Culture, Samoa Qualifications Authority, & National University of Samoa, 2020）。

表7 2014—2018年继续教育与培训项目注册学生人数（单位：人）

机构类别	2014年	2015年	2016年	2017年	2018年
大学	3861	3924	3811	3424	3756
技术和职业教育与培训机构	1735	1478	1273	1272	756
宗教机构	306	383	369	304	265
总计	5902	5785	5453	5000	4777

萨摩亚国立大学和另外一个技术和职业教育与培训的地方机构——澳大利亚-太平洋技术学院，是萨摩亚两个最大的继续教育与培训机构。2003—2013年，完成十二或十三年级学业的学生增长了42%，越来越多的学生进入更高阶段学习。

在中学毕业生中，升入萨摩亚国立大学的比率比较高，从2006年至2011年，十三年级到高等教育的升学率从57%上升到90%，但此上升的主要动因是萨摩亚政府增加了奖学金，而其他继续教育培训机构的入学率则通常处于停滞或下降状态。在继续教育及培训领域，学生退学、学费阻碍就学等问题严重。根据数据，私营机构中辍学者多为女性（2007—2011年为73.2%），教会学校中中途放弃学业的多是男性（2007—2011年为78%），总体辍学率高，如2011年，就有1321名学生没有完成学业。受限于其成本高、升学和深造途径有限、大众对非正式教育缺乏认可等问题，继续教育与培训面临明显的发展"瓶颈"。

萨摩亚继续教育水平千差万别，人们普遍认为，继续教育和实际知识技能间相关性差，教育质量往往不尽如人意。针对上述问题，萨摩亚政府采取了一系列教育质量保证措施，如与萨摩亚继续教育战略计划接轨等，以期使这一阶段教育质量有所提升。

（二）执行机构

萨摩亚教育行业的三个主要执行机构是萨摩亚教育体育与文化部、萨摩亚学历管理委员会、萨摩亚国立大学，前两者也是萨摩亚的两个主要教育规划和监管机构，其中，萨摩亚教育体育与文化部负责幼儿教育和中小学教育，萨摩亚学历管理委员会负责继续教育与培训，萨摩亚国立大学则是萨摩亚最大的继续教育培训机构。

萨摩亚教育体育与文化部是该国的公共服务部门之一，其法定职权来自行政机关的公共服务委员会，预算和经费来自财政部。萨摩亚学历管理委员会则是一家有董事会的市政机关，每年由政府补助金资助，可以收取服务费以保持收入。萨摩亚国立大学是一个自治组织，有自己的管理机构——大学理事会。它每年从政府处获得补助金，以学生学费和其他收入作为补充。萨摩亚国立大学向公共事务部负责。萨摩亚学历管理委员会和萨摩亚教育体育与文化部都可以免除向政府支付股息，但国立大学和萨摩亚学历管理委员会在预算和支出方面比教育体育与文化部具有更大的灵活性。

1. 萨摩亚教育体育与文化部

萨摩亚教育体育与文化部是萨摩亚政府所设的15个部之一，其立法目的是促进和鼓励萨摩亚教育的各个方面得到发展和改善。它拥有广泛的权力，可以制定政策、计划、条例，并利用其他组织工具，监督和执行幼儿和中小学教育。其经费来自萨摩亚政府预算及捐赠基金项目，教育体育与文化部为项目的执行机构。教育体育与文化部被视为萨摩亚教育部门的核心，它同时与萨摩亚学历管理委员会和萨摩亚国立大学密切合作，为实现《2019—2024年教育部门规划》的预期成果共同努力。

萨摩亚教育体育与文化部是政府负责初级和中级教育的中心机构，为中小学提供教育，并为幼儿教育和特殊学校提供支持。其工作领域在初级和中等教育学校，包括教会学校和私立学校系统。一般业务领域包括课程开发、学校评估、学校管理和发展，学校基础设施，教师供求，教师工资和工作条件，以及体育和文化，此外，特殊需要教育也已成为强调全纳教育的教育体系不可缺少的一部分。

根据《萨摩亚教育体育与文化部2016—2017年度报告》，其职责和原则规定如下：

• 主要职责：在萨摩亚推进和鼓励各阶段教育、发展与改善体育和文化，建立一个高品质的全面教育体系，发现并实现所有教育参与者的精神、文化、智力、体力潜能。

●使命宣言：在教育、体育和文化各方面推进高品质可持续发展，为每个人提供选择。

●指导原则：平等、品质、高效、相关性、可持续性。

萨摩亚教育体育与文化部设有十一个技术处和一个后勤服务处，其部门设置如下：CEO办公室、学校运行处、课程设计与材料处、政策规划与研究处、综合服务处、体育处、文化处、国家档案与记录局、监控评价与评估处、教育部门协调处、教师发展与建议处、评价与考试处、信息通信技术与媒体处（其中后三个部门为2015年新设），以提供政策建议、教师及教师培训服务、学校管理服务、课程发展服务、评价及考试服务、政策规划及研究服务、资产管理采购和分配、公共图书馆服务、体育发展、文化意识、监控评价与评估服务、政策部门协调服务等。

2. 萨摩亚学历管理委员会

萨摩亚学历管理委员会根据2006年及2010年萨摩亚学历管理委员会法案建立，主要为继续教育和培训提供政策指导和监管。2010年学历管理委员会法案对其职能、权力和职责作了规定：

●就策略、优先事项、绩效、资源和毕业后教育与培训分部门的活动，向政府提供政策建议、监督和报告；

●保障和规范萨摩亚继续教育与培训的资质和质量标准；

●协调、监测和加强继续教育与培训。

3. 萨摩亚国立大学

萨摩亚国立大学（下称国立大学）的成立有深厚的历史背景。第二次世界大战之后，随着非殖民化浪潮的到来，一些太平洋岛国意识到，要真正实现自决民主原则，每个国家都必须有自己的高等学府。1984年，萨摩亚国立大学建立，使萨摩亚成为最早实现这一梦想的太平洋岛国之一。

萨摩亚国立大学从1984年仅有45名学生的预科班开始，经历了突飞猛进的发展。从1987年开始，国立大学先后开设了多个学位项目，并于1993年合并国家卫生部护理学院成立护理学院，1997年合并西萨摩亚师范学院成立教育学院，2006年3月8日合并萨摩亚理工学院，使得2001年萨摩亚政府宣布的高等教育合并计划达到高潮。2014年，为改善萨摩亚落后的医疗条件，医学院成立，这被认为是国立大学里程碑式的发展（History of the University，2020）。

自1984年成立以来，大学入学人数也不断扩大。1999年入学人数为1196人。随着2006年与萨摩亚理工学院合并，这一数字增加到1766人。在21世纪初的十年间，萨摩亚国立大学在招生、人员配备、课程设置和有形基础设施方面都有了长足的发展。从2003年至2011年，入学率增长约为100%（学生从1423名增加到2823名）。2011年，包括学徒计划学生在内，萨摩亚国立大学共招收3022名学生。

萨摩亚国立大学旨在建立一个有助于萨摩亚经济发展、人民进步的，研究萨摩亚、萨摩亚语言和文化的高等教育中心。在政府文件中，其职责规定为：

- 根据萨摩亚人民的需求，在适当的层次，提供包括学术、技术、职业训练和继续教育等方面的教育与培训；
- 建立研究语言与文化及与萨摩亚相关的所有课题的研究中心；
- 通过教学、咨询获取和传播知识；
- 社区学习和研究；
- 促进萨摩亚经济和社会进步。

萨摩亚国立大学既提供高等教育，也提供技术和职业教育与培训。大学现设有五个学院，外加萨摩亚研究中心，以及专业发展与继续教育奥拉马努（Oloamanu）中心；提供60多个学术、职业和专业课程，包括萨摩亚研究硕士课程。其中，教育学院是萨摩亚小学和中学教师岗前培训的唯一机构，其他四个学院也对中学教师培训提供支持；应用科学学院，除了提供护理和医学学科的高等教育之外，还是技术和职业教育与培训的唯一官方机构；商业教育由工商管理学院提供；萨摩亚研究中心也是科研中心，同时提供萨摩亚语言和文化课程。奥拉马努专业发展与继续教育中心于2006年建立，为满足政府及私营组织对员工的培训需求，提供短期正式培训，促进员工专业发展。

作为萨摩亚最大的政府主办的继续教育与培训机构和最重要的高等教育机构，萨摩亚国立大学在萨摩亚教育行业发挥着不可替代的作用，且随着国家政策对继续教育领域的不断重视，其作用会越来越重要。

（三）发展伙伴

除了教育机构和执行机构之外，教育外援也在萨摩亚教育行业起着重要的支撑作用，这些援助力量被称为萨摩亚的"发展伙伴"。萨摩亚发展伙伴的支持由来已久，形式多样。教育部门得到了包括双边、多边、国际和区域组织在内的一系列发展伙伴的强有力的财政和实物支持。援助涵盖从集资（澳大利亚、新西兰和亚洲发展银行）、奖学金（本地和海外）到国内培训和能力建设的范围广泛的多种投入。

2013年至2018年，新西兰和澳大利亚政府通过一项协调方案，为萨摩亚教育提供了预算支持；中国提供了一系列教育资源（包括电子教学平台）和奖学金，还重建了学校和其他基本基础设施；日本政府对学校进行了翻修，并提供了志愿教师和家具；美国建造了中小学，并派出了和平队志愿者；另外，世界银行也为萨摩亚进行早期阅读评估、准备教育部门公共支出审查报告等提供了大量技术援助。还有其他发展伙伴通过向学校社区和继续教育培训机构提供小额赠款来支持教育部门（Ministry of Education, Sports and Culture, Samoa Qualifications Authority, & National University of Samoa, 2020:29）。区域和国际奖学金的慷慨援助使许多萨摩亚人获得了继续求学的机会。

近年来，萨摩亚成为国际援助中很"受宠"的一个国家，多个国际及国际组织等作为萨摩亚"发展伙伴"持续对萨进行各种援助（石莹丽，2018）。这一方面增加了萨摩亚人民的向心力和凝聚力，但另一方面过多依赖外援也制约了本国的产业创新，使得国民缺少奋发图强的精神，也影响了国民的学习精神和教育成果的产出。

六、结　语

萨摩亚作为南太岛国中法制化程度较高的国家，教育制度的制定和实施都体现了较高程度的法制化和规范化，萨摩亚在教育中取得的成就，如初级教育的高普及率和文盲率的降低，也令人称道。但是同时，萨摩亚的教育产业深深受限于其经济的发展水平和发展模式。萨摩亚刚刚摘掉了最不发达国家的帽子，人们的生活还处在较为贫穷的阶段。如文中所言，家庭经济状况成为萨摩亚学生辍学的最可能原因，而继续教育与培训阶段的学费问题也是这个阶段教育推广受阻的重要因素，教育普及明显受制于经济水平；而萨摩亚的经济发展模式，如其对自然灾害和全球经济变化的易感性，对教育产业的影响更是毋庸多言。另外，萨摩亚的教育也深深打上了其岛国特有的文化烙印。萨摩亚人宽容、平和及随遇而安的性格和"一切皆上帝所赐"的宗教信仰使得他们的生活中欠缺竞争和奋斗精神，对外来援助的过分依赖也助长了岛民的慵懒懈怠，弱化了自我发展的有效机能，从而对整个教育产业产生不良影响。

参考文献

[1] ALLEN and CLARKE. Evaluation of the Samoa Education Sector Plan: Final Evaluation Report[R/OL]. 2018.[2022-01-29]. https://www.mfat.govt.nz/assets/Uploads/Samoa-Education-Sector-Support-Programme-Evaluation-report.pdf.

[2] BERENDSEN C A. Western Samoa[J]. Journal of the Royal Society of Arts, Manufactures and Commerce. 1936, 85(4383): 30-48.

[3] National University of Samoa. History of the University[EB/OL]. (n.d.) [2022-01-29]. https://nus.edu.ws/about-us/university/.

[4] Samoa Bureau of Statistics & UNDP Pacific Centre. Samoa Hardship and Poverty Report: Analysis of the 2013/2014 Household Income and Expenditure Survey[R/OL]. 2016. [2022-01-29]. https://www.sbs.gov.ws/digi/Samoa%20

Hardship%20and%20Poverty%20Report%20FINAL%20-%20Jun27- 2016.pdf.

[5] Samoa Bureau of Statistics. A Report on the Estimation of Basic Needs Poverty Lines, and the Incidence and Characteristics of Hardship & Poverty Analysis of the 2008 Household Income and Expenditure Survey[R/OL]. 2008. [2022-01-29]. https://www.undp.org/samoa/publications/samoa-hardship-and-poverty-report.

[6] Samoa Bureau of Statistics. Statistical Abstract 2017[R/OL]. 2018. [2022-01-29]. https://www.sbs.gov.ws/digi/2017%20-%20Samoa%20Bureau%20of%20 Statistics%20-%20Statistical%20Abstract.pdf.

[7] Samoa Ministry of Education, Sports and Culture. Education Act 2009[Z/OL]. 2009. [2022-01-29]. http://www.mesc.gov.ws/wp-content/uploads/2019/09/Education-Act-2009.pdf.

[8] Samoa Ministry of Education, Sports and Culture. MESC Education Statistical Digest 2013[R]. 2014.

[9] Samoa Ministry of Education, Sports and Culture. MESC Education Statistical Digest 2019[R]. 2019.

[10] Samoa Ministry of Education, Sports and Culture. MESC Annual Report 2015-2016[R]. 2016.

[11] Samoa Ministry of Education, Sports and Culture. MESC Annual Report 2016-2017[R]. 2017a.

[12] Samoa Ministry of Education, Sports and Culture. Education Amendment 2017[R/OL]. 2017b. [2022-01-29]. http://www.mesc.gov.ws/wp-content/uploads/2019/09/FINAL-Education-Amendment-Bill-2017.pdf.

[13] Samoa Ministry of Education, Sports and Culture. Education Statistical Digest 2019[R/OL]. 2019. [2022-01-29]. http://mesc.gov.ws/wp-content/uploads/2020/05/2019-Statistical-Digest_FINAL_31st-Jan-2020.pdf.

[14] Samoa Ministry of Education, Sports and Culture, Samoa Qualifications Authority, and National University of Samoa. Education Sector Plan 2013-2018[R/OL]. 2013. [2022-01-29]. http://www.mesc.gov.ws/wp-content/uploads/ 2019/09/

Education-Sector-Plan-2013_2018-English-version.pdf.

[15] Samoa Ministry of Education, Sports and Culture, Samoa Qualifications Authority, & National University of Samoa. Education Sector Plan 2019-2024[R/OL]. 2020. [2022-01-29]. http://mesc.gov.ws/wp-content/uploads/2020/04/FINAL- Education-Sector-Plan-2019-2024.pdf.

[16] United Nations Development Programme. Human Development Indices and Indicators: 2018 Statistical Update[R/OL]. 2018. [2022-01-29]. http://www.hdr.undp.org/sites/default/files/2018_human_development_statistical_update.pdf.

[17] 玛格丽特·米德. 萨摩亚人的成年[M]. 周晓虹，李姚军，等译. 北京：商务印书馆，2008.

[18] 倪学德. 萨摩亚[M]. 北京：社会科学文献出版社，2015.

[19] 石莹丽. 一个隐性的权力阶层——萨摩亚的宗教管理与宗教信仰[J]. 聊城大学学报（社会科学版），2018 (5)：61-66.

所罗门群岛教育政策研究

程婷*

一、教育简史

（一）殖民地时期以前的土著教育

在殖民地时代之前，所罗门群岛（Solomon Islands）岛民世世代代都是通过生产、战斗和社会生活中的实例来教育子女的。16—19世纪，土著族生活以捕鱼为生，兼种椰子、芋头、香蕉、面包果等热带和亚热带一年熟粮食作物。那时没有现代化庭园式学校，一切学习活动通过观察、模仿或参加家庭与社团生活及各种仪式来实现。没有书本文字，历史典故、风俗习惯、宗教仪式及个人与社会价值观念等都靠口传心授代代流传。女孩跟大人学做家务劳动和手工编织等；男孩从小到大种田、捕鱼、航海和狩猎等。正是通过上述方式，孩子们学会了耕作、捕鱼、打仗，以及纷繁晦涩的行为、习俗、敬奉祖先和男女有别。

（二）殖民地时期教育

1. 基督教教育

随着殖民者的到来，西方文明开始在所罗门群岛传播，所罗门群岛岛

---

* 程婷，贵州医科大学外国语学院讲师，北京语言大学在读博士研究生。

民也开始学习西方文化，并开始接受西式教育。最初，所罗门群岛岛民是在海外开始学习进而具备读写能力的。为了传播基督教教义，各教派在澳大利亚的昆士兰和斐济建立了一些教会学校，所罗门群岛的一些岛民曾就学于此。数以千计的归乡劳工也是在海外掌握了最低限度的读写能力；他们中的一些人甚至曾在政府办的小学中就读过。1867年，美拉尼西亚教会在诺福克岛创办了圣巴纳巴斯学校。在殖民地时代早期，绝大多数初步接受过西式教育的所罗门群岛岛民都曾就学于此。该校学制6年，开设阅读、写作、算术、唱歌、耕作、木艺，以及基督教教义等课程。

在所罗门群岛，基督教各教派以《圣经》为基础进行对所罗门群岛岛民的教育，并向其传授实践技能。圣公会、卫理公会和基督复临安息日会管理着早期教会教育体制。圣公会美拉尼西亚教会的办学历史最长。该教会奉行的是克西玛拉玛模式，即学生们在校园内学习和劳作。

2. 英国的殖民地教育

19世纪后半期以来，随着第二次工业革命的进展，帝国主义掀起了新一轮的全球扩张，南太平洋地区势力范围的争夺愈演愈烈。英国出于对掌控太平洋制海权的考虑，觊觎所罗门群岛的战略价值，遂于1896年吞并了该地区，在此建立了保护领。

同年，美拉尼西亚教会在恩格拉群岛斯奥塔开办了一所学校，但是因1897年暴发的一场痢疾疫情，学校不得不于1900年关闭。1910年，美拉尼西亚教会在恩格拉群岛的邦加纳岛又创办了一所新学校。1911年，该教会在马基拉岛创办了圣迈克尔学校。这是一所寄宿制男校，最终成为英属所罗门群岛保护地最有名的学校。1916年，美拉尼西亚教会在瓜达尔卡纳尔岛创办了圣玛丽神学院，后于1922年将其改造为一所初级小学。1917年，美拉尼西亚教会在恩格拉群岛波罗莫勒岛创办了第一所寄宿制女校。1922年，该教会在乌吉岛创办了万圣学校，这是一所高级小学。1933年，该教会在马莱塔岛的纳卡建立了一所培训辅祭的学院，该学院于1939年迁往恩格拉群岛的塔罗亚尼亚拉。美拉尼西亚教会还开办了许多乡村学校，由教师或传教士负责管理。1902年，卫理公会开始在所罗门群岛西部传教。该教派遵循的是工业教育模式，即学生们在种植园及其附属的传授专门工艺技能和基督教教义的机构中学习。卫理公会信徒参与造艇和种植园等工作。到 1930 年，卫理公会开办了 105 所小学，共招收学生 2642 人，学校主要集中在维拉拉维拉岛上的比路亚、马洛沃潟湖赛格赫附近的帕图提瓦和罗维亚纳潟湖的科克夸洛。在该教派总部所在地科克夸洛，还有一所拥有 211 名在校生的走读学校和一所拥有 33 名在校生的中专。这所中专提供技术教育并培训牧师和教师，获得了相当大的成功。乡村教师一天上课的时间很少超过两个小时，与当地的日常生活相适应。

在 20 世纪 20 年代之前，所罗门群岛的教育事业完全由基督教的各教会兴办和管理。不过，从 1926 年起，保护领政府开始资助教会的教育项目，尤其是技术教育。保护领政府希望所罗门群岛岛民能够参与基层公共部门和商业公司的管理和运作，为此需要提高所罗门群岛岛民的教育水平。当在 20 世纪 20 年代初开始征收人头税时，为了促进教育发展，保护领政府免除了到欧洲教师管理的学校上学的学生和管理学校日常事务的当地牧师的人头税。上述特权在 1930 年被废止，进而保护领政府打算向兴办世俗教育的教会提供补贴。但上述举措遭到各教会的强烈反对，最终迫使保护领政府提供 100 英镑补贴给每个重要教会的培训学校。1930—1931 年，教会培训学校有 8555 名注册学生，其中，基督复临安息日会学校 1020 人，天主教学校 792 人，南海福音教会学校 116 人，美拉尼西亚教会学校 3904 人，卫理公会学校 2723 人。1940 年，受全球经济大萧条的影响，所罗门群岛仅有 4744 名在校生，其中，基督复临安息日会学校有 910 人，天主教学校有 777 人，南海福音教会寄宿制学校有 280 人，美拉尼西亚教会学校有 539 人，卫理公会学校有 2238 人。

在教育领域，中央政府在提供资金和人力资源上发挥了重要作用。教会组织在提供小学和中学教育方面也发挥了关键作用。例如，1969 年，殖民地新注册了 393 家小学，其中 17 家由政府和地方行政当局负责管理，其余的小学由教会负责管理。不过，尽管所罗门群岛殖民地政府在 20 世纪 60 年代向教育领域投入了大量资源，但是在所罗门群岛独立之前，其入学率一直比较低。

（三）独立后的教育

1978年7月7日，所罗门群岛颁布了实施至今的宪法并宣布独立。20世纪八九十年代，所罗门群岛家庭收入较低，幼童多由母亲照看，能接受幼儿教育的儿童是少数，大多数儿童可以上小学，但仅有四分之一小学毕业生继续读中学。太平洋地区的微型岛国高等教育也多由海外承担，如库克群岛人多到新西兰、澳大利亚留学，后来又有很多人选择留美。与小而生活尚可的库克群岛相比，所罗门群岛可谓是大却较穷。所罗门群岛人口约为库克群岛的20倍，人均国民生产总值约为库克群岛的四分之一。1991年，南太平洋大学招生每千人中有37.3个库克人（女生62%，男生38%）；但是同年的招生中每千人只有1.4个所罗人（女生占17%，男生占83%）（朱希璐，1996:31—32）。所罗门群岛的正规教育起步晚，1991年岛内学院有修学分学生1285名，还提供不修学分的成人教育，并在欧共体援助下兴建了25所乡村培训中心，强化远距离教育，推动各级教育发展。

所罗门群岛教育的发展离不开国际社会的大力支持。2003年2月，欧盟援助所罗门群岛2100万所元，用于支付所罗门群岛政府拖欠南太平洋大学等海外学校的费用。2004年2月，欧盟发展与人道主义援助专员访问所罗门群岛，宣布向所发放8500万所元援助款，主要用于发展教育事业。2005年11月，欧盟决定在此后3—4年向所提供3亿所元项目援助。

1978年7月7日，所罗门群岛独立之初就与新西兰建立了外交关系。自那之后，两国关系日益密切，交往领域十分广泛。所罗门群岛的许多岛民，包括总理和高级政府官员都曾在新西兰接受过中学教育或大学教育。为了加强两国交通基础设施、渔业、教育、治安等领域的合作，所罗门群岛与新西兰在2011年签署了具有指导意义的《共同发展承诺》（Joint Commitment for Development）。

所罗门群岛与澳大利亚的关系一直比较紧密。在独立之初，所罗门群岛就表示要与澳大利亚建立特殊关系。在经历了外交风波、种族冲突等波动之后，两国于2009年1月签署了《澳大利亚和所罗门群岛伙伴关系发展框架协议》。2012—2013年，澳大利亚国际开发署向所提供约7030万美元的双边援助。

随着社会的不断发展和进步，所罗门政府将教育确定为其优先发展的目标，尤其致力于提高基础教育的教学质量。在《2007—2015年教育战略框架》的指导下，所罗门群岛取得了显著进步。第一，学习成果得到改善，达到预期识字水平的六年级儿童的百分比从2005年的29%增加到2010年的40%；算术水平方面，从41%增长至2010年的46%。第二，入学人数增加，小学入学率增长24%，初中增长70%。第三，教师队伍不断扩充壮大，小学教师人数增加了29%，初中增加63%，小学、初中合格教师比例也有显著提高。第四，增加小学教室数量，由每间教室容纳26.7名学生降低到每间教室23.8名。第五，教育系统在领导力、政策制定和资金管理方面作出了重要完善，得到有关方面认可。

二、教育制度

所罗门群岛的教育包括如下阶段：幼儿教育（3—5岁）、小学教育（6—11岁）、初中教育（12—14岁），高中教育（15—18岁）、高等教育（19岁及以上）。其中，一至九年级（6—14岁）为基础教育阶段。所罗门群岛不实施义务教育制度（张勇，2016:189）。

所罗门群岛的幼儿教育包括幼儿保育教育（Early Childhood Care Education，ECCE）和学前教育（Pre Primary Year，PPY）。2016年，共有11872名3—4岁儿童接受幼儿保育教育，其中，女生5847名；2017年，共有12288名3—4岁儿童接受幼儿保育教育，其中，女生有6220名，超出同年接受幼儿保育教育的男生人数，见表1。

表1　2016—2017年所罗门群岛幼儿保育入学人数统计（单位：人）

年份		2016	2017
3—4岁儿童	女生	5847	6220
	男生	6025	6068
	总计	11872	12288
总入学人数（不区分年龄）	女生	13395	14543
	男生	13995	15004
	总计	27390	29547

资料来源：所罗门群岛教育和人力资源开发部，2017。

由表1可知，与2016年相比，2017年的3—4岁儿童的总入学率同比增加了3.5%。女生增长了6.4%，男生增长了0.7%。幼儿保育教育阶段3岁和4岁年龄段的净参与度从2016年的36.0%增长到37.3%，总参与度从2016年的83%增长到2017年的89.6%，女性在两年中显示出更大的增长。女性参与率从2016年的83.7%增长到2017年的91.1%，而男性分别为82.2%和88.3%。37.3%的净入学率和91.1%的总入学率表明，所罗门群岛的教育系统原则上不能容纳所有3—4岁儿童接受幼儿保育教育，但仍有许多超龄儿童接受幼儿保育教育。

学生将从5岁开始学习，在这一年，教师使用幼儿教育方法开展教育活动，着重帮助学生打好学习基础。2016—2017年，5岁儿童学前教育的净参与率从25%增长到28.9%，总参与率从148.7%增长到155%。总参与率较高表明，教育系统有足够的空间容纳所有5岁的适龄儿童接受学前教育。2016—2017年所罗门群岛学前教育入学人数，见表2。

表2　2016—2017年所罗门群岛学前教育入学人数统计（单位：人）

年份		2016	2017
5岁儿童	女生	2036	2341
	男生	2096	2420
	总计	4132	4761
总入学人数（不区分年龄）	女生	11861	12380
	男生	12694	13178
	总计	24555	25558

资料来源：所罗门群岛教育和人力资源开发部，2017。

所罗门群岛的小学教育学制为6年，入学年龄为6岁。在所罗门群岛，小学阶段的毛入学率（Gross Enrollment Ratio）已超过110%，在整个学前至中学教育阶段拥有最高的入学率；这表明所罗门群岛的小学有能力容纳所有5—11岁适龄儿童接受教育。

所罗门群岛的中学教育始于1958年。1958年1月，乔治六世国王学校开始提供中学教育。中学入学考试在每年的9月举行，10月出榜。目前，所罗门群岛中学学制为7年。其中，初中学制3年，入学年龄为12岁；高中学制4年，入学年龄为15岁。2016—2017年，初中男生、女生的毛入学率均超过70%；高中男生、女生毛入学率均超过30%。

在所罗门群岛，小学（Primary School）包括学前班至六年级；社区高中（Community High School）包括学前班、一至六年级、七至九年级三个阶段；省立中学（Provincial Secondary School）和国立中学（National Secondary School）均包括七至九年级、十至十三年级两个阶段。

十三年级以后属于所罗门群岛的高等教育。所罗门群岛有三所高等教育学校，即所罗门群岛师范学院（Solomon Islands Teachers College）、霍尼亚拉技术学院（Honiara Technical Institute）和南太平洋大学（University of the South Pacific）分校。这三所高校都位于首都霍尼亚拉。2017年，一项议会法批准了所罗门群岛高等教育和技能管理局（SITESA）的成立。这一机构作为一个单独的实体，负责管理高等教育的政策方向、战略规划、资金运转、劳动力市场和奖学金项目。

三、教育政策

（一）教育发展长期目标

所罗门群岛教育系统希望可以确保所罗门群岛的每一位公民独立发展、自力更生，具备与他人及其所处环境和谐相处所需的知识、技能和态度；希望通过教育促成构建一个团结、进步、和谐的社会，使每位公民都能享有平等的改善生活的机会；希望家长和社区成员对于教育事业有一种主人翁意识，积极参与，推动发展。为此，所罗门群岛教育与人力资源开发部颁布了《2016—2030 年教育战略框架》，设定 2016—2030 年的教育目标，提出教育战略意见，并根据这一长期战略框架提出三个五年《国家教育行动计划》，持续推进框架中教育目标的实现。2016—2030 年所罗门群岛教育系统的长期目标为：

• 到 2030 年使所有男孩和女孩获得平等优质的幼儿发展、照料和学前教育，并在 2030 年之前使所有 5 岁的儿童全部入学。

• 实现所罗门群岛所有儿童全面高质量完成相关基础教育（包括小学和初中）。

• 扩大平等接受教育的机会，保证中等教育的质量与就业相关的技能和可转化技能的相关性，包括培养学生的创业素质和信息通信技术方面的能力，以增加具有就业、从事体面工作和创业能力的青年人数。

• 巩固建立全面、综合的高等教育体系，为岛民就业、从事体面工作和创业提供优质的教育和相关技能。

• 加强多方合作办法扩大成人识字率，并逐步开展终身学习的教育方法和培训。

• 以高效、有效和透明的方式管理教育资源，使其促进受教育机会的扩大和教育质量目标的完成。

（二）推动教育事业发展的四个关键策略

所罗门群岛《2016—2030 年教育战略框架》总体战略目标是到 2030 年巩固普及所有儿童的基础教育，并扩大学习者接受优质中学教育、技术教育和职业教育与培训的机会。政府将把教育放在特别优先发展的位置，为实现到 2030 年普遍完成高质量初中教育的目标提供支持。2016—2030 年的四个关键策略为：

• 注重教育质量、相关性和学习能力的提高。要在扩大受教育机会的同时设法提高教育质量、相关性和学习能力：（1）向教育机构和教育项目提供充分且公平的资源，并配备安全且易于使用的设施；（2）提供教师政策和法规，以确保有足够数量的、合格的、经过专业培训且有良好动力的教师在整个学校范围内得到公平、有效的部署；（3）使用以学习者为中心的教学方法、书籍和其他合适有效的教学材料和教学技术，并面向所有学习者（儿童、青年和成人）；（4）完善认知和非认知领域的学习成果评估系统和评估实践，与正在进行的形成性总结性评估同时作为教学过程的重要组成部分。

- 加强政策指导、计划监督、系统管理。需要做更多的工作来确保建立更强大的国家法律和政策框架，为可持续发展高质量的教育奠定基础和提供条件。将确保政策的有效执行和发展教育与人力资源开发部的管理能力放在最高优先地位，重点是加强中央和地方的教育管理职能。审查相关机构管理安排、管理质量、管理计划，并进一步完善信息系统开发、治理问责机制、筹资程序机制，以及一般行政系统的管理。更好地利用信息和通信技术（ICT），用于支持基于证据的决策，加强教育系统职能并更有效地提供教育服务。

- 强调平等、包容和性别平等。审查、制定跨部门的政策和计划，以解决剥夺儿童、青年和成人接受优质教育机会的社会、文化和经济障碍，包括改变教育内容、方法、结构和供资战略，改善被排斥的儿童、青年和成人（如女童，残疾儿童和语言少数群体，贫困者等）的处境。解决排斥问题的策略将包括：（1）降低成本壁垒；（2）提供第二次入学机会或返学项目；（3）发展包容性学校设施；（4）加强教师的包容性教育；（5）将本土语言政策的使用主流化。进一步关注性别需要并采取措施，确保教与学对男孩和女孩产生同等影响，并确保女孩在往返教育机构的途中的人身安全。有必要开发更系统的方法来收集分析数据，使用分类数据来衡量教育中的边缘化现象，并制定减少不平等现象的指标，监测实现这些目标的进度。

- 引入终身学习的概念。教育系统将逐步采用体制战略和政策，以及资源充足的方案，确保包括成年人在内的所有年龄段人群的受教育机会，包括用于满足成年学习者和文盲儿童、青年或成人接受教育的特别措施。为了确保获得新的知识和技能，所罗门群岛教育和人力资源开发部将促进机制和流程的制度化，以评估技能要求并确保课程设置、教育和培训系统可以满足劳动力市场和社会的需求。该国还将采取跨部门措施，涉及教育、科学技术、家庭、就业、工业和经济发展、移民和融合、公民身份、社会福利和公共财政政策等方方面面。

（三）影响制定教育行动计划的三个主要因素

所罗门群岛《2016—2030年教育战略框架》（ESF）中的改革措施不可能一蹴而就地实现，它们需要制定中期项目将其稳定持续地推进，为此，《国家教育行动计划》（NEAP）将从三年延长至五年。也就是说，需要三个《国家教育行动计划》才能完成《2016—2023年教育战略框架》的项目周期。这三个《国家教育行动计划》有一定的战略顺序，每一个行动计划的目标由《教育战略框架》来设定。每个《国家教育行动计划》优先事项的确定主要基于三个相关限制因素的考虑：

● 财务因素：财务或预算方面存在重大局限性意味着如果无法持续提高效率，那么即使维持过去的收益也将是一个挑战。因此，财务因素严重限制了任何新计划所能涵盖的范围。

● 能力因素：存在着过去没有完全解决的一些基本的能力限制，它们如果没有被给予优先考虑，将会在持续的《国家教育行动计划》中阻碍实现学生学习成果方面的任何有意义的、可持续的提高。

● 管理因素：学校、教育机关（EA）和教育与人力资源开发部（MEHRD）三个层面存在系统性管理限制；除非可以通过协调一致的加强管理方案解决这些问题，否则这将破坏每项《国家教育行动计划》改革的成功实施。

四、教育现状

我们主要从三个方面：受教育机会、教育质量和教育管理，来考察所罗门群岛教育政策的实施所带来的教育状况的改变。

（一）受教育机会

所罗门群岛教育与人力资源开发部发布的2017年绩效评估报告显示，希望女孩和男孩不论社会、经济或其他方面地位如何，都能获得安全和平等的入学机会，并完成学业。毛入学率指某一级教育的在校生人数与符合官方为该级教育所规定之年龄的总人口之比。无论学生是否属于正规年龄组毛入学率（GER）越高，通常表明学生的参与程度就越高。毛入学率接近100%表示学校能够容纳所有学龄人口，但并不代表着学龄人口入学比例为百分之百。所罗门群岛2016—2017年除高等教育外各阶段教育水平毛入学率汇总，见表3。

表3　2016—2017年所罗门群岛幼儿、小学、初高中教育毛入学率汇总（单位：%）

年份	2016			2017		
教育水平	女性	男性	总计	女性	男性	总计
幼儿教育	60	59	59	63	60	61
小学教育	116	118	117	117	119	118
初中教育	76	74	75	75	71	73
高中教育	34	36	35	35	36	35

资料来源：所罗门群岛教育和人力资源开发部，2017。

由表3可知，所罗门群岛的小学教育拥有最高的入学率，这表明该国家的小学有能力容纳所有5—11岁适龄儿童接受小学教育。而净入学率（NER）与毛入学率（GER）之间的差异则表明，仍有很多儿童没有按照国家入学年龄标准接受相应的教育。幼儿教育、初高中教育的毛入学率低于百分之百，表明这些教育水平仍然没有足够的教育空间来接纳所有的适龄儿童。

净入学率又称适龄人口入学率，是指适龄在校学生人数与适龄总人口数之比。在所罗门群岛，接受幼儿教育学生的正规年龄为3—5岁、小学5—11岁、初中12—14岁、高中15—18岁。净入学率高表明正式学龄人口覆盖率高。与2016年相比，所罗门群岛2017年大多数教育水平的净入学率均略有增加，见表4。

表4 2016—2017年所罗门群岛幼儿、小学、初高中教育净入学率汇总（单位：%）

年份	2016			2017		
教育水平	女性	男性	总计	女性	男性	总计
幼儿教育	39	38	38	42	40	41
小学教育	91	92	91	92	93	92
初中教育	42	38	40	41	36	38
高中教育	29	29	29	30	29	30
总计	50	49	50	51	49	50

资料来源：所罗门群岛教育和人力资源开发部，2017。

除了考察学习者整体受教育机会的增加，受教育机会以性别为指标的情况同样需要关注。性别均等指数（GPI）是一种社会经济指数，旨在衡量男女接受教育的相对机会。简单地说，就是在给定阶段的教育中，女性人数与男性人数之比。性别均等指数显示，在2017年整体教育水平中，所罗门群岛女孩入学人数增加数量超过男孩数量，体现在2017年的入学人数与2016年的入学人数相比数量有所增加。从2016年和2017年两年各教育水平的性别均等指数数据可以看出，高中教育的指数均为同年各阶段教育性别均等指数最低区间，这意味着女性接受高等教育的机会要低于男性，女性接受高等教育的阻力要大于她们接受基础教育和中学教育的阻力。数据还显示，2017年初中阶段男孩入学人数呈现负增长，见表5。

表5 2016—2017年所罗门群岛幼儿、小学、初高中教育性别均等指数汇总

年份	2016				2017			
教育水平	女性（人）	男性（人）	总计（人）	性别均等指数	女性（人）	男性（人）	总计（人）	性别均等指数
幼儿教育	13395	13995	27390	0.96	14543	15004	27390	0.97
小学教育	63204	68155	131359	0.93	64648	69349	133997	0.93

续表

年份	2016				2017			
教育水平	女性（人）	男性（人）	总计（人）	性别均等指数	女性（人）	男性（人）	总计（人）	性别均等指数
初中教育	16333	17050	33383	0.96	16734	16715	33449	1.00
高中教育	8644	9839	18483	0.88	9152	9992	167446	0.92
总计	101576	109039	210615	0.93	105077	111060	216137	0.95

资料来源：所罗门群岛教育和人力资源开发部，2017。

特定年龄入学人数占同龄儿童总人口数的比例的高低（不论教育水平）反映了某一同龄人口的教育参与度的高低。理论上来说，这一比例最大值为百分之百。这一比例的增加可以认为是特定年龄儿童教育参与度的提高。对于所罗门群岛教育制度来说，3岁、5岁、6岁是可以为教育政策制定者解决入学年龄问题提供参考信息的关键年龄，2016—2017年所罗门群岛3岁、5岁、6岁儿童入学情况统计，见表6。

表6 2016—2017年所罗门群岛3岁、5岁、6岁儿童入学情况统计汇总（单位：%）

年份	2016			2017		
年龄	女性	男性	总计	女性	男性	总计
3岁	39.5	36.0	37.7	40.2	36.3	38.1
5岁	69.2	67.8	68.5	77.1	73.3	75.1
6岁	91.2	82.3	86.6	88.4	84.5	86.4

资料来源：所罗门群岛教育和人力资源开发部，2017。

与2016年相比，2017年3岁、5岁儿童入学率略有增加。截至2017年，3岁儿童入学率仍低于50%，5岁儿童的入学率高于70%，6岁高于80%，这意味着对于所罗门群岛儿童来说，按照教育部门制定的年龄标准入学仍有很大困难，大量学龄前儿童没有在相应的年龄为接受正式教育做好准备。

此外，Vince Catherwood领导的评估小组在访问马莱塔岛（Malaita）和瓜达尔卡纳尔岛（Guadalcanal）中小学的过程中发现，尽管考虑到地理距离远、途中的阻隔等客观原因，所罗门群岛的许多学校仍不能为学生提供最基本的学习条件，学校基础设施仍不完善，如不能提供清洁饮用水，卫生条件差，无力承担教室的维护修缮工作，无法为教师提供办公场所，电力供给不足，通信设施不完善，学校周边交通不便利等（CATHERWOOD、HAGGLAND, 2019:31）。所罗门群岛的教育基础设施建设是当务之急，因为这些因素直接限制了适龄儿童接受教育。

（二）教育质量

所罗门群岛标准化测试评估（Solomon Islands Standardized Test Assessment, SISTA），通过衡量学生完成教育和人力资源开发部的预期课程情况，这一评估项目为教育部长、政策制定者和所有利益相关者提供了可靠的衡量标准。该测试是针对所有样本小学全部四年级和六年级的学生进行的。它是单一的标准参考量表，可以衡量四至六年级之间的变化和增长，以及预判在此之后实现改善的情况。SISTA 的结果包含大量有关学生对作为课程成绩指标的项目的回应程度的数据。这些信息可能有助于教育和人力资源开发部（MEHRD）、校长、教师、学生和家长制定最适合其背景和环境的学生水平策略。

2015 年，所罗门群岛有超过 60% 的四年级学生的写作水平严重低于其标准化测试评估（SISTA）要求的标准；有 40% 以上四年级学生达到或高于阅读标准。同年，六年级学生中超过 30% 严重低于写作要求的标准；大约 85% 达到或高于数学预期标准。与 2013 年相比，四年级和六年级学生读写能力达到预期标准水平的百分比均有所上升。所罗门群岛标准化测试评估在 2015 年对六年级学生的评估结果表明：全国 90% 以上的学生达到或超过预期的算术水平。

除此之外，所罗门群岛获得教师资格证的教师比例也有所提高。获得教师资格认证的教师（certified teachers）既有学科资格也具备教学资格，而合格教师（qualified teachers）是指只具备学科资格，没有获得教学资格认证的教师。所罗门群岛教育与人力资源开发部发布的《2017 年绩效评估报告》

显示，从2016年到2017年，获得教师资格认证的教师总数平均增加了6%，从2016年的4786名增加到2017年的5511名。其中，幼儿教师增长2.8%，小学教师增长6.6%，中学教师增长3%，见表7。

表7 2016—2017年所罗门群岛认证教师比例（单位：%）

	2016 女性	2016 男性	2016 总计	2017 女性	2017 男性	2017 总计
幼儿教育	94.4	5.56	1.3	88.9	11.1	4.1
小学教育	30.4	35.2	65.6	47.1	38.2	72.2
中学教育	29.4	32.8	61.2	43	57	64.2
总计	43	57	58.2	43	57	64.2

资料来源：所罗门群岛教育和人力资源开发部，2017。

不过，数据显示，除获得教师资格证的教师、合格教师之外，仍然有未经培训的老师从事教学工作，这也是新西兰《外交和贸易援助计划》（Foreign Affairs and Trade Aid Programme）为所罗门群岛教育部门提供支持的一个主要方面。

所罗门群岛有80多种本土语言，皮金语是国民的通用语言，学校授课的官方语言为英语。因此，所罗门土著语言的多样性也是提高全民读写能力和算术能力的一个重要挑战。

（三）教育管理

从政府开支来看，教育一直是历届政府优先考虑的领域。所罗门群岛2017年教育预算拨款约为13.46亿美元，占政府总预算的29%。2017年，所罗门群岛各教育水平支出占总教育支出的百分比及2018年各教育水平预算，见表8。该指标显示了在教育的不同层次或阶段（幼儿、小学、中学、大专/职业）教育的财政资源如何分配，衡量了政府支出在总体上对特定教育水平的重点强调。

表 8 所罗门政府教育支出比例

部门	2017 预算（万美元）	占比（%）	实际支出（万美元）	占比（%）	2018 预算（万美元）	占比（%）
行政管理	4326.71	5	3530.51	5	4468.19	6
幼儿教育	2159.60	3	1230.73	2	2410.88	3
小学教育	11378.49	14	8494.64	13	11206.67	14
中学教育	11122.57	14	8697.47	13	10888.66	14
职业技术教育与培训	913.17	1	447.66	1	1195.32	2
高等教育	51566.91	63	42548.92	66	47618.49	61
总计	81467.45		64949.93		77788.21	

资料来源：所罗门群岛教育和人力资源开发部，2017。

由表 8 可知，2017 年，66% 的教育支出流向高等教育。从各教育水平预算分配情况可以看到，虽然政府的教育支出反映了预算分配的慷慨，但是也显示出，预算更偏向高等教育。2018 年行政管理、职业技术教育方面预算有所增多，高等教育预算有所减少，其他各教育水平预算基本维持稳定。

五、结　语

本文概述了所罗门群岛教育事业发展历程，详细描述了该国的教育制度，从受教育机会、教育质量、教育管理三个方面分析其教育政策及现状。总的来说，所罗门群岛的教育事业稳步推进，不断向着《2016—2030 年教育战略框架》的战略目标前进。在澳大利亚、新西兰等国家和世界组织的援助下，所罗门群岛实现了三个方面的改变：增加适龄儿童入学率，提升教学质量，提高教育管理效力。但是，该国仍面临着相关基础设施不完善、教师队伍素质有待提高、资金分配需进一步科学统筹等重要问题。

从教育机会方面看，所罗门群岛的小学教育拥有最高的入学率，这表明该国家的小学有能力容纳所有适龄儿童接受小学教育。而净入学率与毛入学率之间的差异则表明，仍有很多儿童没有按照国家入学年龄标准接受相应的教育。要想实现所有适龄儿童都接受相应水平的教育，还需要时间、资金和政策的支持。另外，数据显示女性接受高等教育的阻力仍然不小，这也应成为教育政策制定者重点关注的问题。

从教育质量方面看，所罗门群岛基础教育阶段学生的读写能力和算数能力仍有待提升。清洁水源、卫生条件、电力通信、公共交通等方面的基础设施不健全直接影响了适龄儿童接受教育，这些是办教育的"硬件"，是亟待解决的问题。截至2017年，仍有近四成教师未取得相关资格认证，因此，整体教师资质水平也有待进一步提高。教师素质是提高教育质量的关键因素，是办教育的"软件"，关系到教育发展的可持续性。

从教育管理的角度来看，政府重视对教育事业的资金支持，但更偏向于支持高等教育。而对于基础教育的重视关系到整体国民基本素质的提高，这不仅需要政府的进一步努力，更需要国际社会的进一步援助。

参考文献

[1] CATHERWOOD V, HAGGLAND J. Review of Solomon Islands Education Support 2016-19: Final Report[R]. Wellington: Allen and Clarke Ltd., 2019:31.

[2] Ministry of Education and Human Resources Development. Education Strategic Framework 2016-2030[R]. Honiara: Ministry of Education and Human Resources Development, 2016.

[3] Ministry of Education and Human Resources Development. Annual Report 2017[R]. Honiara: Ministry of Education and Human Resources Development, 2017.

[4] Ministry of Education and Human Resources Development, 2017. 2017 Performance Assessment Report[R]. Honiara: Ministry of Education and Human Resources Development.

[5] 朱希璐. 南太平洋岛国教育 [J]. 外国中小学教学, 1996(1):31-32.

[6] 张勇. 所罗门群岛 [M]. 北京：社会科学文献出版社, 2016:189.

从语言认同到民族认同

——全球化背景下汤加语言政策的历史演变

李长慧　孙梦阳 *

一、汤加概况及语言政策背景

（一）基本概况

汤加王国（The Kingdom of Tonga，简称汤加），属大洋洲，位于南太平洋西部、国际日期变更线西侧，西距斐济 650 公里，西南距新西兰 1770 公里。汤加是由塔布群岛、哈派群岛、瓦瓦乌群岛三个群岛，共 173 个岛屿（其中 36 个有人居住）组成的岛国。这些岛屿中，塔布岛最大，是汤加群岛的主岛，也是首都努库阿洛法所在地。汤加陆地面积 747 平方公里，海洋专属经济区面积 70 万平方公里。

1845 年，汤加王国由多个岛屿联合建国。1875 年开始实行君主立宪制，1900 年开始成为英国的保护国。1970 年 6 月 4 日独立，并成为英联邦成员和联合国第 188 个成员国。2008 年 7 月 29 日，汤加国王图普五世将权力交

---

* 李长慧，菏泽学院外国语学院讲师。
　孙梦阳，菏泽学院外国语学院讲师。

给国会，放弃权力，走向民主，但该国仍保留君主立宪制，是南太平洋岛国中唯一维持君主制的国家。

截至2017年，汤加人口为10.8万，通用汤加语和英语。

（二）历史进程

汤加历史悠久。3000多年前波利尼西亚人开始在汤加塔布岛定居。1000多年前成立汤加王国，公元950年，汤加开始由图依·汤加家万族的国王和王后统治。从公元950年至今，汤加共经历了四个王朝。

1616年，图伊·卡诺库柏鲁王朝诞生的第六年，西方列强之一荷兰的航海家威廉·斯考滕和雅各布·勒梅尔到达北部的努奥图布达布岛。1643年，亚伯·塔斯曼抵达东加塔布群岛的东加塔布岛和哈亚派岛，但欧洲人对群岛真正有效接触却始于英国著名探险家詹姆斯·库克船长1773—1777年的几次考察。原住民热烈欢迎他的到来，并为他补充了必需品，因而库克称该群岛为"友谊群岛"。

1797年和1822年，伦敦传教会和循道宗教会（卫理公会）先后在汤加传播基督教，但没有成功。1826年，循道宗教会再次布道，此次获得成效。1842年，玛利亚会修士设立天主教传教会。

1799—1852年，汤加的三个家族为争夺王位爆发了内战，陶法阿豪家族的乔治·陶法阿豪平息战乱，在卫理公会教徒的拥戴下，于1845年建立汤加第四个王朝——陶法阿豪王朝，被称为国王乔治·图普一世。

1900年，汤加成为英国保护国，第二次世界大战中，汤加成为美国、新西兰的军事补给基地。1970年6月4日，汤加独立，获得内政和外交的全面控制权，并成为英联邦成员国。

时至今日，汤加已与43个国家建立了外交关系，澳大利亚、新西兰、英国和中国在汤加首都设使领馆。汤加在英国设高专署，在美国旧金山设领馆。汤加还是联合国、英联邦、太平洋岛国论坛、太平洋共同体、国际民航组织、亚洲开发银行、世界银行、国际货币基金组织等国际组织的成员国。

（三）教育概况

汤加为 6—14 岁儿童提供免费教育。初等教育 6 年，属于义务教育阶段，中等教育包括初中四年和高中三年，14 岁以下的儿童均可接受免费教育。汤加高等教育入学率较低，多数中学毕业生选择去国外接受高等教育。教会和其他私人组织在教育中发挥着重要的补充作用。在汤加大约有 20 所大学或学院，26 所中学（其中政府管辖的有 6 所）和 95 所小学，英语和汤加语都是学校的考试科目。

汤加人的读写能力普遍较高，尤其是方言的使用。书面汤加语被广泛用于宗教、政府、信息、商业和个人事务中。英语则是对外交流、高级管理和教育的语言。汤加教育虽然鼓励儿童学习英语，但仍然强调母语汤加语的通用语地位。在小学阶段，汤加语是教学的语言，而英语是第二语言。在中学阶段，英语转变为教学语言，但教师仍在低年级中使用汤加语，汤加语和英语都是中学教师学历教育的核心课程。

二、汤加的语言环境

（一）汤加语

汤加语（英语：Tongan，汤加语：Faka-Tonga）是汤加的本土语言。汤加语属于南岛语系马来-波利尼西亚语族，主要用于汤加王国，亦使用于美属萨摩亚、澳大利亚、加拿大、斐济、新西兰、纽埃、美国和瓦努阿图，使用拉丁字母拼写，基本语序为 VSO（即语序为：谓主宾），使用人口约 10 万。

（二）英语

由于早期欧洲传教士的影响，英语与汤加人的社会生活关系密切。今天，英语作为世界上使用最广泛的语言，依旧在汤加的社会、政治、经济、文化各个领域扮演非常重要的角色。

（三）以汤加语为载体的文化传承

19世纪初，正式的学校教育建立之前，汤加原住民的教育主要是通过家庭和社区共同合作实现的。学习内容主要源自共同的文化价值观念，几千年来流传下来的知识体系和汤加人对世界的认知，旨在实现文化的存续和传承。这些源于生活的知识关注如何建立良好的人际关系，强调相互尊重、互惠共享的价值观念，关注集体的利益。学习的形式非常随意。这些文化价值贯穿教与学的整个过程，并"通过观察、模仿、实践将积累的文化知识、技能和价值观传递给下一代。这个过程主要由年长者用本族语来传授后人"（Thaman, 1996:100）。

三、20世纪汤加的语言政策历程

（一）早期的语言政策

汤加的首个语言政策诞生于1921年。当时的枢密院（即高等法院）规定汤加学院的教学语言为英语（汤加学院是1882年建立的政府学校之一）。然而，这项政策后来被解读为：不管学校的主管部门是什么，英语都应该是学校的教学语言。Tekiteki（1990）解释说，法律上并没有强制实施。但当时多数的学校都是由欧洲的驻殖民地官员掌管的，英语理所当然地成为教学语言。尽管按惯例汤加语被认为是日常交流的官方用语，但并没有官方的文件规定汤加语的使用要求。

（二）20世纪70年代的语言政策

20世纪70年代，人们通过立法确立汤加语作为政府的官方语言。然而，内阁会议的举行、会议的记录等仍旧使用英语。精通汤加语并非进入行政部门的强制要求。并且，在小学和初中阶段教授汤加语被认为是浪费宝贵的学校教学时间。在人们看来，时间应该用在教授英语和其他一些能够帮助学生获得学校证书或进入大学的学科上。

（三）20世纪80年代的语言政策

20世纪80年代初，人们迎来了汤加语的时代。汤加教育部在澳大利亚的资助下，作出了在汤加实行双语教育的决定，提出了诸多问题，如汤加双语教育的目标，学校中如何教授汤加语，汤加语是否应该在社区中被高度重视，汤加学生在进入学校之前是否在自己的本族语方面达到了很高的水平，汤加语在学校体系中是否是弱势语言等。然而，在现实中，对多数学生来说，英语无疑是二者中更为强势的语言。多数学生正在经历"减法双语（学生对两种语言都掌握不好），认知能力较低的学生由于无法用任何一种语言与周围环境进行有意义的互动而受到影响"（Tekiteki, 1990:58）。

20世纪80年代汤加的语言状况反映了这一时期汤加语的发展。当时，汤加语仍然是口头使用的主要语言——在家庭、社区（包括电台和公开会议）、教堂、商店和政府，以及中等教育中广为使用。例如，除了每周一次的礼拜仪式外，多数教堂使用汤加语进行所有的仪式。立法议会、内阁和枢密院一直使用汤加语开展工作。英语口语基本上用来跟非汤加的外籍人士或游客交流。

在公立小学（如今为超过90%的儿童提供教育），汤加语是官方的教学语言，英语只用于英语语言和阅读课教学。一年级开始就设立英语口语和初级阅读课，当学生完成小学阶段的学习，英语口语达到入门级的水平，但仅此还不足以达到中学阶段使用英语作为教学语言的要求。小学课堂的墙壁上贴满了老师用汤加语和英语制作的各种海报、标志或标签。这些都有助于孩子们对语言和知识的理解和掌握。

中学阶段，发展学生的英语读写能力是教育的重点。人们认为，英语的读写能力是在当地获得好工作和海外留学的重要条件。中学按要求应使用英语教学，但这一规定并没有真正实施。在校长们的支持下，除英语课外，老师们更喜欢使用汤加语授课。据观察，课堂上，老师用英语讲课，随后用汤加语加以解释，并用汤加语进行提问，可能仅有为数不多的几个非汤加籍老师用英语上课。不仅课堂上如此，在Salote女王学院，日常活动都使用汤加语进行，不过在这所学院的教师会议上，如果有非汤加籍的老师出席，会议就会使用英语。但总的来说，学院在举行会议时更喜欢使用汤加语。

在高等教育阶段，阿泰尼西学院除汤加语课外，教学都是使用英语开展的。教师学院则是汤加语和英语并用。用一位代理校长的话说："英语是我们的正式的教学语言，而实际上是用汤加语教学，你必须让学生听明白。"

此外，汤加20世纪80年代开始兴起学前教育。它们通常由社区兴办，没有政府的资助或认可，往往存续的时间不长。尽管如此，它们的出现体现出汤加人对于教育的渴望。幼儿园中使用汤加语教学，会通过儿歌、歌谣的形式穿插一点英语内容。据了解，汤加儿童对他们母语的学习掌握非常迅速。

20世纪80年代的汤加，可供学习的阅读材料非常短缺。不管是在公共图书馆还是在中学的学校图书馆，图书都寥寥无几。多数小学和中学的课本都是在海外出版，甚至是针对南太平洋国家出版的英文教材。

由此可见，当时汤加实行的双语教学与当今社会的双语教学非常不同。人们在社会生活的诸多方面如个人交际、宗教活动、读报、政府功能等方面使用汤加语。而在商业交流、教育和行政事务中对英语读写能力的要求不断增加。两种语言在社会中呈现出不同的角色和社会分工。

（四）20世纪90年代的语言政策

20世纪90年代，人们开始认识到学校成绩的好坏与语言学习相关。比如，Withers（1991）在一项针对太平洋岛国小学生识字水平的研究中发现，71.0%的研究对象被认为是已经取得了两种语言的读写能力（本族语和英语/法语），但仍有很大比例的学生对本族语的掌握令人担忧。这使得人们开始思考学校教育的质量和所采用的语言政策的关系。Mugler and Lynch（1996:5）认为对于太平洋岛国的孩子们来说，英语"只不过是另一门要学习的课程"。

越来越多的南太平洋岛国领导人开始关注这一问题，并积极寻求解决方案。他们不仅学习新西兰、美国等先进国家主流课堂的做法，也试图在各太平洋岛国内部寻找解决方案。

四、汤加当前的教育改革和国家语言政策

在21世纪初，包括汤加在内的许多太平洋岛国更加重视这样一种观点，即"以母语为基础的、计划周全、理论健全的教育是行之有效的"（Malone & Paraide, 2011:718）。这种观点与Cummins（2000）和Baker（2000）的一些研究观点相一致。他们认为，为了让学生在教育中取得更多的成就，更好地理解课程的重要性，就需要让学生在一个以母语为主要教学语言的教育体系中成长。在孩子很小的时候就传授母语，将为他们日后将思想从母语迁移到第二语言铺平道路。

因此，汤加在21世纪初制定了强有力的、包容性的教育和语言政策。基于一些太平洋岛国教育家所提出的语言和文化多样性应作为一种资源而非问题的观点，汤加对初等教育体系和课程规划进行了修订，提倡在基础教育阶段使用母语进行辅助学习，为初等教育阶段语言政策的重大创新奠定了基础。

2004年，汤加教育部制定并颁布《2004—2019年汤加教育政策框架》。依据框架要求，汤加教育部的任务是"为汤加的发展和汤加人民提供终身的素质教育"。为了实现这一目标，政府要"致力于改进教育准入，提升教育公平，改善教育质量，提高学生成绩，建立更高效、更可持续发展的教育体系"。在此背景下，汤加教育部确定了以母语为基础的双语教育政策，政策问题具体包括确定适当的双语教学方法，学校教学语言从汤加语转换为英语的适当节点，以及诊断和解决语言学习困难的合适方法等。

当前，汤加的语言政策具体表现为"各年级学生都要熟练掌握汤加语；六年级学生能够理解并使用英语，在中学教育结束时，学生们能具备英语的听说读写能力；所有汤加人都将通晓汤加语和英语，学生也有机会学习其他语言，包括法语、日语和汉语"（Tonga Ministry of Education, 2004:36）。新语言政策的出台是对政策方向重新评估的结果。政府希望借此提高汤加

所有学生的教育质量。该语言政策与联合国教科文组织和儿童基金会关于多语种教育的观点相一致。

汤加的语言政策有两项关键原则：（1）有效的教育建立在孩子早期学习母语的基础之上。（2）在使用第二语言读写之前，需要具备第一语言的读写能力。汤加教育部认为，良好的母语读写能力有助于提高学生学习第二语言课程的能力，并希望通过这些原则来确保和加强汤加语及汤加文化的地位。

汤加现行的语言政策，包括对读写能力、双语能力的要求，意味着所有公立小学都要采用双语教学模式，并把汤加语作为大多数学生的第一语言。汤加的学生需要具备基本的母语读写能力，而后才能学习英语。公立小学的主要教学语言，除了语言科目（英语）外，为汤加语。小学四至六年级的教学采用双语教学。表1和表2显示了英语和汤加语在课堂上使用的区别。

从幼儿教育到十三年级（高中毕业），教师在课堂上使用汤加语或英语作为教学语言的百分比，见表1。

表1 汤加课堂教学语言百分比（单位：%）

年级	汤加语作为教学语言	英语作为教学语言
幼儿园	100	0
一至三年级	100	0
四年级	80	20
五年级	70	30
六年级	60	40
初中至高中阶段	50	50

每周在课堂上使用英语和汤加语的时间分配情况，见表2。汤加语科目是指课程中用汤加语所教授的所有其他课程（数学、汤加语、汤加社会与文化、运动与健康、科学、创新科技）。这些课程将汤加语作为教学语言。而英语科目是指课堂中将英语作为第二语言所教授的课程。

表2 英语和汤加语作为教学语言每周时间分配

课堂	汤加语科目	英语科目
幼儿园	所有科目	0分钟
一至二年级	每周880分钟 750分钟直接授课 其余在其他课程中偶然使用	0分钟
三年级	每周820分钟 750分钟直接授课 70分钟在其他课程中偶然使用	每周60分钟（口语）
四年级	每周450分钟	每周330分钟
五年级	每周400分钟	每周380分钟
六年级	每周390分钟	每周390分钟
七年级	每周240分钟	每周240分钟
八年级	每周240分钟	每周240分钟

从表2可以看出，三年级课堂使用英语的情况稍有不同，其中可能存在区域的差异。对于汤加语科目，教学语言严格为汤加语。而对于英语科目，三年级开始英语作为一门语言课程，只强调口语学习。从这些表格可以明显看出，随着年级的提高，将英语作为教学语言的使用时间也在增加，尽管如此，从中学开始，使用英语作为教学语言的时间不会超过50%。而在这个阶段使用双语教学是非常重要的，因为六年级（小学毕业）、高中（一至三）年级都有国家统一考试，考试语言为英语。

2008年，汤加教育部针对汤加学校推出了新的国家语言政策，2012年正式开始在学校实施。这项新的语言政策规定，汤加语是汤加人使用的唯一国家和官方语言。在汤加社会、商业、宗教、议会、国家事务和职能中必须使用汤加语。这一变化不仅基于全球和地区层面的研究成果，还吸纳了来自公务员、企业家、校长、学校教师和学生、家长、教师培训人员、语言专家、课程顾问等社会各方面的意见。大家共同决定在汤加的学校教育中使用什么语言作为官方语言。在此背景下，新的语言政策体现出如下几方面内容。

（1）汤加语是社会各阶层交流使用的官方语言，政府将其用于所有的国家事务中。

（2）汤加语与英语一起作为教学语言在学校教育中使用。新政策指出，"公立小学（一至三年级）的主要教学语言为汤加语。四至六年级开始使用双语（汤加语和英语）教学。从七年级开始英语将作为主要的教学语言。"

（3）汤加语应成为儿童教育的官方语言，为儿童的教育奠定坚实的基础。教师和学生之间使用他们熟悉的语言进行沟通和交流，能更好地将汤加人的知识、技能、思想、价值观和信仰等传授给学生。并且，有母语作为坚实的基础，将有助于孩子学习第二语言，如英语，或第三语言，如日语或萨摩亚语。

（4）研究发现，汤加人对汤加语的认可度不高。大多数人认为英语这种国际语言是通向职业机会和进一步学习（国内和国外）的大门。而且，在汤加的很多商业活动中，英语也是主要的工作语言。但是政府、企业和私营部门在日常运行过程中仍以汤加语为主。

（5）当第二语言和第三语言使用者（如日语、法语、汉语）的就业机会增加时，使用汤加语的机会也会随之越来越多。越来越多的中国人和其他外国人移民到汤加，成为汤加公民，同时也带来更多接受汤加语培训的机会。

（6）最重要的是，汤加语有助于保护汤加文化。对培养汤加人对国家和民族的认同感非常重要。

这些内容作为《2004—2019年汤加教育政策框架》的重点，已引起语言政策的变化。Malone和Paraide（2011:718）认为，在今天的教育体系中，问题是"如何最好地实施支持本族语的项目，从而在家庭社区和更广泛的社会之间架起一座桥梁，积极地为两者作出贡献"。新的语言政策带来了重要的变革，同时赋予更多的年轻人以文化自信和价值认同，以实现可持续发展的目标，究其本质是为了维护汤加最重要的财富——汤加文化（Government of Tonga, 2014）。

五、语言生态视角下汤加语言政策的价值取向

语言生态学（ecology of language）自 20 世纪 70 年代由美国语言学家艾纳·豪根（Einar Haugen）提出以来，受到学界广泛关注，其跨学科的视野为语言学及诸多领域的研究开辟了新的思路。特别是对语言与语言环境有机联系的强调，呈现出语言研究更加广阔的社会价值，指出了双语及多语种环境下，各语言之间和谐共生的必要性和可行性。

语言的生态同自然界中的生态系统相似，需要在共生的地域，达到语言与自然、人文社会环境的契合与平衡。当今全球化趋势日益凸显，以跨文化交流为媒介的全球经济一体化发展格局日益加深，开放包容、兼收并存已成为国民发展的合理心态。在此大背景下，不同语言的交流碰撞也使得语言的生存状态加速变化，同时导致一些语言逐渐退化乃至消亡。在人类发展的进程中，几千种语言应运而生，留下一个个民族历史发展的鲜活记忆，而在自然演变的过程中，大部分语言消逝其中，得以保留下来的每一种语言都是人类的财富，更是民族之魂。语言生态的提出为多语言和谐共存与发展寻找到共同的家园。

语言生态会受到语言政策的人为影响，同时又影响和制约着语言政策的制定。把语言政策的研究纳入语言生态的视野，一方面能够使语言政策的制定和推行符合该地区语言生态的实际，取得更好的效果；另一方面，通过语言政策的制定与调整，调和外部影响因素，积极创造适合语言生存和发展的环境，同时，使语言生态更好地服务于民族利益和国家利益。

纵观汤加语言政策演变，其主旋律一直是加强母语汤加语的学习和使用，提升汤加语的认可度。尽管在汤加的语言生态中主要有汤加语和英语两种语言并存，但汤加的特定历史进程决定其语言政策的制定并非一帆风顺、一劳永逸。汤加人民尤其是执政者经历了不同时期的考量与决策，梳理其历史演变不难发现，古老的汤加从 1900 年成为英国保护国开始，直至 1970 年加入英联邦，英语在汤加的地位与角色居于主导地位。这种外来语

言和文化的渗透，给一个经济相对滞后的岛屿国家带来的影响和改变可想而知，汤加的宗教信仰和国旗构成就是典型的例证。特别是年轻人和上层社会群体，把对英语语言的学习看成是走向世界的桥梁和彰显身份的标志，对母语汤加语的使用也一度感到迷茫和纠结。从学校的教育安排及社会中的现实状况也不难看出，汤加人在国际开放大格局下的彷徨和思索。受到历史条件和社会环境的制约，语言政策的推行举步维艰。

20世纪末出现了转折，汤加作出实行双语教育的决定，两种语言在社会中承担不同的角色分工。进入21世纪以来，汤加语言政策出现了明显的调整，制定了以母语为基础的双语教育政策，并在初等教育阶段实现语言政策的重要创新。汤加通过国家语言政策的制定和推行，逐步明确母语在学校教育和社会发展中的地位和作用，并通过政策不断加以调整、加强和巩固。同时在保持良好的语言生态条件下，更加合理地凸显英语的实用功能，从而使两种语言形成均衡互补的态势。

六、结　语

语言是人类社会发展的文化成果，更是一个民族智慧的结晶和传承。汤加语言政策的演变告诉我们，重视本民族语言与积极融入世界并不矛盾，恰恰相反，只有对本民族语言认同才能实现民族认同，才能找到发展的根基和动力，才能在日益发展的世界大格局里找到自己的位置。

参考文献

[1] BAKER C, SIENKEWICZ A. The Care and Education of Young Bilinguals [M]. Clevedon: Multilingual Matters, 2000.

[2] BALDAUF R, Cheung W. Language Education Policies in the Pacific[J]. Australia: The University of Queensland, 2006 (6):433-442.

[3] SPOLSKY B, ENGELBRECHT G, ORTIZ L. Religious, Political and Educational Factors in the Development of Biliteracy in the Kingdom of Tonga[J]. Journal of Multilingual and Multicultural Development, 1983,4(6): 459-469.

[4] CUMMINS J. Language, Power and Pedagogy: Bilingualism Children in the Crossfire[J]. Clevedon: Multilingual Matters, 2000 (23): 34.

[5] MALONE S, PARAIDE P. Mother Tongue-based Bilingual Education in Papua New Guinea[J]. International Review of Education, 2011 (57):705-720.

[6] Ministry of Education and Training. Tonga National Language Policy[Z]. Nuku'alofa: CDU, 2008.

[7] Ministry of Education and Training. English Language Syllabus for Secondary Education in Tongan Schools: Class 9 – Class 10[Z]. Nuku'alofa: CDU, 2014.

[8] MUGLER F, LYNCH J (eds.). Pacific Language in Education[M]. Suva; Pacific Language Unit, Vanuatu, The University of the South Pacific, 1996:23.

[9] TALAIFINA M P. The Language Environment of Primary School Aged Children in Tonga -A Case Study of 4 Children[D]. New Zealand: University of Waikato, 2017.

[10] TAUFE'ULUNGAKI A. Pacific Cultures in the Teacher Education Curriculum. Module Two, Vernacular Languages and Classroom Interactions in the Pacific[M]. University of the South Pacific: UNESCO, 2000.

[11] TEKITEKI S. Language Planning and Education in a Bilingual Society. Report on a Workshop Held at the Pacific Language Unit of The University of the South Pacific[R]. Port Vila, Vanuatu on October 24-28. 1988: The Australian National Commission for UNESCO, UNESCO Paris and the Pacific Languages Unit, 1990.

[12] THAMAN K H. The Tongan Studies Programme[M]//Pacific language in Education. Suva, Fiji: The Institute of Pacific Studies, 1996.

[13] Tonga Ministry of Education. Tonga Education Policy Framework (2004-

2019). Curriculum Development Unit: Nuku'alofa, 2004.

[14] WITHERS G. Pacific Islands Literacy Levels: A Criterion-Referenced Study[J]. Apia, Western Samoa: UNESCO, 1991.

瓦努阿图的语言使用和语言教育[*]

温倩[**]

一、瓦努阿图语言面貌概况

瓦努阿图共和国（the Republic of Vanuatu，简称瓦努阿图）是一个多语言共存的国家，国内大约有106种语言。英语、法语和比斯拉马语是其官方语言。瓦努阿图是世界上唯一一个把以欧洲语为基础的克里奥尔语（European-Lexifier Creole Language）当作官方语言的国家。英语和法语是其教学中使用的主要语言（Lynch，1996）。多种官方语言和复杂的国民语言使用情况，使得该国政府在其不同层次的教育体系中（K-16: Kindergarden-16-year-old），对其国民语言和官方语言的使用和教育政策有着较大的差异。这其中有深刻的殖民地历史背景和政府对本国语言的认识沿革等复杂原因。因此，本文将从 K–16 的不同教育层面中，逐个分析该国家语言使用和教育的现状及其背后原因。

---

[*] 克里奥尔语（Creole）：由皮金语（Pidgin）发展而来，指由不同种语言混合而成的混合语。从纯粹语言学的观点看，皮金语只是语言发展的一个阶段，指在没有共同语言而又急于进行交流的人群中间产生的一种混合语言，属于不同语言人群的联系语言。皮金语一旦作为母语传递，成为一个社会交际语，它就会开始逐步扩大词汇，严密语法，迅速发展丰富起来成为共同交际语言或独立语言，演变成为克里奥尔语。

[**] 温倩，北京语言大学英语学院副教授，太平洋岛国研究中心研究员。

二、瓦努阿图通用语

（一）比斯拉马语形成背景

比斯拉马语是一种美拉尼西亚克里奥尔语，除瓦努阿图外，也流行于一些其他美拉尼西亚岛屿。该语言起源于19世纪中期瓦努阿图南部岛屿，是特殊历史背景下多语种接触的结果。殖民地时期，英国招募劳动力加工并出售瓦努阿图海参和檀香木。而在招募劳工的营地中瓦努阿图工人大量接触到欧洲监督员所讲的英语，这使得一种以英语为基础的皮金语迅速产生，并成为这些劳工营的通用语（Crowley, 1990:71–100）。海参的法文名字叫biche de mer，而皮金语在这种商品贸易的背景下成长起来，被称为"biche de mer English"。后来，这个词的缩写形式bichelamar广泛流传开来，最终演变为今日的Bislama，也就是今天的比斯拉马语。19世纪下半叶，成千上万的瓦努阿图人被招募到更远的种植园工作，他们所使用的比斯拉马语迅速成为这些海外种植园的通用语。这种大规模的劳动力招募导致了比斯拉马语作为一种种植园通用语在该国许多地区的传播。

20世纪40年代初，美军在瓦努阿图的部分地区，特别是埃法特岛（Efate）和桑托岛（Espiritu Santo）东南部建立了庞大的军事基地，并且通过这些基地发起了对所罗门群岛日军阵地的袭击。大量瓦努阿图年轻男子被招募来作为体力劳动者从事道路和机场建设，进一步加快了比斯拉马语作为通用语的传播，这一连串历史事件使得比斯拉马语最终成为瓦努阿图全国范围的通用语。

（二）通用语的使用和教育

在瓦努阿图，比斯拉马语是宪法承认的国家语言。作为一种国民语言（national language），比斯拉马语的作用不仅仅作为通用语用于沟通交流，它还具有一些象征性的功能，如瓦努阿图的货币及国徽上刻有比斯拉马语，而国歌也是用比斯拉马语唱的。虽然比斯拉马语享有如此高的地位，但它在国民教育中的参与度却极其有限，有时甚至受到政府的禁止，究其原因，这中间存在着较为复杂的历史遗留问题。

Siegel（1997: 99-100）指出，瓦努阿图的西式教育模式最初由传教士设立，通过使用当地语言提升传教士的语言水平，达到传播基督教的目的。随后在英法共管政府时期，政府并不重视教育，学校教育的责任落在了教会的身上。Masing（1992:33）的报告指出，教会学校要求学生们先用当地语言背诵字母表，接着背诵教义中的材料，然后用当地语言进行阅读及写作。能力突出的学生有时可以学习两种宗主国语言（即英语和法语）中的一种。自20世纪60年代起，英方政府开始在全国各地建立用英语授课的小学，并在维拉港建立了一所中学和一所师范学院。法方政府建立了与之相竞争的法语授课学校，而且不收学费，以此吸引家长把孩子送到法语学校。这些由英或法政府设立的学校不仅不用方言授课，而且通常有严格的规定，禁止学生在上课时间使用比斯拉马语或方言。这种做法通常得到了家长的同意，在家长们看来，富有成效的学校教育与学习宗主国的语言密切相关，而使用比斯拉马语或其他方言则干扰了这一进程。1980年瓦努阿图独立后，瓦政府将两种截然不同的语言教育体系整合统一为单一的国家体系，建立了统一的课程大纲，并统一教材、教师薪资待遇和学费。教师通过英语或法语进行授课。

在这套统一的教育制度下，瓦努阿图教育部鼓励所有儿童上学前幼儿园。幼儿园里有一系列的语言实践活动。大多数的课程都是用比斯拉马语或当地语言教授的。然而城镇上的幼儿园往往是私营企业，教授更多的语言是英语或法语，旨在使得这些儿童比其他同龄人接触到更多的英语或法语，以便为日后上小学做好准备，同时也契合父母希望孩子"赢在起跑线上"的想法。

瓦努阿图实行六年义务初等教育。学校规定老师用英语或法语授课。小学高年级课程通常开设在大城镇的学校里，因此学生通常需要以寄宿生的身份在其母语地区以外的学校就读。虽然学校规定禁止在课堂上使用英语及法语以外的语言，但当地教师经常借助比斯拉马语来解释相关知识点，这种多语言交替授课的模式虽得不到官方的认可，但在实际授课中却起到了相当良好的效果。Lynch（1996:247）的报告指出，1982年，瓦努阿图教育部对教学中使用比斯拉马语的行为进行了一定程度上的官方制裁，然而后续并未采取更为严厉的制裁措施。由此可见，官方虽然不认可比斯拉马语在课堂上的地位，但对其使用仍保有一定程度上的容忍。

在瓦努阿图，学生上中学的难度要大得多，只有大约20%的小学生可以进入初中（Masing, 1992:24）。在瓦努阿图现行的教育制度下，中学教育分为两个阶段，其中初中四年，高中三至四年。未被录取的学生通常会返回当地社区，他们再次用到英语或法语的几率很小（Masing, 1992:32）。农村地区对这些早退生提供了一些职业培训，但许多此类课程主要以比斯拉马语授课，因此英语及法语亦无用武之地。

比斯拉马语的使用在法语中学课堂上的接受程度远远低于英语中学。即使是在英语授课的中学，不同学校对比斯拉马语的接受程度也不能一概而论：有些学校禁止使用这种语言，有些学校则在鼓励使用英语的同时允许使用比斯拉马语。在同一所学校内，有些教师选择不在课堂上使用比斯拉马语，而另一些教师则大量使用比斯拉马语来补充英语授课内容。

当学生步入高等教育阶段时，对比斯拉马语在课堂教学的使用限制便不存在了。南太平洋大学语言系（The Pacific Languages Unit of the University of the South Pacific）于1983年成立，该系的创立目标之一是提高太平洋本土语言的地位。其中一个做法是提供一门比斯拉马语的大学学分课程。此外，还开设了一门通过比斯拉马语进行授课和考试的学科，这证明了比斯拉马语在大学严肃的学术研究中亦有用武之地。

（三）本土语言保护

禁止方言在课堂上的使用虽然提高了教育效率，但也加速了某些语言的消亡，尤其是那些位于偏远地区、本就无人问津的语言。近些年来，面对多种方言濒临消亡或已经消亡的严峻现状，瓦努阿图政府出台了相关政策以期扭转局面。

目前，瓦政府正在致力于通过一项教育总体计划（Educational Master Plan）。该计划主要由世界银行给予财政上的支持，辅以其他国际机构的援助。计划建议目前普遍在全国实行的六年教育延长到八年，此外建议初等教育的前两年使用方言来进行授课。该建议的支持者认为，使用儿童较为陌生的语言（英语或法语）来进行授课不仅对孩子百害而无一利，最终还会危害到国家。此外，语言保护的问题也是其重要关切，方言教育有助于促进地方语言的发展及传承，从而与强势的英语、法语相抗衡。虽然将当地语言纳入正规教育系统可能会提高这些语言的地位，但必须承认的是，就语言保护而言，计划实施后的总体效果不会太好，因为此项提议只包含两年初等教育的教材，没有考虑到当地社会不同层次受教育者的需求，覆盖面不够广。尽管这项仍处于讨论中的计划得到了相当广泛的支持，许多人对此持消极态度。

Bracken（1998:10）指出，该计划的支持者及赞助方——世界银行获得了"瓦努阿图人民在保护方言方面的一致支持"。Bracken还指出，世界银行在起草总计划的初期版本时遇到的最大阻力来自侨民圈，这些人通常比较关心这项政策的可行性，或者担心这项政策会对英语和法语的学习产生负面影响。

为了推行普及方言教育的政策及针对语言保护的具体要求，政府应鼓励搜集国内所有语言的相关信息，特别是在那些鲜为人知的地方所使用的语言，同时要鼓励记录口语材料，从而为形成可供大众阅览的典籍奠定基础，而不能只收录宗教材料的翻译。然而，瓦努阿图目前还没有正式且有效的机制以系统地促进语言的搜集整理工作。虽然瓦努阿图文化中心（The Vanuatu Cultural Centre）可以为特定方向的学术研究人员提供一定程度上的协助与指导，但针对某些濒临灭绝的方言，如果没有研究人员主动开展研究，那么该中心也会因缺乏人力物力而无法自主开展相关工作。因而，不论政府所制定的计划能否顺利实施，就目前而言，瓦努阿图在语言保护方面仍然任重道远。

三、瓦努阿图官方语言

（一）英语、法语介入的历史背景

根据瓦努阿图政府 1989 年的全国人口普查，超过 90% 的人除了比斯拉马语，还额外掌握了一种及一种以上的语言，其中尤以英语及法语为主。考虑到瓦努阿图的历史，这种情况并不令人感到意外。

1606 年 5 月，葡萄牙探险者首次发现瓦努阿图所在的岛屿。1774 年，著名的英国航海家詹姆斯·库克也发现了这些岛屿，并起名新赫布里底岛。1825 年，第一批欧洲人开始在这里定居。当时，爱尔兰人彼得·迪伦（Peter Dillon）在当地开始进行檀香木的出口贸易。随着檀香木被逐渐砍伐殆尽，多数商人把目光投向了另一项暴利黑暗的行业，他们将土著人诱骗或绑架贩卖到斐济和昆士兰的甘蔗园当劳工，这就是后来臭名昭著的黑奴贸易。但不可否认的是，贸易活动也令欧洲语言在原住民间迅速传播开来。

宗教对语言传播的影响也不容小觑。早在 1839 年，两名传教士就来到瓦努阿图传经布道，随后不断有天主教、基督教长老会，以及英国国教的传教士陆续来到新赫布里底岛传播教义。19 世纪后期，殖民者和传教士开始了对新赫布里底岛的殖民统治。英国的护卫队定期在海岸地区附近巡逻，保护殖民者的安全及檀香木贸易的顺利进行。随着英法两国在岛国的争斗不分伯仲，双方成立了联合海军委员会来维持秩序。英法双方开始在瓦努阿图进行各自的政治活动，双方都派出自己的领事专员和地方长官等对该岛实行统治，从而形成了共管政府。该岛国在如海关、法律、监狱、医疗等社会各系统中都有两套管理体制。淳朴的岛民在很长的时间内都认为英国女王嫁给了法国总统，自己的国家是由这对夫妻共同统治。英法两国 1922 年正式签署由英法两国共同统治新赫布里底岛的协议，新赫布里底岛混乱的共管统治一直持续了 74 年，到 1980 年瓦努阿图共和国成立为止。半个多世纪的共管统治令民众苦不堪言，也形成了英语和法语在瓦努阿图社会各层面的深远影响。

（二）官方语言教育政策

瓦努阿图是太平洋国家中唯一给予英语和法语平等宪法地位的国家。从太平洋岛国的角度来看，法语作为官方语言与英语并驾齐驱使瓦努阿图和周边讲法语的政体紧密相连，如邻国新喀里多尼亚（New Caledonia），以及更远的瓦利斯和富图纳群岛（Wallis and Futuna）和法属波利尼西亚（French Polynesia）。因此，瓦努阿图是英语和法语世界在太平洋交汇的唯一地点。

自独立以来，瓦努阿图一直保留着双语教育制度，大约三分之二的学生上英语学校，其余的就读法语学校（Obed, 2004:125）。官方政策规定英语或法语是唯一的教学手段，而比斯拉马语则是作为外语来教的。学校校长指南规定，"当地方言只应在周末或放学后使用"，以及"尽管比斯拉马语是官方认可的语言，但并非教学语言，因此在条件允许的情况下，应尽量使用英语及法语，而非比斯拉马语"（Vanuatu Ministry of Education, 1998: 43）。比斯拉马语是中学学生的通用语，但在学校校园里却经常被禁止使用。政府政策规定只使用英语或法语作为教学媒介，其他语言则被排除在外，此外，许多学校甚至惩罚使用比斯拉马语的学生（Lynch, 1996:245）。

瓦努阿图的小学大多明确地分为英语学校和法语学校，学生根据他们的喜好及需求选择相应的学校。然而，当学生进入到中学阶段的学习时，情况则有所不同。大多数情况下，就读于英语或法语中学的学生必须在十年级之前选修另一门语言。十一至十三年级再选另一门语言作为选修课进行学习。多数英语中学的学生对法语持有浓厚的兴趣，而法语中学的学生对英语的兴趣也很浓厚。

较为出色的瓦努阿图中学生可以继续接受高等教育。如今，南太平洋大学维拉港（Emals，埃马卢斯）校区（及卢甘维尔和坦纳大学分校，the Luganville and Tanna University Sub-centres）为学生提供的深造机会与日俱增。此外，2019年末，瓦努阿图议会一致通过了设立一所综合性国立大学的法案，如若学校建成，不仅能为众多学生提供深造的机会，还能大大提高瓦努阿图的高等教育水平。同时，也有数量众多的学生前往英语教学为主的南太平洋大学斐济苏瓦（Suva）校区、萨摩亚（Samoa）阿拉富亚（Alafua）校区，以及莫尔兹比港（Port Moresby）的巴布亚新几内亚大学、位于莱城（Lae）的巴布亚新几内亚理工大学（the Papua New Guinea University of Technology）学习。至于法语授课的高等院校，学生则选择前往位于努美阿（Nouméa）的新喀里多尼亚大学（the Université de la Nouvelle Calédonie）、位于塔希提岛的法属波利尼西亚大学（the Université Française de la Polynésie），或者直接选择法国本土高校进行深造。但瓦努阿图人若想在这些院校学有所成绝非易事，而且大多数法语授课大学的毕业生有时很难转而使用英语从事工作，因而英语授课大学的毕业生在就业市场上更具竞争性。

多语种体系的管理是瓦努阿图的教育体系一直以来面临的挑战。自独立以来，政府投入了大量的时间和精力，以及大量的资源，将先前较为杂乱的体系统一为一种英法双语课程体系。但就结果而言，取得的进展不如预期。双语体系是瓦努阿图教育成本相对较高的一个关键因素（Asian Development Bank, 1997: Xi）。同样，"法语、英语的分裂仍然是最明显的政治分歧之一"（Thieberger, 1997:2），由于所学语言的差异，瓦努阿图社会被划分为英语派系和法语派系这两个大的群体，这既影响了行政效率，也影响了国家统一治理。

（三）两种官方语言使用变化

考虑到瓦努阿图作为英法共管殖民地的历史及其在政治上对英法两国的顺从，宪法赋予英语及法语相同的地位就不足为奇了。宪法确保所有公民的语言权利受到保护，英语和法语的使用均不应受到歧视。Crowley（1989b:41）的数据显示，1980年，法语学校的招生人数略微超出英语学校的招生人数，占比约为52%，但自那以后情况便一直在逆转。来自瓦努阿图政府监察员的一篇报告指出，英语的使用偏好反映出英语作为国际及地区通用语的发展势头。在公共和私营部门里，英语更有效地满足了交际需求，因此，当人们行使权利选择学习外语时，特别是考虑到就业前景，更多的人选择了英语而非法语。报告中的数据显示，在瓦努阿图社区中，讲英语和讲法语的人比例约为2:1。91%高等教育的奖学金是为以英语为媒介的机构提供的，只有9%是为以法语为媒介的机构提供的。基于旅游业的发展及法语高等教育机会的缺乏，Crowley（1989a:133）认为，双语教育的天平将"严重向英语倾斜"。独立伊始，法语学校入学人数略胜一筹，但在短短几年的时间里，三分之二的学生都转而选择了英语学校（Crowley, 1989b:41）。1991—1995年，政府由法语系政治家主导的政党联盟掌权。尽管执政党积极推行法语教育，以与蒸蒸日上的英语学校分庭抗礼，但收效甚微。到1998年，英语学校的入学人数已增长到总人数的四分之三以上。1995—1997年政府发表的多语种年度报告中特别强调，官方必须保持两种语言之间的平等地位，并提出了一些具体建议（Office of the Ombudsman, 1995; 1996; 1997）。然而，侧重法语的政府后来被一系列由受过英语教育的人所主导的政府取而代之，在今后的很长一段时间里，法语教育仍居于弱势地位。

四、瓦努阿图外语使用情况

（一）外语使用情况

瓦努阿图的地理位置及多年殖民地的历史使其很长一段时间内处于比较闭塞的状态，除宗主国外，其他国家的语言文化很难渗透进去。独立以后，这一情况有所改善，但很长一段时间里移民人数都没有显著的增长，这不仅与瓦努阿图位置偏僻、资源贫乏有关，瓦努阿图的移民政策也在很大程度上导致了这种情况的延续。

根据1989年的人口普查结果，非瓦努阿图籍的人口占比仅为人口的2.4%，其中大部分是持有临时签证的人，如短期旅游者，或者是签有三年可续签工作合同的公务员。还有一些持有外国国籍的人在瓦努阿图做生意，但他们手里只有可更新的居住证。外国人只有在连续居住十年后才能申请公民身份。由于政府要求成功申请到瓦努阿图国籍的人必须放弃他们持有的任何其他护照，因此只有极少数外国人选择成为瓦努阿图公民并成为永居移民。

对于外籍人员来说，努力学习比斯拉马语是很普遍也是必不可少的，但政府不提供语言培训。一些非政府组织［如和平队（Peace Corps）或其他志愿机构］和一些外交使团要求外派人员接受比斯拉马语的培训，并定期组织短期语言入门课程。其他人通常参加南太平洋大学维拉港校区不时开设的课程。

在瓦努阿图，有些移民社区的母语既不是英语也不是法语，这令他们不得不在母语与通用语之间作出选择，但情况在不同的社区里又有所不同。自从20世纪20年代和30年代种植园工人招募以来，瓦努阿图就有少量越南人居住，虽然大多数人最终在20世纪60年代被遣返回越南，但瓦努阿图仍留有一个小社区，他们在维拉港和卢甘维尔经营企业。越南移民的年轻一代已并入当地的法语教育体系，并且使用法语作为自己的第一语言。

瓦努阿图还有一个中国移民社区，居民多在城镇经营小型企业。这些人普遍倾向于英语教育体系，这使得他们在和越南人做生意时可能需要互相使用比斯拉马语作为中间语言。和越南人社区相比，中国人似乎与其他海外华人社区保持着更为紧密的联系。此外，年轻一代使用中文的频率也高于越南人说母语的频率。虽然瓦努阿图的教育体系并未涵盖这两门亚洲语言，但中国移民在母语保护方面的所作所为的确是可圈可点的。

（二）华人华侨生活及语言使用

从历史上看，首批瓦努阿图华人在清朝末年抵达当地，起初作为工人为当地的庄园主人工作，后来开始自己经商。为了与当地人进行沟通，比斯拉马语成为他们的首选。

中国同瓦努阿图1982年3月26日建交。建交以来，两国友好合作关系发展顺利。1983年2月，中国首任驻瓦大使（由驻斐济大使兼任）递交国书。1989年中国在瓦设使馆，1991年7月派常驻大使。2005年瓦在华设使馆。中国国家主席习近平分别于2014年11月及2018年11月访问瓦努阿图，双方一致同意建立相互尊重、共同发展的全面战略伙伴关系。

近年来，随着瓦努阿图旅游业的发展，越来越多的国人前往瓦努阿图旅游观光，这使得汉语在当地的影响力逐渐增大。截至 2014 年，在瓦努阿图的华人华侨已有 4000 人左右[①]，主要集中在维拉港及另一北部岛屿桑托岛，大多以经营超市和餐馆为生。近年来，瓦努阿图的侨民人数不断增加，这也与其放宽移民政策有关。

中瓦建交后，随着中国的日益强盛及与瓦努阿图的双边关系不断向好，汉语的影响力不断增大，并且在几年前成功融入了瓦努阿图的教育体系。中国自 2004 年开始向瓦派遣汉语教师。2012 年，南太平洋大学孔子学院（以下简称"南太孔院"）由中国的北京邮电大学与斐济共和国南太平洋大学合建成立。2014 年，南太孔院在瓦努阿图南太大学艾玛卢分校建成了孔子课堂。随着中国的国家影响力在瓦努阿图逐年提升、人员往来不断加强，当地人民学习汉语的愿望越来越强烈。目前，孔子课堂的学员主要来自瓦努阿图政府、旅游业、银行业、通信业等社会主流行业的从业人员，他们将在日后中瓦各层面的交流与合作中发挥积极作用。

五、结　语

瓦努阿图是一个国情复杂、语种丰富的太平洋岛国。英语和法语作为其官方语言长期并深远地影响了该国的语言、文化和政治生态。近年来，随着瓦努阿图政府对本国国民语言地位的重视和对其多语种特色的关注，语言保护和本国语言地位提升的意识在不断加强。外语教育特别是汉语教育也在逐步繁荣发展。鉴于其较为特殊的地理位置和历史背景，对该国的语言使用和语言教育政策的研究和关注具有重要的意义。

[①] 援瓦努阿图医疗队：《在瓦努阿图听华人华侨讲那"过去的故事"》，北京日报 2023 年 1 月 4 日，https://news.bjd.com.cn/2023/01/04/10287835.shtml，访问日期：2022 年 10 月 22 日。

参考文献

[1] Asian Development Bank. Vanuatu: Economic Performance, Policy and Reform Issues [M]. Manila: Pacific Studies Series, 1997.

[2] BRACKEN S. From Demons to Angels: The Role of Vernacular Languages in Educational Policy in Vanuatu [D]. Unpublished Paper Presented at the Vanuatu Occasional Forum on Linguistics, Port Vila: University of the South Pacific, 1998:10-13.

[3] BROWN C, CROWLEY T. Kindabuk [Kindergarten Book][Z]. Port Vila: University of the South Pacific, 1990.

[4] CROWLEY T. Language Issues and National Development in Vanuatu [J]. ed. by I. Fodor and C. Hagege (eds.). Language Reform: History and Future, 1989a, Vol. IV:111-139.

[5] Crowley T. English in Vanuatu [J]. In K-A.Watson-Gegeo (ed.) English in the South Pacific. Special Issue of World Englishes, 1989b, 8(1):37-46.

[6] CROWLEY T. Beach-la-Mar to Bislama: The Emergence of a National Language in Vanuatu (Oxford Studies in Language Contact) [M]. Oxford: Clarendon Press, 1990.

[7] CROWLEY T. The Language Situation in Vanuatu [J]. Current Issues in Language Planning, 2000:47-132.

[8] WILLANS F. Classroom Code-switching in a Vanuatu Secondary School: Conflict Between Policy and Practice [J]. International Journal of Bilingual Education and Bilingualism, 2011, 14 (1):23-38.

[9] KOUTSOUBOU M, HERMAN R&W B. International Journal of Bilingual Education and Bilingualism[J]. International Journal of Bilingual Education and Bilingualism, 1998, 10(2):127.

[10] LINDSTROM L and GWERO J (eds.). Big Wok: Storian Blong Wol Wo Tu long Vanuatu [The Big Job: The Story of World War Two in Vanuatu] [R]. Christchurch and Suva: Macmillan Brown Centre for Pacific Studies (University of

Canterbury) and Institute of Pacific Studies (University of the South Pacific), 1998.

[11] LYNCH, J. The Banned National Language: Bislama and Formal Education in Vanuatu[R]. in F. Mugler and J. Lynch (eds.) Pacific Languages in Education). Suva/Port Vila: Institute of Pacific Studies and Pacific Languages Unit (University of the South Pacific), 1996:245–257.

[12] MASING H. Literacy Practices in a Small Rural Ni-Vanuatu Village [D]. MA (TESOL) Thesis, University of Technology (Sydney), 1992.

[13] OBED R. Education: An Investment for Vanuatu? [R]. Re-Thinking Vanuatu Education Together, ed. K. Sanga, J. Niroa, K. Matai, and L. Crowl, Suva: University of the South Pacific, 2004:124-135.

[14] Office of the Ombudsman. First Special Report on the Respect of Multilingualism to Parliament[R]. Port Vila: The Ombudsman of the Republic of Vanuatu, 1995.

[15] Office of the Ombudsman. Second Special Report on the Observance of Multilingualism[R]. Port Vila: The Ombudsman of the Republic of Vanuatu, 1996.

[16] Office of the Ombudsman. Third Special Report on the Observance of Multilingualism[R]. Port Vila: The Ombudsman of the Republic of Vanuatu, 1997.

[17] Robert Early. Double Trouble, and Three is a Crowd: Languages in Education and Official Languages in Vanuatu[J]. Journal of Multilingual and Multicultural Development, 1999, 20:1, 13-33.

[18] SIEGEL J. Using A Pidgin Language in Formal Education: Help or Hindrance? [J]. Applied Linguistics, 1997, 18, No. 1: 86-100.

[19] THIEBERGER N. Language Policy in Vanuatu: or, Bislama, Now You See it Now You Don't [D]. Unpublished Paper. Vila, Vanuatu, 1997.

[20] Vanuatu Ministry of Education. Republic of Vanuatu Handbook for Secondary School Principals, Volume 1: Professional Guidelines. Rev. ed. Port Vila, Vanuatu: Ministry of Education, 1998.

[21] WATSON-GEGEO K A. English in the Solomon Islands [J]. World

Englishes, 1987, 6(1):21-32.

[22] 瓦努阿图历史 [OL]. 360 个人图书馆. (2020)[2022-01-20] http://www.360doc.com/content/19/0902/03/36403512_858577029.shtml.

[23] 瓦努阿图国家概况 [OL]. (2022-11-20)[2022-12-20]. http://vu.chineseembassy.org/chn/ljwnat/wnatgk/t1760813.htm.

[24] 中瓦关系概况 [OL]. (2021-11-28)[2022-06-20]. http://vu.chineseembassy.org/chn/zwgx/t1760814.htm.

[25] 百度百科. 比斯拉马语 [OL]. (2021)[2021-09-25] https://baike.baidu.com/item/ 比斯拉马语 /732065?fr=aladdin.

[26] 北京邮电大学，2018. 我校南太平洋大学孔子学院积极组织丰富多彩的教学和文化活动 [OL]. (2018)[2022-06-20]. https://www.bupt.edu.cn/info/1431/81431.htm.

[27] 国务院新闻办公室网站. 孔子学院为中国与南太平洋岛国架设了解与友谊桥梁 [OL]. (2018)[2022-06-20]. http://www.scio.gov.cn/31773/35507/35514/35522/Document/1637325/1637325.htm.